持続可能性

みんなが知っておくべきこと

ポール・B・トンプソン　パトリシア・E・ノリス著　寺本剛訳

SUSTAINABILITY

WHAT EVERYONE NEEDS TO KNOW®

Paul B. Thompson and Patricia E. Norris

この場所を受け継ぐ孫たち(まだ増えるかもしれないが)、
カミーユとエバレットに捧げる

大切な人々と場所への思いやりを教えてくれた、
ジョージ・ノリスとエレン・ノリスに捧げる

謝　辞

この本は、私たちに影響を与え、関連プロジェクトに参加し、原稿を最終的なかたちにするために協力してくれた多くの人々との長年にわたる幅広い協働の成果だ。このような協働が可能になったのは、私たちが親しみを込めてSMEPと略称している「持続可能なミシガン寄付プロジェクト（the Sustainable Michigan Endowed Project）」が創設されたおかげだ。このプロジェクトは、ミシガン州立大学（MSU）の食品・農業政策のエルトン・R・スミス講座の名誉教授であるサンドラ・バティの発案によるものだった。私たちはまず彼女に感謝したい。二〇〇二年にミシガン州立大学農学自然資源学部（CANR）の財源がW・K・ケロッグ財団からの寄付によって賄われることが決まった。その時に始まったこのプロジェクトは、ミシガン州に関連する持続可能性についての研究と大学院教育を支援することを目的としていた。当時、持続可能性という考え方はまだあまり普及しておらず、持続可能性の旗印の下で活動を組織したり宣伝したりしようとする研究者はCANRにはほとんどいなかった。第1章では持続可能な農業に関して私たちが経験したエピソードを少し紹介するが、それはその当時の出来事だ。

当初、SMEPの主な活動は、バティが、寄付講座を擁するCANRの教授陣とともに、一連の非公式セミナー／ワークショップを企画することだった。このグループの役割は、当寄付プロジェクトの資金の使い方を計画したり指導したりすることであり、そのためには、MSUにおいて持続可能性をテーマとするプログラムがどのようなかたちで実現可能かということについて、広範な議論とブレインストーミングが必要だった。当初、このグループには、バティとトンプソンのほかに、特別客員教授のリチャード・ボーデン、乳製品管理のクリントン・E・メドウズ講座教授のデイヴィッド・ビーディ、持続可能な農業のC・S・モット講座教授のマイク・ハム、消費者対応農業のホーマー・ナウリン講座教授のクリス・ピーターソン、水研究のホーマー・ナウリン講座教授のジョーン・ローズが参加していた。数年以内に、ノリス、環境ジャーナリズムのナイト財団寄付講座教授のジム・ディッチェン、持続可能性のレイチェル・カーソン講座教授であるジャンゴウ・〝ジャック〟・リュー、環境科学・政策プログラムのディレクターのトム・ディーツ、州・地方政府における財政・政策のモリス講座教授のマーク・スキッドモアを含む他の人々もグループに加わった。以上の人々がオリジナルメンバーだが、引退する人がいたり、新しい寄付講座が創設されたりしたことから、さらに多くの教授が加わることとなった。その中には、リック・フォスター、エリック・フリードマン、デイヴィッド・ヘネシー、ビル・ポーター、ジム・ティエジェ、カイル・ホワイト、フェリシア・ウー、ジンファ・ジャオが含まれている。また、SMEPには参加していなかったが、草創期にともに活動し、大きな影響を与えたMSUの同僚、ラリー・ブッシュ、ジョージ・バード、デイヴィッド・シュバイクハート、ステュアート・ゲージがいたことも忘れてはならない。本書に通底する持続可能性への理解は、いま名前を挙げた人々により形成されてきたものだ。とはいえ、このことは彼ら全員が私たちの考えに同意することを意味するわけではない。

この本を作る共同作業に先立って行われたもう一つの主な活動は、MSUのコミュニティ・サステナビリティ学部のために新たな学部課程を開設することだった。この学部は、異なる三つのプログラムを統合して二〇〇三年に設立された。広範で多様な学問的関心と専門性を備えた教授陣は、この新しい学部の学術的な中核をどこに定めるべきか真摯に議論を重ねていった。二〇一〇年までに、教授陣は持続可能性の概念こそが共通の学術的中核の基礎となることを認識し、コミュニティ・サステナビリティ学部は、持続可能性を学ぶ学生に必要と思われる三つのコアコースと一連の学習成果を軸として学部プログラムを再編成することを決定した。その中でも「持続可能性の理論的基礎」のコアコースは、持続可能性という概念の根底にある原理を集中的に学ぶために必須のものであった。というのも、後続のコースで持続可能性の概念をさらに発展させ、応用する必要があったからだ。私たちは三年間この理論的基礎に関するコースに従事し、そのうちの一年は共同で講義にあたった。このプロセスのなかで、SMEPで培った考え方を洗練させることができたが、その際には特にコミュニティ・サステナビリティ学部の同僚であるロビー・リチャードソン、マイク・ハム、ローラ・シュミット＝オラビシなどが有益なアドバイスを与えてくれた。また、私たちがはじめた壮大な冒険に加わってもらうために、マリア・クラウディア・ロペス、ジェニー・ホドボッド、リッシー・ゴラルニック、スティーブン・グレイなど多くの若い教員をコミュニティ・サステナビリティ学部に採用する機会にも恵まれた。彼らは持続可能性に取り組むこの学部の仕事を力強く前進させ、この研究分野について私たち自身が理解を深めるのに多大な貢献をしてくれた。

コースで教えるにあたり、私たちの教育活動をサポートする文献を見つけることもまた課題であった。ドネラ・メドウズの死後に出版された『世界はシステムで動く』[1]がこの分野で最も影響力のある文献であることに異論はなかった。ストックとフローに関するシステムのモデル化についてのメドウズの議論を、生態学、経済学、開発理論、応用環境政策研究を十分に踏まえて拡張することで、私たちのコースは進化していった。そしてこのことで、学生は持続可能性という共通の概念が前述の各領域をどのように貫いているのか理解することができるようになった。私たちの

[1] 原書は Meadows, Donella H., *Thinking in Systems: A Primer*, Chelsea Green Publishing, 2008。邦訳は枝廣淳子訳『世界はシステムで動く　いま起きていることの本質をつかむ考え方』、英治出版、二〇一五年。

コースでは、システム思考プロセスを重視し、数学モデルの代わりに、メドウズが行ったようなストック、フロー、フィードバックのグラフィック表現を多用した。これは、トンプソンが学生たちに課した哲学的な訓練の内容を反映した結果でもあったし、あまりに急いで数量的表現を使った説明に移行してしまうと、多くの学生がそれについてこれず、数字が何を意味しているのかが理解できなくなってしまうという懸念を私たちがともに抱いたからでもあった。

個人的な交流や読書を通して私たちの思考に影響を与えた人々もいる。前者のリストの上位には、グレン・ジョンソン、デイブ・アーヴィン、ブライアン・ノートン、マイケル・オルークが名を連ねており、ジョン・ゴーディ、ハーマン・デイリー、エリノア・オストロム、ケネス・ボールディング、C・ウェスト・チャーチマン、アルド・レオポルド、ジョン・デューイ、ジェーン・アダムズ、ヘーハカ・サパ、ヘンリー・デイヴィッド・ソローは後者のリストの上位を占めている。本書の制作にはしばらく時間がかかったので、その間にもこの二つのリストはさらに長くなったと思う。

オックスフォード大学出版局（ＯＵＰ）のルーシー・ランドールの提案により、二〇一七年に私たちは本書を一緒に作ることを考え始めた。ルーシーは、ＯＵＰの「みんなが知っておくべきこと」シリーズからいくつかの本を送ってくれて、このシリーズの「問いに答える」というスタイルに合わせた企画書を作ってくれないかと依頼してきた。教科書以外の入門書や、持続可能性を捨ててレジリエンスに取り組み始めるべきだと主張する新しい文献にも私たちはすでに目を通していたので、それらについての考えをこの本の企画に盛り込んだ。また、私たちが学部コースで実践している哲学的アプローチを本書に取り入れ、全体として学術出版にありがちな欠点を避けるよう工夫した。本書出版というプロジェクトが企画段階から原稿の段階へと移る過程で、ルーシーは草稿に目を通して、語調や読みやすさをチェックし、ＯＵＰのハンナ・ドイルと一緒に本書の最初の原稿の編集作業に尽力してくれた。ルーシーとハンナ、ＯＵＰの依頼を受けて企画書を精査してくれた外部レビュアーに感謝したい。

多くの同僚には、それぞれの専門分野に関係する章を読んでもらった。ＭＳＵのダン・マッコール、ロビー・リチャードソン、ローラ・シュミット＝オラビシ、エリック・スコーソン、ローリー・ソープ、バージニア工科大学のカート・スティーブンソンには、有益な指摘を与えてくれたことに対してお礼を言いたい。彼らのおかげで私たちが恥をかかずに済んだのは、ほぼ間違いない。同様に、原稿全体にコメントしてくれたＯＵＰの外部レビュアーであるデーン・スコットにも感謝したい。もちろん、誤りや読者が強く反対するような箇所があった場合には、その責任はすべて私たちにある。

実際にこの本を制作するにあたって協力してくれた人もいる。ジュリー・エッキンガーは、ファイルの管理と準備を技術面からサポートしてくれた。

また、ＭＳＵの農業・生物研究（AgBioResearch）、米国農務省の萌芽プロジェクト（Hatch Projects）MICL02324（トンプソン）、MICL02158（ノリス）からそれぞれ受けた財政的支援にも感謝したい。Ｗ・Ｋ・ケロッグ財団は、ＭＳＵの農業、食品、コミュニティ倫理に関する講座に寄付金を提供した。そしてゴードン・ガイヤーとノーマ・ガイヤー、ゲーリー・Ｌ・シーバースの寄付金は、ＭＳＵの自然資源保護の講座を支援している。

目次

第5章　持続可能な発展……117

第6章　持続可能性と社会正義……149

凡　例

一、原注は1と表記して巻末にまとめ、訳注は〔1〕と表記して傍注として示した。

二、イタリック表記されているものには傍点を付した。

三、「　」は、原文の引用符〃　〃である。ただし、言葉、概念、文を文脈から切り離してそれとして明示するために「　」を使用した箇所もある。

四、訳者による補足を〔　〕で挿入した。

五、本文で引用されている文献について、既訳があるものは参照したが、基本的に改めて訳し直した。

六、人名については、流通している表記にしたがった。

七、テクニカルな英語表現に関しては、日本語ですでに流通しているものについてはカタカナ語で表記し、必要に応じて（　）内に原語を添えることとした。

第1章　持続可能性とは何か

持続可能性とは何か

持続可能性（サステナビリティ sustainability）[1]とは、あるプロセスや活動が継続できるかどうか（あるいは、どの程度持続できるか）を示す尺度の一つだ。これはごく一般的な説明であり、さまざまなかたちで具体化することができる。問題となるプロセスや活動は、ごく日常的なこと、例えば、食料品店へ定期的に食料の買い出しに行くといったことかもしれない。あるいは、グローバル経済をかたちづくる生産や取引のシステム全体のように、極めて複雑で広範囲にわたることもある。何かがどのくらい長く、どのくらいの程度で継続できるかということを、データを集めることで計測できる場合もある一方、経験や勘だけで判断して評価する場合もある。正確にであれ、大雑把にであれ、私たちは多種多様な無数の活動についてその持続可能性を分析することができる。特定の農法や食品セクター全体の持続可能性を評価することができる。また、特定の建物や建築デザインの持続可能性を見極めることもできるし、都

[1]　本書では sustainability を「持続可能性」と訳す。ただし、すでに固有名や一般名に「サステナビリティ」が使われている場合はそのままカタカナで表記する。

市の建築環境へと目を転じて、その持続可能性を判断することもできる。適切なデータと理論的ツールがあれば、企業の事業活動であれ、経済セクター全体であれ、その持続可能性を評価することができる。専門家は、各種の代替包装梱包材の持続可能性を計算してランクづけすることができるし、持続可能性の考え方を生物集団や火山の噴火などの自然のプロセスに適用することもできる。

人々はさまざまなプロセスや活動の持続可能性について語り、それは十分に意味をなしているのだが、私たちが本書で重視したいのは、システムの持続可能性だ。経済や地域の生態系といった大きなシステムは、相互に影響し合うより小さな規模の活動から構成されている。これら小規模の活動がどのようなかたちで組み合わさっているのかを理解しようとすると、ものごとが互いに連結し合っていることについて考えることになる。別の言い方をすれば、これら小規模の活動がどのようなかたちで組み合わさっているかを理解しようとするならば、孤立しているように見えたり、他のものと結びついていないように見える活動やプロセスが、実はあるシステムの内部で起こっていることを理解する必要が出てくるのだ。何らかのプロセスや活動が持続可能かどうか、という問いに対する答えは、それが組み込まれているより大きなシステムのあり方に左右される。さらに、この問いに答えるには、問題となっているシステムが依存している諸々の小さなシステムが持続するかどうかも重要になってくる。こうしたことに目を向けることで、企業、コミュニティ、生態系、ライフスタイルの持続可能性にだけ注目している人でも、より全般的なかたちでシステム思考をすることができるようになる。それはつまり、ものごとを、それらが依拠しているより大きなシステムとより小さなシステムの観点からとらえ、異質に見える活動や出来事が互いに結びついているあり方を探求できるようになるということだ。

システムはどんなふうにも描写できてしまうため、その捉えどころのなさに呆然として混乱する人がいるかもしれない。またある特定の活動やプロセスに関しても、それをごく狭い範囲でしか理解しない人もいれば、もっと広い視野から理解する人もいて、そのあり方はさまざまだ。もしある車が他の車よりも燃費が良いとしたら、その車はより持続可能だと言えるかもしれない。というのも、その車は一ガロンの燃料でより遠くまで走ることができるからだ。しかし、次のように言う人もいるだろう。化石燃料を燃やすことはどんなことであれ持続可能ではない。なぜなら、石油の供給は有限であり、最終的には枯渇してしまうからだ、と。一般的に言えば、持続可能性という考え方は、この四〇年間に、幅広い包括的な社会目標として受け入れられてきている。そういう意味では、無数の活動が相互に関係しあって今の暮らしを支えていることについて人々は考えており、持続可能性はこの暮らし方が続くかどうか（もしくはどの程度続くか）ということの一つ尺度になっている。こうしたより大きな社会的文脈を念頭におく人からすれば、（燃費効率の良い車に乗るかどうかといった）より具体的な実践やプロセスの持続可能性は、特定の暮らし方の継続性を促進するのか妨げるのかという観点から評価されなければならないことになる。

　どうすればある活動が持続可能になるのかが把握できれば、その活動に関心を寄せている人々の役に立つ。もっとも、持続可能性は今のところ、「すべての人が依存している活動やプロセス全体を話題にするときによく使われる言葉」として話題になっているにすぎないのかもしれない。この意味で持続可能性はビッグアイデアの一つである。持続可能性をビッグアイデアとして理解するためには、現在の人々の暮らしと関連するさまざまな意味や活動全体について考えてみなければならない。それらがどのように結びついて、諸々の活動やプロセスからなる一つの全体的なシステムをかたちづくっているのかを検討する必要もある。ほとんどのビッグアイデアと同様に、特定の個人が重要だと考えていることには、その人の経験と人生の目標が反映されている。そして自分たちの暮らしと結びついたことがらについて考え始める時、人は異なる立ち位置からそれを始める。それぞれの経験や人生における目標の違い、つまりは各々の出発点の隔たりが、持続可能性とは何かという問い対する答えにもずれを生じさせている。

あらゆることが相互に結びついているなら、まずどこから始めるのがよいのか

これは難しい問題だ。ものごとの結びつきについてよく考えてみれば、最終的にはより大きな文脈について検討することになるのだから、どこから始めるのかは大した問題ではないように思われるかもしれない。しかし、出発点を選ぶということは、会話を始める（もしくは本を書き始める）時には重要になってくる。というのも、持続可能性について考え始めるための入り口が、ある人にとっては自明なものであったとしても、別の人にとってはわかりにくいもの（あるいは退屈なもの）であるかもしれないからだ。私たち（あるいはほとんどの人）は、システムという言葉で表すことのできるもののごく一部については、それが継続することに強い関心を寄せている。例えば、勤めている会社とか、住んでいるコミュニティとか、通っている教会とか、ハイキングしたりキャンプしたり魚釣りをしたりする森や川といったものの継続性は気にかけている。しかし、これらすべてのことが互いにどう結びついているのかといったことや、そのうちの一つを持続させると他のものにどのような影響がもたらされるのかといったことには、すぐには考えが及ばないかもしれない。もちろん、包括的な視点に立って、一つの大きなシステムであるこの地球のことをしっかりと考えている人々はいるが、地球という惑星の内部にある場所や施設の存続を心配している人がいるのも確かであり、そうした場所や施設が滅びて、地球だけが存続するという可能性もある。しかしそうだとしても、ビジネスの継続に必要なことを詳しく見ていくことで、教会やコミュニティやお気に入りの自然エリアを存続させるための原理についても多くのことを学ぶことができるだろうし、少なくとも、この本はそのことを前提としている。私たちはビジネ

スを持続させるために何が必要か、というところから考え始めることにする。そうした原理を理解して使えるようにするコツのようなもの、それこそが持続可能性についてみんなが知るべきことだと、著者である私たちは考えている。

持続可能性は環境だけに関わることなのか

いくつかの事例を見ていくうちにわかってくることだが、多くのプロセスや活動は、天然資源や地球の生態系が生み出すさまざまなサービスに依存している。このようなプロセスや活動の持続可能性を評価する際に、それが自然のシステムを利用していたり自然のシステムに影響を及ぼしていたりすることを考慮しなかったとすれば、その評価には何の意味もない。また、持続可能性への関心は、天然資源の枯渇、飲料水や大気の汚染に対する人々の意識の高まりに由来している。その結果、多くの人の頭の中では、持続可能性と言えば、まず第一に環境への影響に関わることだと考えるのが定番となっている。

しかし、環境とは間接的にしか関わらないような仕方で持続可能性を評価することもできる。後ほど詳しく説明することになるが、持続可能性の追求が国際政治の中でスローガンになった理由の一つは、環境保護のために経済発展を制約する国際的な動きに対して、貧しい国々が強く異議を唱えたことにある。このような国々には持続可能な発展[2]とい

[2] developmentは「発展」と訳されたり、「開発」と訳されたりするが、本書では、より広い含意を持つという理由で、基本的に「発展」と訳すことにし、developという動詞についても同様の扱いをする。ただし、第5章では「発展」の説明として、不動産関係者が土地や家、商業ビルの区画を売買し、改良することがdevelopmentの事例として出てくる。その際には慣用に合わせて「開発」という言葉を当て、developmentの訳語であることがわかるように表記する。また、文脈を考慮して「開発」と訳す場合もある。

う考え方の方がしっくりきたわけだが、それはこの考え方が人間に必須のニーズを満たすことの優先性を認めているように思えたからだ。もっと一般化して言えば、ある活動の持続可能性は、それが安定した経済的基盤を伴っているかどうかに左右される。政府や大学や非営利組織などの大きな組織の管理者が、ある新しい計画の持続可能性を問題にする場合、彼らの関心は、往々にして、その計画がそれ自身の資金基盤を支える持続的な源泉（例えば利用料や顧客の支払い）を作り出せるかどうかという点にある。もしその計画を進めるために資金をどんどん注ぎ込まなくてはならないのだとしたら、管理者はそのプログラムを持続不可能なものと判断する。つまり、一般に流布している想定とは異なり、持続可能性にはさまざまなものがあり、それは環境に関わることだけに限定されるわけではない。持続可能性とは多種多様なプロセスの再生産能力を評価するために適用される概念であって、そのなかには天然資源や生態系サービスとはほとんど関係ないようなプロセスも含まれている。

持続可能性は主に気候変動に関わることなのか

環境の質（環境質）[3]に対する懸念から持続可能性の問題に関心を持ち始める人々の多くは、温室効果ガスの排出が地球の気候を恒常的に変化させる恐れがあることに注目している。平均気温の変化や極氷冠の融解がもたらす影響により、地球規模の生態系の多くがすでに安定性を失いつつあり、さまざまな野生種の生活が脅かされていることにほとんど疑いの余地はない。農家の人々はこのような変化に必死に対処しているが、もし降雨量や日照や気温について予想されているとおりの変化が実際に起きた場合には、この惑星が人類に十分な食料を供給する能力は数十年のうちに衰え、深刻な危機に見舞われることになるだろう。この種の影響はたしかに持続可能性の問題ではあるし、何人かの論者は持続可能性について考える際にこの問題を前面に押し出している。

持続可能性にとって気候変動の問題が重要なのは明らかだが、私たちは本書において気候変動にテーマを絞るつもりはない。もしこの種のトピックを同じようなQ&A形式で読みたいのであれば、同シリーズの、ジョセフ・ロミー著『気候変動——みんなが知っておくべきこと』をおすすめする。私たちの本では、持続可能性という考え方がもっと多様で、身近な相互作用のプロセスに根ざしているということに焦点を当てる。気候変動を引き起こすような大気の流れは、そうしたさまざまなプロセスのうちの一つにすぎない。持続可能性の概念は、ビジネスの活動やガバナンスの課題、経済発展など、さまざまな社会領域に適用可能だ。持続可能性をめぐる問いに対する私たちの返答を手引きにして、読者のみなさんが気候変動の問題を、こうした社会の諸領域において持続可能性が問題となるさまざまな側面と結びつけられるようになればと考えている。

持続可能性は経済・社会・環境における進歩が合わさったものなのか

持続可能性をシンプルに表すために、三つの円が重なり合う図がよく使われている。それぞれの円には、多くの場合、社会・環境・経済もしくは人々・惑星・利益という名前がつけられており、私たちはこれを三重円の持続可能性（three circle sustainability）と呼んでいる。この三つの領域は持続可能性の三つの柱として描かれることもあるが、考え方は同じだ。第二章で見ることになるが、このモデルはビジネスにおけるトリプルボトムラインの議論に由来す

［3］　環境の質（環境質）とは、人間や他の生物の健康や福祉にプラスやマイナスの影響を与える環境のあらゆる生物物理学的特徴や特性のこと。第4章「持続可能性と環境質」で詳しく論じられる。今後は「環境質」と訳す。

るものと思われる。このモデルの優れた点は、環境以外の他の領域の重要性にも人々の目を向けさせることができるところにある。しかし、弱点もある。第一に、環境保護のために努力する場合でも、企業が利益をあげたり、人々が自らのニーズを満たしたりすることは容認しなければならない、という単純な主張として理解されかねない。一般的には、収益性と社会の進歩は環境の持続可能性を脅かすものとみなされてはいるが、それらの活動自体が持続可能かどうかは問題とはみなされていない。第二に、このモデルでは三つの領域すべてが満たされなければならないことが示唆されてはいるのだが、そのことは、三つの領域がどのように相互に結びついているのか、あるいは、そもそもそれらが相互に結びついているのかということについては教えてくれない。例えば、環境へフィードバックするビジネスの活動があるのか、環境に関わる出来事はビジネスの持続可能性に影響するのかといったことは示されていない。この三重円の図を見るだけでは、このような結びつきが持続可能性を検討する上で重要だと考える必要があるようには思えないのだ。第三に、この三つの円の繋がりをある種のスイートスポットと見なすことで、持続可能性を高めるための意思決定において、三つの領域それぞれがめざしている目標の間に深刻なトレードオフが生じる可能性があることを見落としかねない。そして最後に、この三つの領域の概念が狭く設定されてしまう可能性がある。課税や政府の財政は社会の円に入るのか経済の円に入るのか、もしくはこれらの活動はどの円からも締め出されてしまうようなものなのか。科学的な研究や宗教、芸術はどうだろう。これらは社会という言葉によって十分に説明されるものだろうか。私たちが議論のテーマにする諸々の活動は、三つの領域のうちのどれかに含めることができるのかもしれない。しかし本書で持続可能性という言葉を使うときには、どちらかと言うと、より広範な活動やプロセスをイメージしたり評価したりするための手段のことを考えている。

持続可能性は善いことのみに関わるのか

　あるプロセスや活動が継続しうるかどうかという問いは、さまざまな仕方で理解することができる。これを純粋に事実の問題とみなす人もいるだろう。つまり、ある活動が実際に起こり続けるか、あるいは制約となる要因が何かあって、その活動が減少したり、低下したり、停止したりするかを問題にするのだ。しかし、「できる（can）」という言葉は許可を意味することがあり、その場合には「何かをし続けることができない」ということは、それをすることが許されていないという意味になる。当然、この二つの「できる」の意味は互いに対立することがある。例えば、学校の先生が教室の前で教卓を叩いて「そんな態度を続けることができると思うなよ！」と怒鳴っており、後ろの席の生意気な生徒たちが「何で？　いくらでも続けることができるさ」とうそぶいている光景がそれにあたる。このことは、持続可能性という概念がはじめからある種の緊張関係をはらんでいることを意味している。さまざまなプロセスや活動の実行可能性を強調する概念と、その望ましさや許可を強調する概念とがそこには同時に存在しているのだ。言い換えれば、持続可能性には、あるプロセスや活動が続くべきかどうかについての価値判断を反映する場合があるということになる。

　まったく望ましくもないのに、明らかに持続可能性が高すぎると思われるような現象もある。戦争、貧困、疫病、人々の悲惨な状態は今のところすぐに止むような気配はない。悪い状況について、それが事実として将来まで続くかどうかという意味で持続可能性を問うことは原理的には可能だ。しかし、続けることが善なのかどうか、続けることが許されるのかどうかといったことに力点を置く人々は、持続可能性という概念をそのような事実的な意味では使っていない。実際、私たちの一般的な暮らしを支える広範な活動のシステムについて語る際に、人々は概して持続可能性の追求が偏見や弾圧や不公平といった悪徳を弱体化し、それらの根絶を推し進めるものだと思い込んでいる。ここにもまた、意見が対立し、誤解が生じる要因がある。というのも、めざすべき社会目標ということでどのようなものを考えるかは人によって異なるからだ。これは出発点の違いから生じるのとは違った種類の不一致だろう。持続可能性の意味について意見の不一致があるとすれば、そのいくつかは、社会生活において何が可能なのか、何が望ましいのかということについての意見の相違から生じている。

これからの議論では、あるプロセスが持続可能かどうかを見積もることと、そのプロセスは持続すべき（もしくは持続すべきでない）という言い方で勧めることの間にある緊張関係が折に触れて浮かび上がってくる。私たちはそれについては第6章の社会正義に関する文脈の中で直接取り上げることにする。一般的なことを言えば、もしあなたが持続可能性という概念をある特定の社会的、倫理的な目標に強く引きつけて理解しようとしているのだとしたら、私たちはそうすることはおすすめしない。持続可能性を向上させる活動においては、人々が維持したいと思っている望ましいものに注目が集まるが、悪がどうしてしつこく残り続けるのかを理解することもまた事態を変化させるために不可欠の条件だ。持続可能性という概念は、この両面をサポートするために役立てることができる。私たちのアプローチでは、持続可能性は多様な社会的、自然的なプロセスをカバーする傘のような概念であり、こうした多様なプロセスがすべて一点の曇りもなく善いものであるというわけではない。したがって、この問いに対する答えはノーということになる。持続可能性が常に善いことのみに関わるとは限らないのだ。

持続可能性の追求は社会運動なのか

社会運動とは、大規模で広範囲にわたる集団的な活動であり、一般的には社会規範や社会の今後の見通しに大きな変化をもたらすことを目的としてなされる。そのための手段はさまざまであり、例えば、政党や組織（労働組合など）による公式のアクションが必要な場合もあるし、そうした公式の手続きとは関係なく、人々の態度が変わることで社会に変化がもたらされることもある。社会運動はいくつもの相容れない目標を包含している可能性があるし、たいていそうなることが多い。また社会運動は、それが実際に起きている間よりも、むしろ運動が終わった後の方が特定しやすい。主要な目標を達成できる運動もあるし、失敗に終わるものもある。二〇世紀を代表する社会運動には、労働運動のほか公民権運動や女性解放運動といったものがある。

持続可能性のことを、包括的で、ラディカルですらあるような社会変革のためのプログラムの一つとみなしている人たちは確かに存在する。しかし、本書の冒頭で、私たちは持続可能性をすべてのプロセスや活動がどのくらい持続する可能性があるかをはかる尺度として特徴づけた。この定義に従うのであれば、この概念は、社会変革とはほとんど関係ない多くの状況にも当てはめることができるようなものだといえる。この本の最初の三分の二は、非常に広範な適用範囲を持つさまざまな概念や方法の説明に費やすつもりだ。こうした概念や方法は、制度の変革にはほとんど関心がない人や組織でも使うことができる（そして実際使っている）ものだ。このような組織には企業も含まれており、そのうちのいくつかは現状維持にかなり強い関心を寄せている国際的な大企業だ。持続可能性の追求を一つの社会運動と見なしてしまうと、持続可能性は善いことにしか関わらないのだと前提する場合に生じるのと同じ問題に煩わされることになると私たちは考えている。このような見方は、善いことの支えにも悪いことの支えにもなりうる根本的なシステムや包括的なシステムについて考える際の妨げとなってしまうのだ。

持続可能性の追求は経済成長と対立するのか

いや、対立はしない。実際、持続可能性についての専門的研究の多くは、経済成長に関する経済学的な理論の内部で発展してきたものだ。第5章で論じるように、成長は経済発展の鍵となる基準の一つなのだが、唯一の基準というわけではない。さしあたりここでは、経済成長がさまざまなかたちを取りうるということだけ理解しておくことにしよう。ある種の成長は資源を枯渇させ、地球の生態系に取り返しのつかないダメージを与える可能性があるが、その一方で、ほんの少しの資源しか使わず、むしろ生態系を回復させるような成長もある。成長がみんなを助けることもあるが、別のタイプの成長は社会不安や戦争、革命を助長する。つまりここで問題なのは、私たちがどんな種類の成長を話題にしているかということだ。この問いにさらに詳しく答えるには、成長の測定の仕方と、それが発展とどう関係するのかについて予備的な議論をしておく必要がある。こうしたことが、第5章の主題となる。

持続可能性の追求は政治的なアジェンダなのか

持続可能性を向上させようとしている人々の多くは、政治的に解決されるべきアジェンダがあると考えているが、それでもやはりこの問いに対する答えはノーだ。持続可能性の定義は大変幅広いものなので、異なるイデオロギー的な立場や文化的な前提、政治的な意見を許容することができる。しかし、持続可能性という考えそれ自体は、特定の政治的な見方と本質的に結びついてはいない。それは主観的なものではないし、意見の問題でもない。ここで私たちはある友人のことを思い出す。ある農業組織のメンバーと議論している際に、その友人は「持続可能な農業を支持するのかしないのか」と尋ねられた。それは「持続可能な農業は主流となっている農業活動に対する政治的な攻撃だ」という見解を反映した誘導尋問であり、話の流れからして、主流の農業活動に批判的なことを言うのは政治的にまずい状況だった。友人は、「持続可能でない農業を支持するつもりは毛頭ない」と答えた。質問者は持続可能性をある特定の政治的な意図と結びつけており、持続可能でない農業を支持していると仄めかしてしまったがために、すぐにやり込められてしまったわけだ。根本的な争点は、政治的な理由で支持されているある種のフードシステムが持続可能かどうかということよりも、むしろあらゆる農業の形態それ自体が持続可能かどうかということだ。活動やプロセスの持続可能性について考えることは、事実を基盤にしてなされる。そのことは、活動やプロセスそれ自体について鋭い政治的な分断があるときでも変わりはない。これがここで得られる教訓だ。

個別事例の検討に取り掛かれば、プロセスや活動の根底にある構造や必要条件を明らかにすることが多くの場合に可能だ。また、そうしたプロセスや活動をある時代から次の時代へと継続させたり繰り返し生じさせたりするものについて、純粋な洞察を深めることもできる。どんな事例にも適用できるような持続可能性のレシピは存在しないが、本書では、話題がさまざまに移り変わっても特定の活動の持続可能性を客観的事実に基づいたやり方で確認し、検討していく。

その一方で、持続可能な農業について問われた友人の答えを見るとわかるように、どのプロセスや活動を維持すべきかということについての信念は、たしかにその人の政治的信条に左右されるものでもある。本書では、ビジネス活動や公共政策の持続可能性を評価する方法や基準がどのように発展してきたのかを事例を交えて説明し、また、人類が以前にもまして広範な自然環境に影響を与えているさまを具体例とともに描き出すというアプローチをとる。このような例を検討する際には、「持続できる」という言葉を、基本的には事実的な表現として使うことにする。何かを続けるべきかどうかということについて、規範的な評価を下すことに重点を置いて持続可能性という概念を使うと、それが特定の社会目標を明示しているようにみなされてしまう傾向が特に強くなる。社会活動をより公平、公正、平等にするための変革に向けたアジェンダとして持続可能性が前面に押し出されているような場面では、そのことをはっきり示すために、社会目標ないしは社会正義といったフレーズを使うことにする。

持続可能性はそもそも確保できるものなのか

よく言われるように、永遠に続くものなどない。このような考えから、持続可能性の確保は論理的に不可能だという結論を冗談めかして言う人がいる。しかし、ある活動やプロセスが未来永劫続かないのであれば、それも持続可能だとみなすことはできないなどと考える人がいるだろうか。ある活動がどれくらい長く、またどの程度まで持続しうるかということは、その背景にある諸々の条件が与えられれば、さまざまな方法で測ることができる。これらの条件に劇的な変化が起こるというだけでは、そうした活動が持続可能でなくなると考える理由にはならない。これは「もし彗星が地球にぶつかったらどうなるか」といった類の思考実験のようなものだ。現在では、およそ六六〇〇万年前に、ある大きな天体が私たちの惑星に衝突して大規模な絶滅が起きたと考えられている。気候の急激な変化により、その当時存在していた種のおよそ五〇%が絶滅したと推定されている。これらの絶滅種は隕石の衝突から生き延びることができなかったのだからその生命プロセスは持続不可能だったのだ、などと言う人がいたとしたら、その人が何を言いたいのかよくわからないだろう。

とはいえ、現在生きている人々は、その人生の内で、当時と同じくらいの種の絶滅を目の当たりにすることになるかもしれないと予測する環境科学者もいる。先にも述べたが、気候変動についての科学的なモデルには、現存する多くの生命体（人間を含む）がこの惑星に生息できなくなるシナリオが含まれている。地球上の生命を支える背景条件にこうした劇的な変化が生じることになれば、持続可能性を高めようとする現在進行中の試みの多くは無意味になってしまうだろう。伝統的な宗教や哲学は、世界の終わり、アルマゲドン、終末、混沌への逆戻りといった可能性に思いを巡らす。こうした出来事をポジティブなものとみなす場合もあれば、それらを循環する宇宙のサイクルの一場面とみなす場合もあるが、いずれにせよそこでは、現在私たちの人生を有意義にしているものの多くが破滅や変動や荒廃にさらされていることが絶えず示唆されてきた。科学的なものであれ、神学的、宇宙論的なものであれ、持続可能性の確保が可能かどうかについての問いは答えるに値する。ひょっとすると、この節の問いはそんなに馬鹿げたものではないのかもしれない。

しかし、持続可能性がこのように宇宙レベルの遠大な期間でも確保されるかどうかを、ここであえて考えてみるつもりは私たちにはない。人生の旅の歩みをそのつど吟味することも、みんなが依存しているシステムに誰かがダメージを与えているのかどうかを問うことも、どちらも十分に意味のあることだ。そうだとすれば、持続可能性の確保がすべての問題を解消した後にたどり着くことのできるゴールだと考える必要はなくなる。実際、専門家たちが自然のシステムの観察をとおして学んだこと（第3章）は、地震やハリケーンや洪水といったことがらが引き起こす衝撃的な出来事に自然のシステムが反応したり、それに応じて変化したりするということだった。この知見を経済や家計や政府といった人間のシステムに応用すれば、これらのシステムが混乱に対処して持続できるものなのかどうか、もしくは深刻な事態により存続が脅かされるものなのかどうかを評価することができる。

　科学的なアプローチは要となるシステムの統合性を強めることをめざしており、そのシステムが崩壊する可能性を調べるときにですらその姿勢は変わらない。伝統的な神学や哲学は、すべての人が日常の生活を続けなければならないし、自らの人生が意味あるものだと信じることを諦めるべきではないと主張する。科学が崩壊を予測しようが、宗教が人類の末路についてどんな憶測をしようが、今ここで不道徳な振る舞いをしてよいことにはならない。伝統的な宗教と哲学に従えば、人類にいつか終わりの時がくるとわかっていても、世界が存続する限り、人類はできる限り最善を尽くす義務を免れることはない。私たちを取り巻くさまざまな害悪を終わらせるよう努力しながら自らの暮らしを続けることは、たとえ最後の最後にはすべてが無に帰するほかないとしても、現在私たちが果たすべき責任なのだ。事実、終末論的な崩壊に思いを巡らすことで、過ちや喪失がもうすでに起きてしまっていることに私たちは気づかされる。そしてこの認識は、数十年前、もしくは一世紀前に世界の終わりを経験した人々がいたという事実を真摯に受けとめることを促す。工業化と植民地の拡大は、多くの先住民の生活環境をすっかり変えてしまった。先住民たちは自分たちが終末後の世界に適応しようとしているところだと思っている。だからと言って、これからも生き続けることや持続可能性を追求することが彼らにとって重要なことでなくなるわけではない。そうした人々の境遇を考えてみれば、持続可能性の追求ということで、世界を救い、崩壊を回避することだけを考えている人々も、少しは謙虚な気持ちになれるのではないだろうか。

　持続可能性を終着点とは考えないほうがよい。特に持続可能性を「ビッグアイデア」のようなものと考えるときには気をつける必要がある。このことに注意を向けるために、持続可能性の追求は旅のようなものであって目的地ではない、という言い方を好んでする人もいる。みんなが依存しているシステムを今よりさらに持続可能にすることはできるし、他の活動やプロセスの持続可能性にどのような影響を与えるのかを考慮して自分たちの選択を評価することもできる。このようなことをしたとしても、持続可能性というプロジェクトが終了した後に完全な世界がおとずれるとは限らない。しかし、完全な世界がおとずれるかどうかわからないからといって、このようなことをする必要がないということにもならないのだ。

持続可能性の考え方はどこからきたのか

この問いに対する答えは一つではない。環境歴史学者であれば、森から持続的に収穫できる樹木の量を決定する方法の出現を挙げることが多い。しかし、ドイツの林業でこの方法が登場するずいぶん前に、政治学者は国家や政治体制の持続可能性を明確に問題にしていた。持続可能性の考え方が古くから存在していたと考えるのはおかしなことではないのだ。とはいえ、この節の問いに対する答えが一つに決まらないとしても、持続可能性のアイデアが現代になってポピュラーになり始めた時期を特定することは可能だ。それは一九八七年、環境と開発に関する世界委員会が「我ら共有の未来（Our Common Future）」というレポートを公にした年だ。それ以降、さまざまな議論において、このグループはブルントラント委員会として知られるようになり、「我ら共有の未来」は今でもよくブルントラント・レポートと呼ばれている。グロ・ハーレム・ブルントラントは元ノルウェー大統領であり、この委員会の委員長を務めた。彼女は環境問題への世界的な取り組みを促進するうえで主導的な役割を果たした人物だ。

ブルントラント・レポートでは、工業化の恩恵は享受していないが、一方で環境質は維持しているような国々の経済発展を継続的に促進することが課題として報告された。解決すべき主要な問題としては、化石燃料のような有限な資源が最終的には枯渇してしまうことが挙げられている。また、もう一つの課題として、食料やきれいな水といった再生可能な資源を支えている生態系に対してもたらされるダメージの潜在的な危険性が提示された。そして、すべての国がこれらの課題に向き合い、持続可能な発展を遂げるべきだという主張がなされた。ブルントラント委員会の次の言葉は記憶にとどめておきたい。持続可能な発展とは、「将来世代が自らのニーズを満たす能力を損なうことなく現在世代のニーズを満たすこと」なのだ。

ブルントラント・レポートは、グローバルな計画や方針に数々のめざましい影響を与えた。このレポートによると、(アメリカやヨーロッパのような)先進国の経済は資源を使い果たし、生態系にダメージを与えており、将来世代に対する責任を果たしていない。その一方で、貧困率が高く生活レベルの低い社会は経済成長を続けてよいことにしなければならない。世界の生活水準が偏った状態を続けるのは、許されるべきことではないのだ。この未来像の出現によって、アフリカ、アジア、ラテンアメリカの経済発展を促すさまざまな活動を、「将来世代は自らのニーズを満たすことができなければならない」という原則に抵触せずに持続するにはどうしたらよいか、またそうしたことはそもそも持続できるのかということについての研究や報告が活発になり急増した。持続可能な発展の議論の興隆は、最終的には、他の領域の計画や方針にも広がっていった。ブルントラント委員会が明確にしたこの根本的な問題は広く一般化されて、地域や国家の計画、ビルの工事、建設から農業にまでおよぶさまざまな活動に適用されるようになった。このようにして、「将来世代が自らのニーズを満たす能力を損なうことなく現在世代のニーズを満たす」という考え方は、多くの人々の間で持続可能性そのものと同一視されるようになった。

持続可能性の考え方は時代とともに変わってきたのか

これは一文や二文で答えられるような問いではない。今後の章で検討する事例が示すように、ある活動やプロセスから別の活動やプロセスへ（例えば、林業からグローバルな経済発展へ）話題を変えると、それに伴い持続可能性の意味も変わる。あるものが持続可能かどうかは、それが何であるかに大きく左右されるのだ。しかし同時に、その事例からは、一つの活動やプロセスからもう一つの活動やプロセスに当てはめることができるような、持続可能性の核となる意味の存在も見えてくる。しかしながら、社会目標としての持続可能性の変化について語るとすれば、ブルントラント・レポートによって定義された「持続可能な発展」が脚光を浴びるようになった一九八〇年代後半以降の重要な変化に注目することになる。

一九八〇年代に人々が持続可能性について語り始めた時、主要な問題は資源の枯渇や汚染、自然の多様性の保全をめぐるものだった。経済発展はエネルギーを必要とする一方で化石燃料は有限であり（一九八七年には、潜在的な供給量が今考えられているよりもっと少なく見積もられていた）、工業のプロセスは人間の健康に害を与えるような汚染を引き起こす。持続可能な発展とは、資源利用の効率性を高めるとともに汚染を劇的に減らすようなプロセスだと思われていた。しかし、工業化が進んでいない国々には、野生動物の楽園である熱帯雨林や未開発の広大な地域の保全が、経済発展という目的と直接衝突するように感じられただろう。当時の文脈では、持続可能な発展にコミットすることは、人々の富と福祉を増加させることにコミットすることであると同時に、自然のためにたくさんの土地を確保し環境へのダメージを最小化することにコミットすることでもあった。二〇二〇年代の現在では、地図上に線を引いてこのような保護地域への人間のアクセスや利用を制限するだけでは、人間社会は自然の多様性を保護できないということを、環境科学者たちはすでに理解している。早い話が、工業化社会からの排出物による汚染の影響は、それ以前に考えられていたよりもずっと広範囲に拡散しているのだ。二酸化炭素やメタンといったガスは、太陽光と相互作用して、温暖化と寒冷化、風、降雨のサイクルを不安定にしている。気候変動により地球の平均気温が徐々に上昇していることは、この影響の一つのあらわれだ。このようなサイクルの変化を観測しているがゆえに、いくつかの主要な社会目標は再検討されている。またこれに伴い、人々が持続可能性ということで考えている内容も変化している。なかには、持続可能性を乗り越える時がきたとさえ主張する人もいる。レジリエンスこそが新しい目標だと言うのだ。

レジリエンスとは何か

狭義には、レジリエンスとは、洪水や山火事のように極めて強いストレスがもたらされた後で生態系が立ち直る能力をはかるための尺度だ。とはいえ、この言葉は他のタイプの回復や復旧を表すのにも使われることがある。ある企業が景気後退後に黒字を回復することができたとすれば、その企業はレジリエントだと言われる。また、経済や社会に対する壊滅的な打撃（主要な雇用先を失ったり、パンデミックを経験したり、人種間の抗争が破壊的な出来事に発展するのを経験したり、等々）を切り抜けて、そこから回復するコミュニティもまたレジリエントだと言えるだろう。レジリエンスについてのこうした大まかな考え方は、長らく持続可能性を測る尺度の一つとなってきた。あるシステム（例えば生態系、組織、社会グループ）が大きなストレスから回復できるかどうかを測る尺度が、そのシステムが持続可能であるかどうか、すなわち「そのシステムが存続できるのか」ということを示す指標でもあるのは当然のことだ。

レジリエンスに関しては、生態学を主題的に扱う際（第3章）に再び問いを立てることにしたい。「レジリエンスとは何か」という問いについては、その際により詳しく答えることになる。

持続可能性とレジリエンスの違いはどこにあるのか

これはいい質問だ。この二つの言葉は区別なく使われることがある。違いをはっきりさせるとすれば、持続可能性は、活動やプロセスが存続するために必要となる主要な資源や資金の不足に関連づけられるのが一般的だ。石油や水の不足に対する懸念は、まさにこの意味で持続可能性についての課題とみなされる。これに対して、活動のプロセスやシステムが混乱に対して著しく脆弱な場合、その問題はレジリエンスの不足として説明されるだろう。本書で私たちがとるアプローチでは、レジリエンスに関連する要素を、持続可能性の指標として扱っている。資源の不足とは対照的に、レジリエンスの点で持続可能性が問題になる場合には、システムがうまく組織化されていないことが強調されることになる。例えば、流れてくる情報のなかでどの情報に反応し、どの情報をブロックするのかうまく取捨選択できていない場合がそれにあたる。私たちは章を追うごとにさらに多くの事例を出していくが、そのなかでレジリエンスと持続可能性が異なる二つのものとして扱われる傾向が強まっていくことに注意しておいてほしい。

持続可能性はなぜ流行っているのか　流行ることのメリットは何か

流行りのものにはみんなが飛びつくものだが、持続可能性の流行もまた、ある部分ではこのような現象に過ぎないということは認めざるを得ない。みんながみんな持続可能性のことを話題にしているように見えるし、だからこそバンドワゴン効果[4]で持続可能性にいっそう注目が集まる。しかし、持続可能性への関心はもっと深刻な理由でも高まっている。以前にもまして多くの人が気候変動を意識し始めているのだ。みんな自分たちがしていることの多くを今後も継続したいと思っており、さらに重要なことだが、そのなかには例えば食べものを食べたり水を飲んだりといったように、私たちが生存するために不可欠な活動も含まれている。私たちが生存するために不可欠な物資へのアクセスを、気候変動（あるいは何か他のもの）が脅かしていると考える根拠があるのだとしたら、それは私たちの暮らし方が、みんなが望むほどには持続可能でないことを示す証拠になるかもしれない。持続可能性に関心が集まるのには、こうした理由が根底にあることを見失ってはならない。とはいえ、実のところ、持続可能性について考えることが重要視されるようになった背景には、もっと微妙で、ことによるともっと興味深い理由があるように思われる。

人類の現在の活動がどれくらい持続可能かを正確に見積もろうとする際には、たいてい、あるプロセスや活動が他の多くの活動にどれくらい依存し、またどれくらい影響を与えるのかということを考慮に入れるだろう。ここでは、つまり、システムの観点からものごとが考えられていることになる。システム思考を通じて相互依存性や相互関連性を発見すること自体は有益だ。それによって隠れていた脆弱性だけでなく、見過ごしてしまいがちなチャンスを明るみに出すことができる。持続可能性をより深く理解することができれば、その助けを借りて、例えば安全や利益、社会正義といった持続可能性以外の他の目標も達成することができるようになる。持続可能性がビジネスのマネージメントや都市計画、建築、農業、国際的な発展にまで至る広い領域で流行している理由の一つはこの点にある。持続可能性について考えることは一つのツールとして有用であり、人々が依存するプロセスや活動がこれからも引き続きしっかりと機能して力を発揮するための助けとなる。言い換えれば、持続可能性はシステム思考へと至るための架け橋であり、システム思考は多くの目標を達成するのに役立つのだ。

さらに言えば、システム思考は、どうして多くの害悪が繰り返されしつこく残り続けるのかを理解する助けにもなる。私たちの暮らし方のポジティブな要素を維持し、それをレジリエントにするために何が必要なのかを理解できるようになれば、ネガティブなことがうんざりするほど何度も繰り返し起きてしまう理由を理解するツールを手にすることにもなる。個人や集団は、あるプロセスや活動が持続可能かどうかを分析することで得られる概念、計画、管理に関するツールを、コントロールしたかったり終わらせたかったりするプロセスや活動に適用することができるようになるのだ。持続可能性という考え方には、混乱や意見の対立の種になるような要素がないわけではない。しかし、一般的に言えば、持続可能性のための尺度を私たちの思考に組み込むことができれば、世界中の文化や社会集団が追求する暮らし方のポジティブな特性を維持し改善する能力は高まることになる。また同時に、このことは社会生活に含まれる望ましくない特性を再生産するメカニズムを理解する助けにもなる。

要するに、何がある活動やプロセスをさらに持続可能にするのかと考え始めた人々は、自分が大切にしている多くのものごとについて考える際に、より効果的な思考法へといつの間にか引き込まれていくのだ。資源消費や環境の脆弱性といった事実が、持続可能性の現在の流行の大きな一因ではある。しかし、システム思考が持つこの潜在的な力こそ、持続可能性についてみんなが知っておくべきことだ。それゆえ、私たちにとって大切なものごとが社会と自然の両システムにどれほど依存しているのか、それを考えるためのコツを読者がうまくつかむことができるよう工夫して本書は構成されている。私たちはお金に関する事例から話をはじめる。というのも、お金はみんなにとって身近な

［4］　バンドワゴンとはパレードの先頭をゆく楽隊車のこと。バンドワゴン効果とは、大勢の人が支持しているものごとに、よりいっそう支持が集まる現象のことだ。アメリカの経済学者、ハーヴェイ・ライベンシュタインが指摘した。

ものだからだ。自分たちの暮らしを続けるためにはお金が定期的に懐に入ってくることが決定的に重要であり、このことをほとんどの人は身にしみてわかっている。それに続いて、人間からの入力や指示がほとんどなくても、機能し続け、自らを再生産し続ける自然システムへと話を進めることにする。どちらの場合でも、持続可能性を測るためには、一つ一つの構成要素がより大きなシステムの中に埋め込まれていることを理解する必要がある。

持続可能性の追求は個人の義務か、それとも社会の義務か

どちらの義務でもある。ほとんどの人は、自分の家計や暮らしの持続可能性について多少なりとも考えたことがあるだろう。みんな無駄づかいをしないようにするし、大変なことになる前に家や車を修理する。こうしたごく普通の計画性は個人レベルでの持続可能性の確保に役立つ。その一方で、私たちが論じる事例のほとんどは、もっと大きくて複雑な社会システムや自然システムに関連している。ある地域の生態系や経済が持続可能かどうかは、多くの個人の相互作用のあり方と相関している。こうしたより大きなシステムの持続可能性を一個人ですべて確保できる人など誰もいない。とはいえ、人々が個人として行うことは積み重なっていく。そして、その個人の選択パターンがより大きくて包括的な社会システムや自然システムを持続不可能にするかもしれない。

ところで、私たちは少し前に「持続可能性はデータと分析によって評価できる」と述べていたのだが、今度は「持続可能性を追求する責任がある」と主張していることから、困惑してしまう読者もいるかもしれない。しかしそのような方は、もう一度ここまでの議論を読み返してほしい。私たちが支持しているのは個人的、社会的な選択肢についてより責任あるかたちで考えることとしての持続可能性の追求だ。それは、無作為に選ばれた活動やプロセスの持続

を後押しする道徳的な義務が私たちに課せられるということではない。先に述べたように、活動やプロセスの持続可能性を評価することと、それらの活動やプロセスが持続すべきかどうかを評価することは無関係ではない。持続不可能なプロセスに期待をかけるとしたら、それは馬鹿げたことだ。この二つの評価プロセスの間にある緊張関係は折に触れて表面化してくるが、どんな活動やプロセスについて議論する場合でも、それが置かれている文脈を見れば、その緊張関係を解消する手がかりが見つかると私たちは考えている。そしてそのことは「私たちの暮らし方」と呼ばれる、大きくて曖昧なシステムにも当てはまる。

個人には仲間である市民の振る舞いを規制するだけの権力はないが、そうだとしても、重要な社会的、生態学的システムの持続的な機能を促進するようなかたちで行為すれば、個人でも自分の所属する社会がさらに持続可能になるよう後押しすることができる。個人が貢献できるやり方は三つある。第一に、さまざまな結果は蓄積していくものなので、人々が個人として取る行動は、社会的、経済的、環境的な健全性の維持全般に直接的に貢献する。第二に、より持続可能なライフスタイルで暮らすことは、二一世紀に生きる私たちみんなが市民としてそなえるべき重要な徳の一つとなっている。他人の振る舞いと互いに影響し合う自分の行動のあり方を反省することで、個人は社会レベルでより大きな持続可能性を確保するために必要な責任あるシチズンシップという資質を示すのだ。そして第三に、各々が政治的なプロセスを通して行動することにより、企業や政治家や他のリーダーに対し、社会的なレベルで持続可能性を向上させる意思決定をするよう促すことができる。最終章では、持続可能性を高めるために個人ができるいくつかの具体例を挙げ、これらに関連する特に重要な諸問題ついて論じることにする。

この本はどう使ったらいいのか

オックスフォード大学出版局の「みんなが知っておくべきこと」シリーズのねらいは、特定の分野で主題となっている専門的で複雑なことがらのエッセンスを読者に紹介することだ。このシリーズの本では、それぞれの主要なトピックについて理解したいと思っている人が疑問に思いそうなことが、質問形式で次々と並べられていく。その質問に答える中で、著者である私たちはそのトピックに関連する重要な考え方を説明し、誰もが知っている状況にそういった考え方をどう適用することができるのかを具体的な実例を挙げて解説する。これらの問いに一つずつ順番に取り組むことで、持続可能性の核心にあるシステム的な思考に読者のみなさんが徐々に親しんでいけるように工夫して問いが並べてある。とはいえ、気軽に一番気になる問いから読んでもらっても、一向にかまわない。

第2章から具体的な議論を始めるわけだが、そこでまず私たちは持続可能性の概念がビジネスを運営する際にどのように使われるのかを見ることにしたい。「企業が経済競争で生き残るためには何が必要か」ということなら、誰もが理解しやすいのではないかと思う。第3章では、持続可能性の考え方が生態系プロセスの理解を深めるためにどのように応用されるのかを具体的に示す。第4章では、引き続き環境をテーマにする。持続可能性の考え方は、汚染や資源の枯渇など、環境質に対する脅威への対処法の一つとしてこれまで利用されてきた。その鍵となる在り方について検討したい。第5章では、読者に経済発展の基本的な考え方を紹介し、ブルントラント委員会のグローバルな経済発展へのアプローチが持続可能性の考え方全般に強い影響を及ぼした経緯を説明する。ブルントラント委員会は、成長の限界という文脈で世界の発展を再考することに意欲的に取り組み、現在世代の貧しい人々と将来世代の両方にとって公平であることを目標とするアプローチを構築した。これは第6章の持続可能性と社会正義というトピックへとつながる。すでに述べたように、持続可能性は、善と悪、公平と不公平、進歩と堕落という私たちの考えと本質的に結びついている。私たちはお説教にはならないよう努力するが、第6章では、倫理と価値が持続可能性の議論を具体化するあり方を概観する。そのあとに、持続可能なガバナンスに関する第7章が続く。そこでは、「ガバナンスシステムの持続可能性に影響を与える要因は何か」、「ガバナンスプロセスは、より一般的な観点から見て持続可能性にどのように影響するのか」という二つの問いをめぐって議論を組み立てる。第8章では、それまでの章で展開された持続可能性の考え方に照らして、社会の他の領域（芸術、宗教、特に科学）の問題を論じる。最後に、持続可能性の向上についてみんなが何を問うべきかを検討する章を置いて、この本を締めくくることにする。

第2章　持続可能性とビジネス

どうしてビジネスの話から始めるのか

ビジネスをするために何が必要だろうか。実際にはビジネスをしたことがなくても、ほとんどの読者はこのことを直感的に理解しているだろう。経営者の考え方は持続可能性についての基本的な認識を得るのに格好の事例であり、そこで手に入れた基本認識は、持続可能性という概念を他のことがらに適用する際のモデルとして使うことができる。今後の議論はこの見解に基づいて展開される。「ビジネスが持続可能であるためには、利益を産む必要がある」という言葉をよく耳にする。この大雑把な言い方は修正した方がよいと私たちは考えているが、その理由については後述する。ここでの基本的な考え方は、企業が製品を製造しようが、販売しようが、天然資源を採掘しようが、サービスを提供しようが、すべての企業はコストを賄うために十分な収入を得なければならず、それができなければ最終的に破産してしまうということだ。この認識は、ビジネス以外の多くの領域においても、持続可能性を理解するための出発点として利用できる。

その一方で、持続可能性を追求する活動に深く関わっている人々の多くは、ビジネス思考を警戒しており、なかにはそれに対して敵意をむき出しにする人もいる。営利目的の事業に対する疑念や敵意にもそれ相応の理由がある。私たちは最終的にその理由についても検討したい。ビジネス思考に対する警戒感や抵抗感を持って本書を手に取られた読者には、それまで少しの間、我慢して私たちの議論に付き合ってほしい。経営者の視点をしっかりと理解することは、持続可能性の他の側面について考える際に役立つ。手間かもしれないが、すべての読者が同じ考え方に則って問題に取り組めるようにするために、経営者の視点を理解しておくことは決して無駄ではないと思う。

儲かるとはどういうことか

専門的な言い方をすれば、企業の利益は総収入から総費用を差し引いたものに等しい。言い換えれば、収益性の高いビジネスとは、すべてのコストをカバーしてもまだ何かを残しておくことができるビジネスのことだ。スモールビジネス[1]では利益は企業のオーナーに支払われ、オーナーはそれを事業に再投資することもあるし、報酬とは別の追加収入として扱うこともある。外部株主を持つ大企業の場合、利益は事業に再投資されることもあれば、配当のかたちで株主に支払われることもある。いずれにせよ、収益性の高い期間があるおかげで、企業は財務上の損失がある期間を乗り切ることができるようになる。利益が出ない場合には、長期的に見て、企業や投資家は時間とお金を別のことに投資することになる。

スモールビジネスのなかには、オーナー兼経営者が自分の労働に対して自らの報酬を一般の相場より少なくすることで存続できているような会社も多くある。そのような会社は、オーナー兼経営者がそのレベルの収入で我慢する意思があれば、長期間存続できることになる。細かいことを言えば、経営学や経済学を専攻する学生は、仕事に対する対価を最大化するようなやり方で資源（この場合はオーナーの労働）を利用していないビジネスは利益を最大化していない、と教わっているかもしれない。しかし、「続けていくことができる」という意味においては、こうしたビジネスでも持続可能だと考えることができる。それゆえ、継続企業という概念の方が、経営学や経済学で教えられている専門概念としての利益よりも、ここで私たちが展開している持続可能性の考え方をより的確に捉えていることになる。[2]

もちろん、これは企業がどのように財務を管理しているかについてのごく単純な説明でしかない。とはいえ、この説明をとおして、持続可能性を擁護する人々がビジネスや利益に対して警戒感や敵意を持つ理由の一つに私たちは目を向けることができるようになる。収益性があるということは、すべての事業費を賄うために求められる以上の利益をあげていることを意味する。企業は利益をあげるために他の重要な目標を見過ごしてしまうのだとビジネスに批判的な人々は主張する。彼らによれば、こうした目標には環境保護や公正な労働慣行などが含まれている。実際のところ、この指摘にあるような近視眼的なビジネス慣行の事例が存在するのは間違いない。この議論をもう少し深く掘り下げていくと、より全般的で根本的な懸念があらわになる。つまり、経済活動というものは、収益性の高いビジネスを含めて、持続不可能なレベルの消費をもたらすのではないかという懸念だ。集団として見ると、人間は必要以上に生産を行い、地球の資源を枯渇させようとしている。このような見方については、持続可能な発展に関する章でさらに詳しく検討する。企業が持続可能であるためには、言い換えれば、企業が継続企業であり続けるためには利益を生まなければならないというのが私たちの基本的な考えだ。今述べたような懸念があったとしても、この主張が損なわ

［1］　小規模な事業全般を指す言葉。明確な定義はないが、フリーランスや個人事業主からいわゆる中小企業まで幅広い範囲の事業を含む。
［2］　企業等が将来にわたって事業を継続するという前提、あるいは、この前提のもとで事業を営む企業自体。

れることはない。

なぜビジネスでは利益の観点から持続可能性を考えるのか

最終損益とは、会社の収入と支出を集計する損益計算書に関係した用語だ。事業の運営とは、賃金、給与、資材、その他の運営費にお金を使うことであり、また売上やその他の収入源をとおして支出するお金を集める営みのことだ。長期間にわたって支出が収入を上回ると、遅かれ早かれ、事業は収入を生み出す活動を行うために必要な資材と労働力の支払いを続けられなくなるポイントに到達する。典型的なシナリオでは、そうなった企業は、労働の対価として従業員に賃金を支払う義務や、資材を供給した債権者に代金を支払ったり、家主である債権者に家賃を支払ったりする義務を果たすことができなくなる。破産すれば当然のことながら会社は存続できなくなり、支払いを待っている人々に会社の残りの資産（銀行口座の残高、売れ残った商品、または未使用の物資）をどう分配するかを裁判所が決定しなければならなくなる。

現代の経済では事態はこれほど単純ではないが、私たちは企業経営についてみんなが知っておくべきことを伝えるためにこの本を書いているわけではない。ここで重要なのは、簡単に理解できるビジネスの視点を利用して、「プロセスや活動を継続できるかどうか（またはどの程度まで継続できるか）の尺度」という持続可能性の基本的な定義を具体的に説明することだ。今の場合で言うと、このプロセスや活動にあたるのがビジネスを行うこと、つまり、特定の種類の商品やサービスを製造および販売することだ。会社や企業それ自体は、費用を賄うのに十分なお金を受け取れない場合には持続可能ではない。収益性が営利事業、会社、法人企業の持続可能性の尺度となるという考え方の背後にはこうした実務上の常識がある。

ここで注意してもらいたいのは、収入と支出のバランスを取るというこの基本的な考え方を、実際には成功を利益によって定義していない組織にも拡張できるという点だ。一般的に、家計の管理はビジネスの場合と同様に収入と支出のバランスを取るというかたちで行われ、稼いだ以上のお金を使えば破産することになる。同じことが、教会、クラブ、市民団体などの非営利組織にも当てはまる。

すべてのビジネスが持続可能性を追求しているのか

いや、そういうわけではない。先のように単純化した例だと、企業の持続可能性を追求するために、すべての事業者がビジネスを維持しようと躍起になっているように見えるかもしれないが、このような事例は単純すぎて収益性のあるビジネス活動の意味を完全には捉えてはいない。破産法は企業がその債務を削減して事業を繰り返し継続することを認めており、このことからも現実のビジネスの世界はもっと複雑なものだということがわかるだろう。これまで説明してきたような限定された意味においてでさえ、持続可能性のことなど考えずにビジネスに参加している人はたくさんいる。ビジネスの世界では、ある種の金融業者や投機家が「キラーアプリ」や、「ホームラン（the home run）」、「先の先をいくアイデア（the new new thing）」といったものを探し求めているということを耳にする機会が増えている。このような人は長期的な収益性をあまり重視しておらず、むしろ大きな短期的利益が得られそうな特別な投資機会を見つけることに力を注いでいる。事業を清算してその資産を売却することもあり、これは私たちが議論している意味での持続可能性とは正反対のことだ。ベンチャーキャピタルの投資家やイノベーターに関しては話がもっと複雑になるのだが、ここでもやはり、私たちはビジネス思考を完全に説明しようとしているわけではない。議論をうまく軌道に乗せるために儲かっているビジネスの事例を取り上げることで、持続可能性について理解しやすくしているのだ。

ビジネスマネージャーは持続可能性についてどのように考えているのか

ビジネスの日々の継続を望んでいる継続企業に焦点を当てると、持続可能性の基準は支払う以上のお金を受け取ることができるかどうかにある。しかし、優秀な経営者であれば、受け取るお金（収入）と支払い（支出）のどちらも、それはそれで損益を気にかけている他の企業との相互交流によって成り立っていることを認識している。また、さらに大きな経済の現状そのものについても持続可能性は問題となる。事業者は支出の方がより直接的にコントロールできるので、多くの場合には、支出の管理にその関心のほとんどを向けている。すでに述べたように、企業は労働者に賃金を支払い、資材を購入しなければならない。また、家賃、税金、その他の費用（ローンの利子や組織の会費など）を支払う必要もある。受け取る額を減らさずに、これらのコストのいずれかを下げることができれば、その分だけ損益の見栄えはよくなる。そのため、往々にして事業者はコスト削減の活動を業務効率の向上とみなす。

もちろん、誰もが効率というものをこのようなかたちでのみ考えているわけではない。しかし、このことは効率を高めることが持続可能性を向上させる手段と見なされることが多い理由を理解するためのよい出発点となる。コスト効率を考える上で特に重要なことの一つは、労働力に関係している。産業革命は、とりわけ製造工程の労働効率を劇的に向上させた。この事実が工場のオーナーにとって意味したことは、新しい機械にお金をかければ、労働者に賃金や給与を支払って製品を生産する場合よりも多くの製品を生産できるということだった。その結果、工場のオーナーは製品の単位あたりの支出額（賃金など）を削減することが可能になった。こうしてできた製品を、これまで売ってきた金額と同じ価格で売ることができれば（すなわち、収入を安定したまま保つことができれば）、オーナーは長期的により多くのお金を稼ぐことになり、ビジネスの持続可能性が高まることになる。

ここには重要なポイントが二つある。第一に、事業者が経費に関心を集中させるのは自然なことだが、それは経費こそ事業者が支出と総収入の比率（つまり、収益）にもっとも大きな影響を与えることができるからだ。事業の費用対効果の向上が見込めない場合には、継続企業の持続可能性を脅かすという単純な理由で、事業者はコストの上昇につながるもの（税金や最低賃金法など）に反対するだろう。同時に、コスト削減につながる改善には即座に飛びつく。企業は別の企業から資材を購入していることがほとんどだから、他の企業に対する費用対効果を高めることにより、自らの企業の収益を改善することも可能だ。第二のポイントは次のようなものだ。話は急に複雑になるのだが（したがってこの話は専門分野としての経済学と経営学の出現につながる）、経済全体の健全性は、商品やサービスを販売する個々の企業の能力を大きく左右する要因である。労働者自身がお金を稼げている状況なら（つまり経済が強い状況なら）、より多くの人々が製品を欲しがり、企業の持続可能性は高まる。そしてもちろん、その逆も然りである。それゆえ、優秀なビジネスマネージャーであれば、自社の持続可能性と経済全体の持続可能性との間に密接なつながりがあることを認識している。

もちろん、これが話のすべてではない。経済以外の出来事が企業の事業活動に甚大な影響を与える可能性もある。一九九〇年にイラクがクウェートに侵攻した後の石油価格の高騰は、燃料価格によって収益性が左右される企業（航空会社など）に影響を及ぼした。二〇一一年に津波が日本の太平洋岸を襲い、多くの人々が亡くなり、福島第一原子力発電所の大事故が起きた。そのことが引き金となって他の国々の製造業者へのサプライチェーンが寸断されたため、世界中で経済活動に大きな混乱が生じた。二〇二〇年にはCOVID-19のパンデミックに対応して、学校が休校となり、多くの場所でバーやレストランが閉鎖を命じられた。このようなショックの後、短期的には収益性を維持できないとしても、経営者が収益性を迅速に回復するための計画を立て、そのためにレジリエンスについて考えるのだとしたら、そのときその経営者は持続可能性の考え方を取り入れていることになる。気候変動が起こり、ビジネスに不可欠な天然資源や環境アメニティ[3]の利用可能性に変化が生じた場合でも、多くの企業はそういった変化に対してレジリエンスを高められるように計画を練り備えている。この点については、後ほど論じることにする。

ビジネスの持続可能性は経済全体とどのように関係しているのか

人々にお金がある時には商品やサービスが売れやすい。したがって経済全体が健全な時には個々の事業の持続可能性が高まる、ということを事業者は理解している。通常、このことは経済成長と関係しているため、「どんな時に経済成長は持続可能か」という問いへとたどり着く。これは第5章で取り上げるトピックではあるが、特定の企業の持続可能性とより大きな経済の持続可能性の間にある関係は、持続可能性の考え方において基本的な概念の一つである「階層（hierarchy）」の一事例だ。あるシステムは他のシステムの内部に存在する。構成要素となっているシステムから、より大きなシステム、すなわちより包括的なシステムに移行するということは、より高い階層レベルに移行することだといえる。個々のビジネスをより大きな経済システム内に存在する下位システムと考えることで、重要な二つのことがわかる。第一に、より包括的なシステム（この場合は経済全体）は、それ自体がシステムである小さなユニット（この場合は個々の企業）で構成されている。各企業は、より大きな経済システムの下位システムと考えることができるわけだ。景気が良い時も悪い時も、継続企業であるためには十分な収入が必須となる。第二に、ある特定の企業の持続可能性は、経済全体の持続可能性からは独立している。結局のところ、厳しい時期でもうまくやっていく企業は存在する。より一般的に言えば、下位システムの持続可能性の基準（この場合は個々の企業の収益性）は、階層の上位レベル（つまり経済自体）のシステムの持続可能性の基準とは別ものだということになる。

個々の企業の持続可能性が合わさり集まると、より大きな全体の持続可能性に影響を及ぼす。そして失敗した企業の数がある臨界点に達すると、経済全体が急降下する。また、より大きなシステムが衰退している時には、そのことによって下位システムの持続可能性が脅かされる傾向がある。景気が悪ければ個々の企業は事業をうまく回していくことが難しくなるのだ。したがって、経済の健全性は個々の企業の財政的な持続可能性とは違う観点から評価されなければならないのではあるが、とはいえ、二つの基準は関連しあっているといえる。下位システムとより大きなシステムの関係を明確にすることは、持続可能性を評価する上で生じる難しい専門的な問題の一つだ。階層の原理は持続可能性を考える上で基本的な概念であり、読者はすべての章でそれが機能していることを見てとることになるだろう。

---

［3］　アメニティとは空間、環境、地域が持つ心地良さや快適さ、魅力、好ましさなどを意味する言葉。

単純に儲けることを超えて、持続可能性はビジネスにどのような変化をもたらしたのか

私たちの出発点は、持続可能性という一般概念のごく基本的な使い方の一つをざっくりと示すことだった。特定の企業や製品ラインの持続可能性を利益と結びつけて考えるのは、ほとんど常識だと言ってよい。しかし一九九〇年代以降、企業は持続可能性についていくらか違ったかたちで考えるようになったのもまた事実だ。ビジネスを行うことから生じる環境への影響に対して、はるかに大きな注意を払うことが多くなってきたのだ。この新しい考え方は、企業経営において以前流行した企業の社会的責任（corporate social responsibility）、すなわちCSRに根差すものであった。CSRは当初、企業は望ましい商品やサービスを単純に生産するだけでなく、社会の幸福を向上させるようなやり方で事業を行うべきだという見解を反映した経営慣行として理解されていた。持続可能性と同様、社会的責任を果たす上での企業の行動選択については、CSRもかなり柔軟であった。企業が事業を行う上で従わなければならない環境法などの関連法令が求める最低限の要件を満たし、それを超えていくことがCSRだとされることもあったし、社会問題やコミュニティ活動にもっと直接的に関与することだと解釈される場合もあった。例えば大企業は、命に関わる病気の治療法を見つけるために活動しているNGOや、美術館といった、一般によく知られた慈善団体に多額の寄付をした。また中小企業は、学校の放課後活動を後援したり、少年野球のチームにユニフォームを寄付したり、従業員が地域社会でボランティアをするためのインセンティブを与えたりもした。企業は二つの理由でCSR活動に従事していた。一つは、この種の活動をすることで、事業経営に対する社会的受容性が企業に与えられたということだ。要するに、特定のコミュニティでビジネスを行うための暗黙の許可、承認、同意を企業は得ることができたのだ。も

う一つは、人々が慈善寄付をしたりボランティア活動を行ったりするのと同じように、オーナーたちにも何かをコミュニティに還元したいという思いがあったのだ。

事業経営の社会的受容性とCSRは、ビジネスコミュニティ内での持続可能性にとって重要となる諸々の考え方の先駆となった。ここまでのところでは、支払ったよりも多くの収入を得ることが企業経営にとって必須であることを、持続可能性の考え方と結びつけて論じてきた。本章の残りの部分では、この常識的な考え方をはるかに超えたところまで読者を連れて行きたいと考えている。この後の議論はどれも、経営管理の観点から見て、企業の持続可能性にとって利益が不可欠だという考え方と両立するものだ。状況によっては今後の議論で扱われる考え方に注意を払うことにより企業の収益性が上がることもあるし、またこのような考え方に注意を払うことが継続企業であり続けるための必要条件になることもある。社会関係資本（ソーシャルキャピタル）という概念もそうした考え方の一つだ。

社会関係資本とは何か

あなたが人々に好かれ信頼されていれば、その信頼のおかげであなたは効率良く働くことができるようになる、というのがここでの基本的な考えだ。逆にあなたが信頼されていない場合には、人々は常にあなたを監視し、あなたが法令にきちんと則して（つまりルールに厳密に従って）やっているかどうかを重箱の隅をつつくようにして確認する。別の言い方をすれば、あなたを信頼していなければ、誰もあなたからものを買ったりはしないだろう。社会関係資本が不足していても、企業はお金を稼ぐことはできるかもしれない。特にその企業が作っている製品を地元のコミュニティで販売する必要がない場合にはそうだといえる。しかし、そうした企業はよい従業員を集めるのが難しいだろうし、それ以外の問題に悩まされることもあるかもしれない。近隣住民や消費者からの信頼が失われると、企業は面倒な苦情に対処しなければならなくなったり、ひどい場合には訴訟で争わなければならなくなったりする。企業が法令を遵守し、近隣住民や労働者の利益に気を配っていることに対する信頼と確信の感覚のことを、社会関係資本という（なぜこれが資本と呼ばれるのかについては第5章で説明するので、それまで待ってほしい）。

一九七〇年代から一九八〇年代にかけて、経営者は社会関係資本をCSRと結びつけ、企業に対するコミュニティからの信頼度の重要性を認識して、CSRに配慮するようになった。しかし、CSRをコミュニティからの信頼度を高めることとして位置づけ始めた時点で、この意味での社会的責任が慈善団体への寄付よりもはるかに大きなことを意味するのは明らかだった。悪臭、騒音、多くのトラックや勤務交替による交通渋滞に対して、近隣住民が苦情を訴える可能性があるし、こうした苦情への対応には費用がかかることもある。CSRが企業経営に対する社会的受容性を意識したものになればなるほど、経営者はこうした問題に対処する必要性に迫られ、それを倫理的責任の一部と考えるようになった。企業がこのようなかたちで社会関係資本を構築する必要性に迫られるなかで、少なくとも製造業者にとっては、地域環境に配慮する責任がCSRに含まれるようになっていった。

社会関係資本は持続可能性とどのように関係しているのか

事業者の視点に焦点を当てるならば、ビジネススクールや営利企業が持続可能性という言葉を使い始めたのは、信頼と善意の構築（そしてそれによるコスト削減）を重視する経営上のさまざまな側面に名称を与えるためであった、というのがこの質問に対する答えだ。このことは、継続企業が損益に目を光らせなければならないという考え方と完全に両立する。しかし、間接的にではあるが、社会関係資本の構築には、会社の主要な事業活動と結びついた一連の活動、すなわち販売可能な製品の製造と課金可能なサービスの提供が含まれている。消費者が人間の健康と環境の健全性をより意識した製品や取り組みを求めたことから、主要な事業活動の文脈においても、社会関係資本の構築を促進すべく多くの決定がなされてきた。一部の企業は、まさにこの意味での持続可能性の追求に特化した部門や部署をつくり、大企業では持続可能性に関連する活動を監督すべく取締役や副社長などの役職を置くに至った。

社会関係資本は環境とどのように関係しているのか

社外の人から見ると、この新しい経営分野において企業が行ったことの多くは環境に関係していた。汚染、騒音、社会環境への影響を企業は管理した。そうしなければ、将来的にお金がかかる可能性があったからだ。また環境を浄化したり、公園や湿地というかたちで近隣住民にアメニティを提供したりすることは、外部の人々から環境志向の活動と理解され、企業に対する好意を生み出した。これにより、企業が社会関係資本を高めるために行うことと、一般の人々のなかで高まっていた環境意識の間に、ゆるやかだがそれなりにしっかりとしたつながりが生まれた。

企業側の視点に戻ると、多くの企業のサステナビリティ部門の責任者は、その運営のためにさほど大きなコストをかけないばかりか、一部の運用コストを削減さえしながら、法律で義務づけられている環境保護を上回るレベルで環境によいことができる事業運営が選択可能だと気づき始めた。例えば、一九八〇年代後半、ダウコーポレーションは「廃棄物削減とそれに伴う廃棄物処理の手間と処分コストの削減を目的として、「廃棄物削減はいつでも得になる(Waste Reduction Always Pays, WRAP)」プログラムを開始した。[4]これには、スループットを削減したり、廃棄物を別の製品の製造に使用することで廃棄物を削減する方法を考案した従業員にボーナスを与えるプログラムも含まれていた。ごく最近ではウォルマート[5]が、製品の製造に使用されるエネルギー量と原材料の使用量を報告するよう、納入業者に対して求め始めた。これによりウォルマートは、一部ではあるが、環境質や総資源消費にどれくらい影響を与えるかということに基づいて、販売する製品を選択することができるようになった。この選択は持続可能性戦略の一部となり、大きなコストをかけずに環境質に貢献することで社会関係資本を構築することができている。[1]

社会関係資本と環境との関係が、必ずしも前向きな意味を持つとは限らないことも指摘しておくべきだろう。環境保護や環境意識の高まりに懐疑的な人々は、こうした活動が企業の意志に反して強制されていると考えている。つまり、こうした企業の活動は実際には健康や幸福に役立っていない（と、このような人々が考える）ことがらに費用をかけているために、その費用を負担する必要がない（通常は他の国の）競合他社よりも高コストになってしまっているというのだ。このケースは、例えば自社製品をウォルマートの店舗で販売したいと望んでいる企業などに当てはまるかもしれない。使用したエネルギー量と原材料の使用量に関する情報をウォルマートに提供することには、明らかに追加のコストがかかっているし、ウォルマートの棚に製品を陳列するために自社の製造プロセスを変更する費用を負担した可能性もある。これらの変更が公衆衛生や環境質の向上に役立っていると思えなければ、そうした企業にとって持続可能性の追求はお金の無駄遣いでしかないということになるだろう。

トリプルボトムラインとは何か

ビジネスマネージャーは、持続可能性追求への取り組みを促進するためにこの表現を使用する。この考え方では、従来の利益志向型の損益（bottom line）が、一方では社会関係資本を構築する必要性、他方では環境質を向上させる必要性によって補完されている。この節から読み始めた読者は、「社会関係資本とは何か」の節まで戻ると、ここでの議論を理解するのに役立つだろう。トリプルボトムライン（triple bottom line）は、ビジネス本作家のジョン・エルキントンによって作られた用語だ。持続可能性を追求する際には、社会的ボトムライン、環境的ボトムライン、経済的ボトムラインに配慮する必要がある。このことを伝えるために、彼は「人、惑星、利益」という表現も作り出した。ここまで、継続企業が利益を生み出すにあたって、公共からの信頼と好意がいかに重要かを見てきた。この理解を通じて、損益に気を配るという単純な考え方が、社会的、環境的側面を含んで拡大してきたことを示してきたのだ。エルキントンは、ポール・ホーケンやウィリアム・マクダナーなどのように、ビジネスコミュニティでこうした考え方を広めた作家の一人なのだが、トリプルボトムラインの概念が単純な会計ツールになってしまったがためにトレードオフの考え方を助長してしまい、資本主義とその将来について幅広い議論を促すことができなかったという失望を最近になって表明している。

これまでのところ、トリプルボトムラインに懐疑的な人がいる理由については暗にしか示してこなかった。大企業で働くマネージャーには、長期的な見返りを考慮に入れるインセンティブはないかもしれない。社会や環境にポジティブな結果が生じるのは、数年、数十年、それどころか数世紀先になることもある。将来世代の利益に貢献しようと

［4］　スループットという用語は、ビジネスやデータ管理を含む多くの分野で使用されているが、その意味は各分野で多少異なる。ここでのスループットは生態経済学の用語であり、生産プロセスへの低エントロピー物質（エネルギーを含めた資源）の投入を意味している。
［5］　アメリカの大手スーパーチェーン。

するマネージャーがいたとして、その貢献が実際に将来世代に対して利益をもたらすことが期待できるとしても、企業はそうしたマネージャーにボーナスを出すのは難しいと考えるだろう。さらに、ビジネス上の意思決定は、利益志向のマネージャーの選択肢を制限するような法的環境の中で行われる。競合する企業が協力しすぎると、独占禁止法の対象になる可能性がある。また競合他社が下した決定も、企業の選択肢を制限するかもしれない。マネージャー自身はより持続可能な活動を追求したいと思うかもしれないが、自分がコントロールできない大きなシステムにさまざまな面で制約されていることを痛感することもあるだろう。これまで私たちは収益に結びつくという理由で社会や環境へ寄与することにはインセンティブがあると考えてきた。しかし、以上のことをすべて考え合わせると、より包括的なシステムがこのようなインセンティブに与える影響を認識する必要が出てくる。ビジネス志向の考え方で持続可能性が本当に確保されるのかという疑問を抱く人がいると思うが、この章の残りの部分では、そういう人が思いつきそうな質問をいくつか検討したい。

グリーンウォッシュとは何か

醜悪であったり、違法であったり、不道徳であったりするような活動について、うわべだけ取り繕って隠しながら、そうした活動を実際には是正しないことをホワイトウォッシュという。グリーンウォッシュは、そのうわべが環境の色で塗り固められている場合のことだ。トリプルボトムラインを批判する人の多くが指摘するところによると、企業は汚染、資源消費、環境に悪影響を与えるその他のタイプの活動を一掃したと声高に主張するが、それは単なる宣伝に過ぎないということになる。

グリーンウォッシュは、広告や広報、製品の宣伝のなかで見られる。自然の画像を使用した広告だとか、「自然に優しい製品」などのキャッチコピーがよくある事例だが、こうしたことは「自然」という言葉が何を意味するのかを定める法的な基準や一般に認められている基準がないために起こる。なかでも企業の広報活動におけるグリーンウォッシュは、見つけるのがさらに難しいかもしれない。広報によるグリーンウォッシュは、インターネット上のディスカッションフォーラムへの投稿から新聞記事の掲載まで、ありとあらゆるものに及んでいる。グリーンウォッシュ合戦が最も激しく繰り広げられているのは、製品の宣伝文句の分野だろう。「新登場」や「改良版」などといった言葉のように、広告なのか製品表示ラベルなのか違いがわからない場合もある。製品についているラベルや広告が健康に対するメリットや環境への影響について具体的な主張をしている場合、それが真実だとみなされてしまいがちであり、もしそれが偽りだった場合には企業が告訴される可能性が出てくる。しかしながら、製品の宣伝文句を監視するための政府の財源は限られており（これについては第7章で詳しく説明する）、それを受けてグリーンウォッシュを規制するための新しい方法が登場した。

環境保護と社会的責任に対する企業の考え方をもっと知りたいという消費者の要望の高まりを受け、そうした企業の主張が信頼に足るものかどうかについて消費者に情報を提供すべく、膨大な数の認証やラベリングプログラムが進化してきた。通常、こういったプログラムには諸々のプロセスと活動を精査し、企業が自社製品に「環境に責任を持つ」、「オーガニック」、「フェアトレード」、さらには「サステナブル」というラベルを付けることを承認する第三者機関が関与する。そのようなプログラムのいくつかの事例については第7章で解説する。第三者機関の認証がグリーンウォッシュを撲滅したかといえば、答えは明らかに否定的なものになってしまうのだが、このような認証はグリーンウォッシュを減らすとともに、それらがなければ得られなかった情報を消費者に与えてくれている。

あまり意味のない認証や誤解を招くような認証を作り出してしまう可能性もあるため、認証プログラムがグリーンウォッシュを終わらせたとは言えない。食品をGMOフリー（遺伝子組み換えされた原材料が含まれていないことを示す）として認定することに環境や食品安全上のメリットがあるという主張に対しては、異を唱える科学者もいる。また、有機食品の基準は強い毒性のある化学物質が使用されていないことを意味するが、動物の福祉や労働者の公正な扱いといったことはそれには含まれていない。加えて、製造者が不正行為をする可能性も残っている。「誰が見張り役を見張るのか（Quis custodiet ipsos custodes?）」という警句が、すでにローマ時代には存在していたくらいだ。しかしこういった懸念はあるにせよ認証制度はグリーンウォッシュを抑止しており、認証された製品に消費者がより多くのお金を支払う意思を持っているという事実は、一般市民が持続可能性をどれだけ重視しているのかを経済界に伝えている。

企業が社会的責任を果たせないことがあるのはどうしてなのか

「社会関係資本とは何か」の節において、持続可能性に対する企業部門の取り組みが企業の社会的責任運動であるCSRから生まれたことを指摘した。そして社会関係資本について考察した後、汚染問題や、公園ならびに湿地などの美的なアメニティといった環境に関する話題へとすぐに議論を進めてしまった。しかし、CSR自体は、事業活動がもたらす有害な社会的影響に、人々がかなり長い間注目してきた歴史があってはじめて生まれたものだ。その歴史は、コスト削減により企業はいつでも損益を見栄え良くできるという単純な事実から始まった。人件費の削減はそのための手っ取り早い方法の一つだ。経営者は、類似する職種の賃金相場に基づいて、くだけた言い方をすれば「市場が許すなら何だって許される」という基準で、労働者への報酬のレベルを調整するよう仕込まれている。その一方で、労働者はできるだけ多くの報酬を受け取りたいと思っており、当然、公正な報酬レベルがどのくらいかということについて何らかの見込みを持っている。労働者が公平だと思っている額よりも少ない金額しか支払わなければ労働者は不服に思うし、現行の賃金水準よりも多く支払うことになれば今度は経営者の方が不満を持つ。このような対立があるのは当然のことで、それに驚く読者はいないだろう。

二〇世紀には、労使間の争いと交渉の長く複雑な歴史があり、労働者が労働組合を組織する権利は、この歴史の鍵となる重要な要素だった。一部の産業や地域では組合が組織される割合が高かったが、別の地域では組合が組織されないようにうまく立ちまわった事業者もあった。労働問題に関しては意見の対立があり、そのために政党も分断され続けているし、持続可能性に関する議論にも影響を与えている。ごく簡単にまとめると、この長年にわたる社会的議論では労働者側が持続可能性の追求を支持する立場に与しており、それゆえ持続可能性という言葉は労働者側をイメージさせるものとなっている、と考えている人たちがいる。この見方からすると、組合や何らかの団体交渉に反対する企業は、社会を持続可能にする取り組みをしていないことになる。興味深いことに、労働者の権利の強化が経済に悪影響を与えると感じている人々は、自分たちの見解を持続可能性の考えと結びつけることはほとんどない。ところが、自動車業界の組合契約に関連したレガシーコストが、二〇〇八年と二〇〇九年の大不況時に起きたクライスラーとゼネラルモーターズの破綻に深刻な影響を与えた可能性は高い[6]。労働者の要求を満たすことは、これらの企業にと

[6]　レガシーコストとは企業が退職者に対して支払い続ける年金、保険等といった金銭的負担のこと。米国の自動車業界は労働組合の力が強かったため、レガシーコストが膨大なものとなり、それが経営を圧迫したことがこれらの企業が破綻に追い込まれた一因と考えられている。

って、持続可能性の問題だったのだ。

社会的責任と、経済的に弱かったり不利な立場にあったりする集団の権利との間にあるこのようなつながりは、組合を組織することや組合を組織する権利の問題をはるかに超えて拡大することができる。人種格差、民族格差、ジェンダー格差を是正することが持続可能性追求の一側面だと考える人もいる。このような人は、不正義が経済の構造的な特徴だと主張する。こうしたより包括的な懸念については、後の章で詳しく検討することにする。本章はビジネスに焦点を当てているので、その観点から指摘しておきたいのは、人種や性別、性的指向に基づいて人々を不平等に扱ってきたとして、特定のビジネスやビジネスコミュニティ全般を批判するやり方はいくらでもあるということだ。それゆえ、個人の公正な扱いを促進することや、ビジネス界で活躍する女性やマイノリティが相対的に少なかったり、そうした人々への支払いが過少であったりする状態を是正することは、ビジネスにおける社会的責任の一部と見なされている。無責任な行動は持続可能ではないと考えられがちで、実際にそう考えている人がいることはすでに指摘したが、そのような見方からすると従業員の不公正な扱いは持続不可能ということになる。

こういったテーマはすべてCSRに関する初期の文献に見ることができ、その後は、持続可能性を追求する活動へと引き継がれてきた。労働者の権利、経済的不平等、取り残されたり権限を与えられていなかったりするグループの権利といった主題は、概して、社会正義に関係した問題だと言える。そして社会正義に関するこれらの左寄りの見方が持続可能性の旗の下で展開されると、持続可能性の概念自体が政治化されることになる。保守派コラムニストのジョージ・ウィルが、二〇一五年のコラムでアメリカの大学のキャンパスにおける持続可能性プログラムを痛烈に批判したのだが、そのことも持続可能性の問題が政治化されたことのあらわれだと言ってよさそうだ。[2] このような政治的なテーマについては第7章で改めて取り上げることにして、今のところは引き続きビジネスの話題に集中することにしよう。

社会正義はビジネスの持続可能性とどのように関係しているのか

資本主義の考え方そのものを敵視するところまではいかないような人でも、利益追求は地球規模での持続可能な社会とは相容れないものだということは認めるに違いない。まずはこの前提で議論をはじめることにしよう。その上で、CSRの観点からこの問いに答えるのであれば、社会関係資本に話を戻すことになる。CSRは、利益追求の競争社会が持つポジティブな側面をより忠実に実現しようとした。人件費を節約し、他人にコストを転嫁していると、経済活動をしているコミュニティのなかで困難な状況に陥るという認識が経営者たちの中で広まっていった。またその一方で、CSRは、企業活動に直接関与していない人々の信用、信頼、好意を築くことが、実際には企業の収益にとってプラスになるということについて経営者の理解を高めた。そして時が経つにつれて、収益性についてのこうした啓発的で包括的なアプローチは、ほとんどのビジネススクールに普及していった。ハーバードビジネススクールでは、企業の社会的責任に関するプログラムを終了し、このような考え方を共有価値の創造を重視するアプローチへと統合していった。

経営管理の考え方で現在主流となっているのは、企業経営が複雑な社会環境の中でなされている事実を考慮に入れた、より洗練された利益追求のアプローチだ。持続可能性の追求は、そうした大局的な全体像の中の一要素と見なされている。もっと直截に言えば、業務内で発生するありとあらゆるコストが回避可能か戦略的に考えることにより、コストのかかる訴訟や労働争議を回避するのが優れたマネージャーということになる。継続企業は、従業員や社会の人々と良好な関係を育むことで、敵意から生じる計算外のリスクを管理する。この場合、社会正義は公正な取引の観点や、社会的敵意により生じるリスクの予測という視点から理解される。また、収益性を通じて株主価値を高めるという従来の経営観では、このような活動は社会関係資本の構築と解釈されている。こうした観点から、社会関係資本を構築しようとしている企業は社会正義にも注意を払っている。

しかし、企業自身の活動と密接に結びつき、経営管理の範囲内でできることのみに重点を置く限り、このような従来型の経営アプローチは社会正義の観点からは不完全だと言わざるを得ない。訴訟や労働争議は特定の企業を直接対象として行われるが、より一般的な社会的混乱もまた企業の順調な経営を妨げることがある。路上の暴動がビジネスに役立つことはめったにない。社会不正義が破壊的な社会的抗議や革命にまで波及すると、そうした社会的、政治的環境全体のせいで企業が物理的損失（店のオーナーであれば壊れた窓を交換し略奪された在庫を補充しなければならない）にさらされると同時に、通常の事業活動は停滞してしまう可能性がある。したがって、問題となっている特定の企業の方針や活動が不正義とは直接関係していない場合であっても、極端な社会不正義はビジネスの持続可能性を脅かすものと見なすことができる。そしてこうした理由で、経営者はその事業を行う社会環境に影響を与えるような政治活動に関心を持つことになる。このようなテーマについては、後の章で改めて取り上げることにする。エルキントンの「トリプルボトムライン」アプローチは、経営者がこうした問題にもっと注意を払うよう促しはした。しかしながら、こうしたより包括的ないしグローバルな文脈での社会正義の重要性は、ビジネスの持続可能性について戦略的に考える際にはほとんど考慮されていないということは指摘しておきたい。これはまた、実際の企業が自らの持続可能性のために計画を立てる際、以上で指摘したのとは別の意味で包括的なシステム、つまり経済システムや政府のシステムの安定性や持続可能性を当てにしているということでもある。

ビジネスは環境にどのように依存しているのか

生態系サービスとは、自然のシステムが提供するものに人間が依存し、そこから恩恵を受けるすべてのあり方を表す名称だ。健全な環境は、ほとんどの企業にきれいな空気や水といった必要なサービスを提供する。収益や長期的な持続可能性を考える際に生態系サービスの重要性を考慮に入れることは、企業が業務を管理する上で一般的になりつつある。生産プロセスが自然環境に由来する資源の利用を前提としていたり、生態系が機能しているおかげで低コストで経営ができていたりするような場合、企業は生態系サービスに依存していることになる。生態系サービスについては第4章で詳しく論じる。

ここでは、すぐに利用できるきれいな水の供給について考えてみよう。きれいな水は多くの業種にとって不可欠なものだ。水は従業員が飲むだけでなく、製品の内容物（ボトル入り飲料水、ビール、ソフトドリンクなど）として、あるいは、製造と洗浄のプロセス（農業灌漑、食品加工、自動車製造など）においても重要な役割を果たしている。二〇一四年、ミシガン州フリントにあるゼネラルモーターズの製造工場で、製造中の自動車部品に腐食が見つかったことがあるが、その原因はフリントの公共水源からの取水にあった。フリント川からフリント（燧石）が流れ出て、水中の塩化物レベルが非常に高まったため、金属部品が傷んでしまったのだ。工場の管理者は水の塩化物レベルを下げるために面倒で費用のかかる多くの処理方法を試したが、最終的には工場をフリントの水道システムから切り離すことにして、別の水源から水を汲み上げている隣接のコミュニティの水道に接続することになった。[3]この例からも明らかなように、重要な生態系サービスの喪失は、企業の利益に悪い影響を与えるかもしれないのだ。

重要な生態系サービスが脅かされたり失われたりしたために、それに依存していた業種が困難に陥った事例は他にもある。例えば、魚介類を中心にビジネスを展開するレストランや企業は、メインとなる魚や貝のストックが減少しているため苦戦を強いられている。また大規模な洪水は、ビジネスのインフラストラクチャーや機会を奪い、製品の在庫を流出させ、サプライチェーンを混乱させてきた。地球規模の気候変動により、こうした洪水がもっと頻繁に起こることになると予想されている。コーポレート・エコ・フォーラム（Corporate Eco Forum）は、事業戦略の一環として環境保護に取り組むことを表明したグローバル企業の団体だ。参加企業は、生態系サービスの保護をビジネスにおける責務と見なしており、また生態系サービスの保護をとおして、リスクの軽減、コストの削減、ブランド力の強化が可能になり、ビジネスの成長を実現できるという認識を持っている。シーフードを専門とするレストランチェーンは、脅威にさらされている水産業の再建に投資し、供給元に対して持続可能な漁業慣行の要件を課している。また製品の生産を木や綿の繊維に依存している企業の場合、森林資源への負担と綿生産による環境への影響を軽減するために、亜麻や竹、あるいは農産物から出てくる副産物（例えば麦わらなど）といった代替物に投資している。

ビジネスはどのようにして環境に影響を及ぼすのか

ここで私たちは自分たちのことを棚に上げて話を先まで進めようと思っているわけではない。私たち全員がエネルギーを使って部屋を暖め、車を走らせることで環境に影響を与えている。包装や食べ残した食品を処分するときには、廃棄物を自然環境の中へと捨てる。入浴したり衣服を洗濯したりするためには水を使う。私たちが有害物質（包装や排気ガスに知らない間に含まれていることもある）を使用すれば空気と水を汚染することになるし、私たちが消費をすれば（化石燃料を使用する場合と同じように）温室効果ガスが排出され、それは気候変動の原因となる。企業もこれらすべてのことを同じように行っており、そういう意味では私たちは誰もが同じ立場にあるのだと言える。

もっとも、一般的に企業は平均的な家庭よりもこういったことを大きな規模で行っている。また、企業は個人消費が環境に影響を与えるあり方を左右するような重大な決定を下すので、持続可能性とビジネスについての議論を終える前にこのテーマを取り上げておくことには意味があると思われる。ここで重要なのは、商品を製造したり仕事を提供したりするために、企業は天然資源を利用する自らの能力と生態系が提供するさまざまなサービスとに依存しているということだ。つまり、企業が収益をあげる能力はもとより、企業が持続可能であるための能力もまた、このような資源と生態系サービスの継続的な利用可能性に依存していることになる。それにもかかわらず、ビジネス活動は将来的にそのようなものに依存する能力を低下させているのだ。この深い認識こそが、持続可能性についてみんなが知っておくべきことの核心だ。優秀で責任感のあるマネージャーであれば、業務から最大の利益を引き出すだけでなく、次世代のマネージャーも利益を出せるように配慮して、今の活動をどのように変化させるのがよいかを考えるだろう。しかし、より大きな包括的システムは、多くの場合、長期的な持続可能性よりも短期的な結果の方に見返りを与えがちだ。この包括的システムが管理されていないがため、賢明なマネージャーに責任ある選択を行う能力（および意欲）があったとしても、それが制限されてしまうのだ。

覚えておいてほしいメッセージは何かあるか

ビジネスのバックグラウンドを持つ人々が持続可能性と収益性を結びつけて考えるとき、彼らは合理的な直感に従っている。支出と収入の流れについて言えば、少なくとも支出に等しい（そしてできればそれを超える）収入が得られて、収支の帳尻が合わなければならない。収益性とはそういうことであり、支出が収入を超えてもよいと考えるような会社は継続企業にはなれない（長く事業を営むことはできない）。そうした会社は財政的に持続可能ではないのだ。一九六〇年代にビジネススクールの教員は、経営のカリキュラムにシステム思考を導入し始めた。今日の事業者は、自分が事業を行うビジネス環境全般（経済）の健全性が自らの事業の収益を左右することを学んできている。つまり、階層の原理を理解しているのだ。さらに広い視野を持つビジネスパーソンの中には、社会的な相互作用が生物学的な環境内で発生しており、この生物学的環境もまた収益性に影響を与える可能性があることを認識している人もいる。階層についてのこのような理解は、二〇二〇年にCOVID-19が蔓延したことでさらに深まり、環境の社会的側面と生物学的側面の両方がビジネス活動に対して極端に敵対的に機能する時には会社が持続可能でなくなる場合があることにも注意が向けられるようになった。要するに、ビジネスの観点から考えることで、持続可能性に影響を与えるより高次のレベルの問題についても、経営者は多くのことを考慮に入れられるようになってきたのだ。

とはいえ、ここまでの話はまだほんの序の口にすぎない。

第3章　持続可能性と生態学

生態学とは何か

現時点でのウィキペディアによると、「生態学（エコロジー ecology）」は「生物とその環境との関係を研究する科学の分野」と定義されている。しかし、一九七一年に発表されたマーヴィン・ゲイのレコード「マーシー・マーシー・ミー（エコロジー）」で、彼は科学の一分野について語っていたわけではない。「何もかもが変わり果ててしまった／あの青い空はどこに行ってしまったんだ」と歌うなかで、彼が語っていたのは、自然界のありさまのことであり、その状態は本来あるべき姿ではないということだった。持続可能性と生態学に関する章を始めるにあたり、この様な感傷に触れておくのは無駄ではないだろう。この感傷は、現状のままでは自然界は持続可能ではないという感覚を私たちに伝えてくれる。

しかし、第1章で述べたことに戻ると、マーヴィン・ゲイが表現した感傷には、持続可能性の問題を論じる際によく見られるような曖昧さがつきまとう。つまり、記述的な面と規範的な面があるのだ。自然のプロセスが危険にさらされている、脅威にさらされている、もしくは崩壊して持続できなくなる瀬戸際まで来ていると述べると同時に、自然界のこのような現状が続くべきではないとも述べている。記述的な側面を強調すると、それは生物とその環境との関係を研究する科学の一分野に直接結びつく。科学としてのエコロジー、すなわち生態学は、生物（人間を含むがこれに限定されない）をサポートする自然のプロセスを研究する。生物が危険にさらされたり、場合によっては生きのびることができなくなったりするあり方について洞察を与えることができるのだ。研究対象となる生物の集団が私たち人間である場合、その自然のプロセスは持続すべきという倫理的判断に一足飛びに向かうことになる。一方で、この感傷が曖昧であるもう一つの所以は、それがあまりに大きな主張をしているという点にある。それは世界の特定の状態（マーヴィン・ゲイの歌では昔の状態）が、現在の状態よりも善いというものだ。この主張は生態学だけでは根拠づけられない。

この章では主に、自然のプロセスが持続可能かどうか、またそのプロセスの持続を危険にさらすものがあるとしたらそれはどのようなものかを測る尺度を導き出すのに、生態学がどう役立つのかということに注目する。人間の活動の持続可能性が自然のプロセスにいかに依存しているのかという問題については、次章「持続可能性と環境質」まで先延ばしにしておくことにする。ビジネスの持続可能性や継続企業は、それが日々持続するためになされなければならない諸々の活動のシステムという観点から理解できるわけだが、それと同様に、生物は体系的なパターンで他の生物や土壌、水、その他の要素と相互作用する。生態学は、このようなパターンが持続するかどうか、どのような条件下で持続するか、いつ消滅したり根本的に変化したりするのかという問いに対して、部分的にではあるが答えることができる。どんなパターンが持続すべきなのかという問いは、厳密に言えば科学的な問題ではない。しかし、人間が自然のプロセスを利用するかどうかとは別にこの問題に取り組むことができると考えている人もいないわけではない。

生態学者はどのように持続可能性にアプローチするのか

生態学者は持続可能性と密接に関係する考え方を軸にして一群の理論を発展させたが、そこでは持続可能性という言葉が必ずしも使われていたわけではなかった。個体群のサイズや地理的範囲の変化はその一例だ。ある生物集団が交配し、特定の地域を占有する場合に、それは個体群を形成していると言われる。個体群の個体数は、食料の入手可能性、繁殖率、寿命に基づいて増減する。寿命は生物の生理機能によって部分的に決定されるが、生物の生存については、生物が捕食者や病原体、あるいは干ばつ、寒波、洪水などの自然災害に対処しなければならないかどうかにも左右される。こういった要因がどのように相互作用するのかを研究することで、個体群が特定の地域で長期にわたって生き残ることができるかどうかの尺度が得られる。個体群の出生率が死亡率を超えると、個体群は増加する。しかし、個体群が増えるということは、その地域の食料や水資源を利用する個体が増えることでもある。個体数はある時点でそれを養えるだけの資源供給を超え、死亡率が上昇する。このように、それぞれの地域には個体群を支える能力があり、それは環境収容力と呼ばれる。生息地域の環境収容力を超える個体群の拡大は、持続不可能ということになる。

もちろん、自然界において持続不可能な割合で個体群が増加するようなことは長くは続かない。一つのシナリオを挙げるならば、環境収容力を超えた個体群は、食料供給を超過したときに落ち込み、はるかに小さいサイズに戻る。そのあと再び個体群の増加が始まり、個体数は上がったり下がったりを繰り返すようになる。別のもっと典型的なシナリオでは、個体群のサイズを制限する別の種が現れる。例えばシカとオオカミの生態では、オオカミがシカを狩ることで死亡率と出生率のバランスを取り、シカの個体数の変動を狭める。この過度に単純化されたモデルでは、捕食者（オオカミ）と被食者（シカ）が共生関係にあり、安定したシステムを形成している。ここで持続可能となっているのは、捕食者として機能するオオカミと被食者として機能するシカで構成されるシステムだ。もちろん、一つの地域には多くの異なる動植物種の個体群が存在しているため、捕食者－被食者の関係の全体的な組み合わせは非常に複雑になる。個体群が捕食者と根底にある資源基盤によって安定したかたちで制御されるという事実は、生態学者が持続可能性にアプローチする方法の一例ではあるが、ここで決定的に重要となる考え方は、これらすべての種が（非生物的要素とともに）複雑な生態系を作り出しているということだ。

生態系とは何か

生態系はさまざまな種によって構成される生きている（生物的）有機体のコミュニティであり、ある地域内においてその生命プロセスを支える生きていない（非生物的）構成要素と相互作用して存在している。栄養循環（後ほど説明）とエネルギーの流れ（エネルギーフロー）は、生物と非生物的要素をつなぐ要となるプロセスだ。すべての生物は、他の生物の有機物を水や他の非生物的要素（大気からのガス、土壌からの鉱物）と組み合わせる代謝プロセスによってエネルギーを消費し、自分自身の体組織を生成して成長を促進する。太陽光は大元のエネルギー源であり、植物が光合成によって大気中の二酸化炭素をとらえ、大気中に酸素を放出することで別の形態に変換される。動物は植物（そしてお互い）を食べることによってエネルギーを引き出し、廃棄物として二酸化炭素を放出する。生態系は、そのシステムが統一性を維持し、長期的に自らを再生するための基礎として機能する諸々の関係性のバランスをとっている。酸素と二酸化炭素の生成のバランスはその一例にすぎない。

この本は「生態系についてみんなが知っておくべきこと」の本ではないので、この件についてあまり長々と書くことはしない。以上のような非常に単純化された議論であっても、生態系内部でのバランスの取れた関係が生態系の持続可能性の基盤となっていることがわかるだろう。ある特定の生態系が結果的にとる形態と構成は、それ自体としてはさまざまな要因のバランスで成り立っている。例えば、気候や地域の地球物理学的な特性（例えば、海、淡水、土壌、鉱床）や生物学的要素（例えば、さまざまな種）、ならびにそれらの間で展開される具体的な関係性などといったことがそれにあたる。捕食者－被食者の関係は重要ではあるが、日陰や蒸発散などの他の要因もまた生態系を通るエネルギーフローを調節する上で主要な役割を果たす可能性がある。

バランスという概念は安定性を意味しているが、実際には生態系は常に変化している。このことはあなた自身の身体のことを考えてみればわかるだろう。あなたの身体はあなたが食べる食物から絶えず栄養を補給し、自らを再構築している。生態系は私たちの体のように老化することはないが、生態系を構成する生物の小さな変化は時間とともに生態系そのものに蓄積されていく。例えば森林では遷移[1]の過程で優勢な樹種が変わっていく。また捕食性の種の例で言えば、獲物にしている種が不足してくると、別の種を獲物にすることもある。

さらに、山火事、洪水、干ばつなどの劇的な出来事は、生態系に大規模な撹乱を引き起こす可能性がある。多くの場合、生態系はシステム的なあり方をしているため、そのような撹乱から立ち直ることができる。これがレジリエンスとして知られる現象だ。過去の撹乱から回復しつつある生態系においては、それらを構成する生物の個体群が大き

［1］遷移とは与えられた条件下で生物群集の構成が時間とともに移り変わっていく過程のこと。

く変動する。そのような撹乱から、かつては小さかった個体群が拡大する機会が生まれ、生態系の構成は撹乱以前とは著しく異なったものとなる。こうしたことから、生態系の持続可能性を「堅固な安定性」とか「進化的変化の欠如」として理解すべきではないことがわかると思う。ここで強調したいのは、生態系の安定性は特定の生物種とはそれほど関係していないということだ。それは、むしろ、さまざまな生物集団同士がお互いに機能的に関わり合っていたり、生物集団が非生物要素と機能的に結びついているそのあり方（エネルギーフローを維持するなど）に関係している。

とはいえ、種という考え方はそれでも重要だ。類似の地質学的特徴を共有する生態系であっても、種の相互作用のあり方が著しく異なっている場合がある。地域の資源の特性は地質と気候によってかなりの部分が決まってくるが、生命プロセスを支えるために資源がどのようなかたちで利用可能となるかについては、有機物の分解、土壌養分や水をめぐる競争、太陽エネルギーの取り込みに影響を与える日陰などといった、生物の相互作用の中で発生するさまざまな要因によって決定される。新種の侵入は、自然現象（洪水、アイスブリッジ[2]、段階的な移住）によって引き起こされたものであれ、人間の介入によって引き起こされたものであれ、生態系機能に実質的な転換を引き起こす可能性がある。人間は生態系内に存在し、そこで活動しており、その累積的な影響は気候などの外部要因に影響を与えるのに十分なほどに大きくなっている。

栄養循環とは何か

エネルギーフローには、生態系とそれが属するより広い環境との間の交換も含まれる。栄養素は主に生態系内を循環して、植物、動物、微生物、土壌の間で交換される。例えば窒素は植物の重要な栄養源だ。窒素は土壌細菌が大気中の窒素を硝酸塩に変換することによってはじめて利用可能になるのだが、ほとんどの陸上生態系が、大気から窒素を取り込む能力には限界がある。そのため、窒素循環は植物種の生態系環境収容力の重要な決定要因となる。植物細胞は、生化学的機能を発揮することで、昆虫や脊椎動物を含む他の形態の生物を支えることができる栄養素へと窒素を転化する。食べられたり地面に落ちたりした植物組織は、動物や微生物にさまざまなかたちで窒素を供給する。そして糞尿や死んだ有機物の分解をとおして、窒素は土壌へと戻る。こうしたプロセスにより窒素は部分的に大気にも戻されるのだが、生態系から流出する窒素の量が、窒素固定細菌の働きによって生態系に流入する窒素の量で相殺される限り、このサイクルは無期限に持続可能となる。もちろんこれは窒素循環をごく簡略に示したものだが、他の重要な栄養素も窒素の場合と同じような形態と機能を持った循環の中で移動している。

人間活動のない生態系においては、栄養循環はある生物から別の生物へと栄養を輸送するメカニズムによって空間的に制約される。風や海流はそうしたメカニズムの一つであり、動物の移動もまたその一つだ。例えば、空を飛ぶ動物（鳥やコウモリ）は特定の場所にグアノ[3]というかたちで大量の窒素を堆積させる。一方、陸生動物（例えば、ヒキガエル、ウサギ、クマ）は移動性がはるかに低く、こうした動きの少ない動物の糞尿は、より局所的な栄養循環の一部となる。栄養循環のペースはエネルギーフローによって制約される。熱帯地域の生態系は、涼しい地域の生態系より

［2］　アイスブリッジとは、海、湾、川、湖などの表面が凍り、その上を移動できるようになっている状態、また、その氷の構造物のことを指す。人や陸生動物がその上を通ってそれまでは到達できなかった島や向こう岸に到達できることから、ここではある地域に新種がの侵入する経路の一例として挙げられている。

［3］　グアノとは海鳥などの排泄物が堆積して凝固したもののこと。良質の肥料として利用されてきた。

も多くの太陽エネルギーを利用して、栄養を変換する代謝プロセスを働かせることができる。植物の成長速度が速いと栄養の代謝循環がより頻繁になされ、それが環境収容力の全体的な増大につながる。したがって、特定の生態系内における生物の構成と栄養循環のペースは、時間経過の中で特定の場所おいて生存を維持できる生物の総数を左右するほどの大きな影響を持つことになる。これらの要因により持続可能な個体数が決まる一方で、システム全体の持続可能性は、エネルギーフローと栄養循環が継続するかどうかで決まる。

栄養循環がどのように乱されるかを理解するために、人間が栄養循環に影響を及ぼした実際の事例を見てみよう。人間が生態系に入る一例として、農業を通じて栄養循環を操作する場合を考えることができる。多くの農業システムは、先ほど説明したような地理的に局所化された栄養循環を維持しているが、人口が都市に集中し始めると、農作物や家畜は農場から都市へと運び出され、栄養循環にずれが生じるようになった。そして何世紀もの間に、農業従事者はますます長距離にわたって栄養を輸送するようになっていった。一九世紀にグアノが堆積した島が発見されたことは、工業型農業の発展にとって決定的な出来事だった。グアノを輸送することで、農業従事者は作物に肥料を与えること（窒素とリンの供給）が可能となり、作物や家畜が都市の中心部に長距離輸送される際に農場の生態系から運び出されてしまった栄養を補充することができるようになったのだ。大量にあったグアノの堆積物は二〇世紀初頭までに使い果たされてしまったのだが、大気中の窒素を合成肥料に固定する方法がフリッツ・ハーバー（一八六八―一九三四）により発明され、カール・ボッシュ（一八七四―一九四〇）によって完成された。微生物による自然の窒素固定とは異なり、ハーバー–ボッシュ法のプロセスは、その実行に外部のエネルギー源を必要とする。

合成肥料の導入は、自然生態系で観察されるような閉じたループの栄養循環だった農業生態系（つまり農場）を、化石燃料の継続的な投入を必要とする栄養循環へと変える重要なステップだった。今日、農作物の栄養は他の場所に輸送され、そこで家畜によって消費され、その後で家畜は屠畜施設に輸送される。そして今度はその肉が都市の消費者に向けて輸送される。現時点では、すべての廃棄物を栄養のフローの終着点から農作物が栽培されている畑に運び戻すことは経済的に実現可能ではない（ただし一部のコミュニティでは処理された廃水からの栄養を肥料として利用しており、こうしたことが小規模ではあるが起こっている）。したがって、農業の機能は食物を生産することであり、その点では自然の生態系がそこに生息する種のために食物を生産するのとまったく同じなのだが、現代の食料システムにおける栄養のフローは循環していない。自然の生態系の持続可能性にとって決定的な役割を果たしている閉じた循環のループは、人間の食料システムでは再現されていない。

ストックとフローとは何か

ストックとフローの関係は、生態系で維持されている複雑な相互作用を理解するための、抽象的で一般化可能な方法を提供してくれる。ここまでのところでは、生態系におけるエネルギーフローについて、言い換えると、太陽エネルギーが有機体の生命プロセスに利用できる形態へと移行することについて説明した。栄養循環を説明する際には、大気から土壌へ、植物や動物へ、そして再び大気や土壌へと戻る窒素の流れについても述べた。ここで、エネルギーと栄養が貯蔵され蓄積される生態系のつなぎ目にも注意を向けておきたい。エネルギーと栄養に関しては、貯蔵地点は生物そのもの、すなわち、植物、動物、バクテリアのような微生物だ。すでに論じたことから明らかなように、植物の葉、根、茎はすべてエネルギーを蓄え、それらを食べたり分解したりする動物や微生物が最終的に利用できるようなかたちで栄養を含んでいる。エネルギーと栄養は、植物の成長に再び利用できるようになるまで、生物の組織に貯蔵される。ストックとは、端的に言えば、フローが一時的に蓄積される貯蔵地点だ。私たちが議論してきた例では、植物、動物、微生物はエネルギーと栄養のストックということになる。

　主要なストックとフローを特定することは、生態系を定義する一つの方法となる。例えば、生物の個体群（バッファローの群れや松の木立）はストックであり、そのストックは、新しい生物（バッファローの子牛や松の苗木）のフローによって補充され、そこに属する生物が死ぬと減少する。この考え方では、出生率と死亡率が流入（インフロー）と流出（アウトフロー）をつかさどる。流入はストックを増やし、流出はストックを減らす。実際、ストックという言葉は、個々の動物が生まれて死ぬ（または従来の家畜の場合は屠殺される）につれて増えたり減ったりする動物（家畜など）集団を表すために元来は使われていたものだ。同様に、企業は在庫をストックと見なす。これらのさまざまな言葉づかいはすべて、ストックとフローという抽象的な概念と整合している。そしていずれの場合においても、ストックとフローの相互作用は持続可能性の観点から評価可能なプロセスだ。

　特定のストックとフローを選び出して調べることは、ある生態系について特定のモデルを構築することにつながる。これまで説明してきた例では、太陽からのエネルギーと栄養素の一つである窒素にだけ着目して説明することを選択した。生態系では明らかにこれよりもずっと多くのことが起きているわけだが、いくつかのストックとフローを選択的に扱うことで、私たちはエネルギーフローと栄養循環という概念を際立たせていたのだ。また以前の例では、シカとオオカミに注目することを選んだ。繰り返しにはなるが、実際の生態系には明らかにシカやオオカミよりもはるかに多くの生物がいる。しかし、二つのストック（シカとオオカミ）しかないモデルでも、持続可能性にとって重要となる捕食者と被食者の関係を説明し、研究することができ、それを生態系における他のストック（他の生物）にも一般化できる。モデリングは現代科学における主要な方法の一つであり、ストックやフローの場合だけに限定されるものではない。一般的に、モデルというものは、圧倒的に複雑でそのままでは把握できない実態や状況を単純化するために作られる。モデルは重要なことを際立たせて、それ以外のことは省く。当然のことながら、本当はとても重要なことを省略してしまっているのではないか、と問うことは常に重要だ。この本は科学の方法論を説明する本ではないが、この懸念が指摘しているように、問題となっている現実のシステムは、科学者が特定の要素だけを選択的に取り上げて作ったモデルとは異なっているかもしれないことは念頭に置いておきたい。

フィードバックとは何か

生態系は多くの複雑な関係から成り立っているのではあるが、その中でもとりわけフィードバックという関係は持続可能性を考える際に重要だ。ストックの規模がフローの規模を決定する場合には、いつでもフィードバックが生じている。このことは、先ほど述べたような個体群ストックのケースで最も顕著に現れる。バッファローの群れの規模が大きいほど、より多くの子牛が生まれるし、より多くのバッファローが死ぬことになる。生まれる子牛の数が死ぬバッファローの数とほぼ等しい場合、ストックは安定した状態を保つことになる。ストックとその流入および流出との間にあるこのような関係は、個体群（すなわち、死んでは生まれる複数の個体）内で変動（または変化）が生じるにもかかわらず、その変化がストック（総集団）の変化には結びつかないという意味で平衡状態にある。ストックのレベルが流入と流出に影響を及ぼし、それらが平衡状態を作り出す場合、それはバランスフィードバックと呼ばれる。流入と流出のバランスが取れている生態系は、持続可能な生態系の典型例だ。

自然の生態系では、ある個体群（例えばオオカミ）のストックが別の個体群（シカ）の流出へのフィードバックを生み出し、その複雑な関係が流入と流出のバランスを調整する場合がある。オオカミのストックが増えると、オオカミはより多くのシカを殺し、シカのストックからの流出を増やす。オオカミの数が減少すると、シカからの流出も減少する。したがって、捕食者（この場合はオオカミ）は、被食者（シカ）の個体数を制御する役割を果たしていると言われ、このことはバランスフィードバックとしてモデル化されている。しかし、シカのストックとオオカミの流出の間にもフィードバックがある。鹿の数が増えると、オオカミの餌が増え、オオカミの群れからの流出、すなわち飢餓で死ぬオオカミが減少する。だがこれでもまだ単純すぎる。というのも、シカはそれが餌にしている植物種からすれば捕食者だからだ。生態系における捕食者－被食者の関係の複雑な相互作用をモデル化することは、生態学という科学にとって基本となる作業の一つだ。

ここで注意しておきたいのは、出生数が死亡数によって相殺されない場合には、ストックのサイズが大きくなり、それが流入（出生）へとフィードバックして、その流入を拡大させるということだ。これにより、ストックの成長速度はどんどん速まっていく。個体群のサイズと出生率の間にある、互いの成長ペースを加速するこの関係が強化フィードバックだ。

フィードバックは、生態系の非生物的要素でも起こる。強化フィードバックというこの考えは、生態学的には、気候変動のモデルにおいて特に重要になる。研究者は、土壌と結合している炭素の三分の一が、北極圏や南極圏の凍土帯に貯蔵されていると考えている。地球の気温が上昇するとともに、凍土の大部分が融解し、二酸化炭素（地球の温暖化を進める温室効果ガス）が大気中に放出され、地球の温暖化を早めているという。加えて、次の章で説明するように、海水温の上昇により熱エネルギーが海洋から大気中に放出され、気温の上昇をさらに強化することになる。

個体群生態学とは何か

トマス・マルサスは、その著作において、人口増加を維持できるだけの速度では食料生産を拡大できないと予測した。つまり彼は、一七九八年の時点で人間の個体群生態学について書いていたことになる。マルサスの主張はあらゆる種類の資源消費に一般化され、資源の不足が深刻な時代になると、環境保護論者は、絶え間ない人口増加により悲惨な結末がもたらされると予言するようになった。しかしながら、生態学的な観点から見れば、人間はそもそも数多くある種の中の一つにすぎない。

生態学において、個体群とは特定の生態系内で繁殖する生物集団のことだ。バッファローの群れのストック、フロー、フィードバックについて先ほど述べたことに戻ってみよう。個体群生態学は、これらの関係をより詳細にモデル化する生態学の一分野だ。バッファローの群れの例で言えば、すべてのバッファローが出生率の上昇に貢献しているわけではないことに注意が必要だ。子牛を産む年齢の雌のバッファロー（雌牛）のストックは、総個体数ではなく出生率のフィードバックを決定する。同様に、高齢のバッファローのストックが死亡率のフィードバックを決定する。バッファローの群れに子牛を産む牛のストックが年配のバッファローに比べて極端に多く含まれている場合、子牛を産む牛からの強化フィードバックが、高齢のバッファローによるバランスフィードバックよりも優位になり、このバッファローの群れの総個体数は増加することになる。

バッファローの群れの年齢分布は均一だと思うかもしれないが、自然災害がそれを乱す可能性がある。例えば季節はずれの寒波のせいで若いバッファローが通常よりも多く死ぬかもしれないし、ウイルスのために高齢のバッファローが通常よりも多く死ぬこともある。こういった類の出来事は、生態学者が攪乱と呼ぶものの好例だ。攪乱とは、生態系内の個体群を通常は安定させているバランスフィードバックを乱す一回限りのショックのことで、この種の不均衡状態が自然界で発生した場合には、個体群が増加したとしても、それは一時的なものとなる。最終的には、食料供給の制限（バッファローの食料である草）がバッファローのストックのサイズを調整し、バランスフィードバックが強化フィードバックよりも優位となる。もちろん、バッファローと草はあらゆる生態系に見られる無数の種のうちの二つのサンプルにすぎない。被食者となる植物種や動物種の個体数は、捕食者となる種の個体数にフィードバックして影響を与えるし、またその逆となるフィードバックもある。個体群生態学者は、ストックとフローの複雑なモデルを構築することで、こうしたフィードバックがどのように生み出されるのかを理解しようとする。

生態学における捕食者–被食者の関係はどういうものなのか

日常的な言葉づかいでは、捕食者と被食者は相互に排他的なものとみなされる傾向がある。迫りくる捕食者は大きくて凶暴だが、被食者は従順でおとなしい。ティラノサウルスは「究極の捕食者」と呼ばれたりもする。生態学では、一つの種が捕食者と被食者の両方でありうる。捕食者という用語は、一般的には、異なる種の生物を餌とする生物の集団を表すために使われる。日常の言葉づかいから引き継がれているのは、被食者は捕食者の食料であるという点だ。個体群内の生物（バッファロー、オオカミ、人間など）が別の個体群（草、魚、バッファローなど）の生物を食べる場合、これら二つの個体群は捕食者–被食者という関係性のなかで生きている。牛を捕食種とは思わないかもしれないが、牛は草などの植物を食べるため、それらの植物種との関係では捕食者として存在していることになる。大きな捕食者

（ティラノサウルスのような生物）でさえ、小さな微生物の被食者になる。このような関係は生態系において大きな意味を持つ。というのも、こうした関係が生態系を持続可能にする重要なフィードバックを決定するからだ。

捕食者－被食者のフィードバックはどのように生態系を形成するのか

バッファローは草を食べるので、草種はバッファローの被食者であり、バッファローは草の捕食者だ。オオカミはバッファローの子牛を狩って食べるので、オオカミはバッファローの捕食者になる。特定の地域のイネ科植物、バッファロー、オオカミの数を理解するためにストックの考え方を利用すると、非常に単純化したかたちではあるが生態学的関係を把握する手がかりとなる。すでに述べたように、草がたくさんあるということはバッファローが繁殖することを意味する。このことをストックとフローの言語に翻訳すると、「草のストックはバッファローの流出（つまり、死亡率）へのフィードバックを形成する」となる。つまり、草のストックが多いとバッファローの死亡率は低下するし、草のストックが少ないとバッファローの死亡率が高くなる。しかし、オオカミとバッファローの間にもフィードバックがある。オオカミがたくさんいる（ストックが大きい）と、バッファローの死亡率が高くなる。オオカミが少ない（ストックが小さい）なら、バッファローの死亡率は低下する。

オオカミがバッファローに影響を与えるのと同じように、バッファローが草へのフィードバックを形成することにも注意してもらいたい。バッファローがたくさんいれば、（食べられることによって）草の消失率は上がる。バッファローが少なくなれば、草の流出（または消失率）は低下する。多くの動物はこのような捕食者－被食者のフィードバック関係のなかで生きており、生態学的モデルにはこれらの捕食者－被食者のフィードバック関係も含まれることになる。例えば、バッファローはさまざまな植物種を食べるし、オオカミはバッファローの子牛だけでなく、プレーリードッグ、シカ、ウサギも狩って食べる。こういった関係をすべて識別するのは複雑な作業だが、捕食者－被食者の関係がフィードバックを生みだすからこそ、撹乱（洪水や干ばつなど）がある種に影響を及ぼし、それが他の多くの種に波及することを、生態学者は数式とコンピューターを使って理解することができるのだ。

レジリエンスとは何か

この問いには第1章で回答し、第2章ではビジネスマネジャーが経営への打撃に対応する際にレジリエンスを重視することについて説明した。生態学の文脈では、この問いに対してもっと詳細に回答する必要がある。生態系はストック、フロー、フィードバックという一連のつながりを含んでいるが、撹乱が起こった後にそのつながりが平衡状態に戻る場合、その生態系はレジリエントだと言われる。子牛を産む牛が撹乱によって増えすぎた場合、牛の群れの個体数は際限なく増加し、生態系の環境収容力を超えて（群れを養うための餌草の利用可能性を超えて）増加する可能性がある。その後には群れの個体数は急落したり、通常の数を下回ったりするかもしれない。ストックの規模に見られるこうした振動は何年にもわたって発生する可能性があるが、ストック（バッファローと草）間のフィードバックが最終的に平衡点に達すると、システムは回復し、そのレジリエンスが示されることになる。場合によっては、一つの種（一種類のストック）が出現して、以前は別の種が果たしていた役割を引き受けるようになることもある。例えば、ある草が食物の機能を果たしていたが、その同じ場所で今度はクローバーという種が食物を提供する機能を果たすことになるかもしれない。生態学者はこうした現象のことを、生態系が機能または機能要素を回復する、という言い方で表現するが、それは生態系を構成するストック、フロー、フィードバックが文字通り以前の構成に戻ることとは異なる。このように、生態系を構成する特定の植物および動物種にかなり大きな変化が現れていても、生態系はレジリエンスを示すことがある。

生態学者が生態系の持続可能性について論じる場合、通常そこでは生態系がレジリエントであるかどうかが問題となっている。生態系の構造を決める生物のストック（個体群）に著しい撹乱を引き起こす出来事が起きた後、代表的なストック、フロー、フィードバックのつながりが以前と似た状態に最終的に戻るかどうかの観点から、生態学者は特定の地域の生態系プロセスの持続可能性を測定したり推定したりする。撹乱のなかには、生態系の回復力を超えるような衝撃を与えるものもある。約六六〇〇万年前に起きた小惑星の地球への衝突は、ほとんどすべての陸域生態系に撹乱を引き起こし、それが非鳥類型恐竜を含む多くの種の絶滅につながったと科学者たちは考えている。対照的に、一八八三年のクラカタウの噴火は、津波や日光を遮るほこりによって広範な撹乱を引き起こしたが、多くの生態系はこの出来事から回復することができた。レジリエンスとそれに寄与する要因についての生態学者の理解は進化の過程にあるが、この章の残りの部分では、そのなかでも持続可能性の鍵となるいくつかの考え方について説明する。

生態系の持続可能性はどのように脅かされるのか

生態系のレジリエンスが低下すると、生態系の持続可能性が脅かされる。レジリエンスを強化したり弱めたりする要因を特定することが、最近の生態学の主要なテーマとなっている。当然のことながら、このような研究の多くはレジリエンスを脅かす人間の活動に主な関心を向ける。生態学者のなかには、特定の生態系が崩壊状態になり大規模な人口密集地や文化システムの消滅につながった実例を研究している者がいる一方で、システムのレジリエンスを示すためのより抽象的な基準について研究している者もいる。またこれとは別に、環境収容力と生産量に関する長年の研究を一般化するアプローチもあるが、これについては次の節で論じる。

生態学の原理はグローバルな生態系への脅威を特定するためにどう応用されるのか

この問いは現代の環境科学者の念頭に常にあるが、それに対する答えについてのコンセンサスはない。生態学者は通常、島、湖、砂漠、草原、海の一部など、地域の生態系におけるストックとフローの関係についてモデルを構築してきた。環境科学者はこれらの生態系が境界を超えて浸透しあっていることを認識してはいるが、このモデルは、捕食者‐被食者の関係がある程度安定した状態でどの程度持続可能かを示す尺度を提供している。したがって、生態学者はこうした生態系の持続可能性についての尺度を作り出すことができるのだと言える。しかし、こうした手法をより大規模でより包括的な生態系に応用するには、第2章で説明した階層関係を考慮に入れる必要がある。このことは、ある企業の持続可能性と経済全体の持続可能性との関係に類似している。

経済全体の中で一部の企業が持続できないときでも経済全体が持続可能であるのと同じように、より包括的な生態系内にある小さな下位システムが崩壊しても、より包括的な生態系は持続可能でありうる。崩壊の危機にある下位システムの数が臨界点に達すると、より包括的なシステムも崩壊のリスクにさらされる。例えば、通常は個体数を制限している捕食者が突然減少すると、ある生物の個体数が際限なく増加し始める場合がある。そしてこのことが引き金となり、その個体群が新しい食料を求めて移動をはじめるかもしれないし、そのプロセスが今度は他の生態系を脅かす可能性も出てくる。また階層間で逆の関係が発生する場合もある。より包括的なシステム内の機能が不安定になると、下位システムはより頻繁でより深刻な撹乱にさらされる。大陸や惑星全体などの広域レベルだと、非常に大きな火山の噴火や小惑星の衝突に続いて大気の変動が起こり、エネルギーフローが変化する可能性がある。どちらの場合においても空気中の多数の粒子が太陽エネルギーを遮断し、長期間に渡って寒期がもたらされることになるかもしれない。一部の個体群は適応できず、より局所的な生態系をかたちづくっている捕食者－被食者の関係が大規模に崩壊する可能性がある。

　ある先駆的なグループは、プラネタリー・バウンダリー（地球の限界）に基づいた理論を展開している。レジリエンス研究所はグローバルな科学者パートナーシップであり、惑星規模で生態系を破壊する可能性がある出来事や、彼らの見解によると、人間の影響下にあると考えられる出来事に焦点を当てて研究をしている。ヨハン・ロックストロームとウィル・ステファンが率いるレジリエンス研究所チームのメンバーは、人間活動が世界の生態系のレジリエンスを脅かす可能性のある九領域を特定した。世界規模で生態学的機能を回復する能力を侵害すると思われるこの九つの領域について、生態学はそれぞれにおける変化の閾値を推定するよう努めるべきだという。その九領域とは、生物多様性、気候変動、新規化学物質、オゾン層破壊、大気エアロゾル負荷、地球規模の栄養循環、海洋酸性化、淡水消費、土地利用のことだ。これらのシステムの活動や変化の閾値を推定できれば、科学者が人類の「安全に活動できる範囲」を推定できると、ロックストロームやステファンらは主張する。言い換えれば、これらのプラネタリー・バウンダリーを超えない限り、地球上の人間の生命は生態学的に持続可能だということになる。

　彼らが現在行っている研究によると、エアロゾルの負荷と合成化学物質、あるいは人工粒子と人工生命体（すなわち、新規化学物質）の限界値についてはほとんどわかっていないものの、環境科学者は七つの観点から人類の安全な活動領域について信頼に値する推定を行うことができるという。ロックストロームとステファンは、土地利用と気候の変化が地球の限界条件に急速に近づき、生物多様性の喪失と栄養循環へのダメージは限界をすでに超えていると推定している。限界を超えると、地球規模の生態系は非常に不安定になる可能性がある。生命を支えるために不可欠なストックとフローが絶たれることで引き起こされるシナリオの範囲には、最悪の場合には生命を脅かすような経済的打撃から地球上の諸々の地域を生息不可能にするような気候の影響まで、さまざまな可能性がある。栄養循環についてはすでに説明した通りだ。プラネタリー・バウンダリーのアプローチについては、生物多様性について検討することでさらなる知見を得ることができるだろう。

生物多様性とは何か

生物多様性とは、生態学者がローカルな生態系とグローバルな生態系の両方の持続可能性を推定するために使用する主要な指標の一つであり、推定八七〇〇万種の動植物が地球上に共存しているという事実を簡潔に示している。生態学自体は、これら諸々の種の関係に注意を向けている。種の中には、他の種の食料として機能するものもあるし、土壌形成や栄養循環など他の生態学的プロセスにおいて役割を果たしているものもある。ほとんどの種がいくつかの異なる種を餌として食べることを思い出してほしい。ある種が影響を受けると、別の種に頼ることができる。しかし、ある種が生態系から姿を消したとき（または、種が絶滅して完全に姿を消したとき）、ある食料源から別の食料源に切り替えることによって適応する捕食者の能力は不可逆的に低下する。簡単に言えば、これが生態系の種の数の減少が生態系のレジリエンスを低下させると言われる所以だ。さらに踏み込んで言えば、捕食者と被食者の間に存在するフィードバック関係のネットワークを通じて、さまざまなショックが生態系全体に広がる可能性があることを覚えておくことは重要だ。加えて、ある種が失われると土壌の形成や生態系を介した栄養の移動などの役割を果たすことができる種の数が減少する。種の喪失は特に憂慮すべきことだと考える人もいる。というのも、地球規模の生態系とそれに関連する生態系サービスにおいて種が果たしている役割については、実際のところ生態学者の間でさえほとんど知られていないからだ。このことは、種の喪失がもたらす帰結について、社会はごく限られた知識しか持ってないことを意味している。

生物多様性は歴史的に前例のない速度で減少している。通常の条件下だと、地球の（推定）八七〇万種のうち八～九種が毎年絶滅すると生態学者は見積もっているが、生態系プロセスに対する人間の影響により、現在、年間一〇〇〇～一万種が絶滅している。諸々の種がそれぞれ異なる機能を果たし、それらが相互作用していることを考慮に入れると、（特定の生態系内もしくは地球上での）種の数の減少は、地域レベルと惑星レベルの両方で生態系のレジリエンスに影響を与えると予想できる。ロックストロームとステファンが生物多様性を地球という惑星の閾値の一つとして挙げ、すべての生態学者が種の喪失を惑星規模での持続可能性の指標と見なしているのはそのためだ。

気候変動はプラネタリー・バウンダリーにどう影響するのか

ある地域の気候を形づくるエネルギーフローは、生態系を形づくる主要な非生物的（つまり、生きていない）要素の一つだ。このエネルギーフローの変化は、種の構成とバランスに劇的な影響を与える可能性がある。平均降雨量が変化すると、例えば草食動物の食料源である草や植物が増減する可能性がある。火山の噴火と違い、このような変化は長く続くことがあり、生態系の構成を恒久的に変容させ、生物を支える生態系の能力を根本的に変化させる。太陽エネルギーのフローをろ過して調整する大気中のガスのストックとフローの変化は、生態系に極端に大きな影響を与えると予測されているため、地球上のすべての生態系のレジリエンスが人間の影響によって脅かされていると多くの生態学者は考えている。要するに、気候変動があまりに重大な影響を及ぼすので、現在の一部の環境科学者は、気候を決定するストックとフローを無理に変化させている人間活動を緩和するという観点から持続可能性の問題を定義しているのだ。第1章でも述べたが、こうした問題について詳しく知りたい方は、オックスフォード大学出版局の同シリーズ『気候変動――みんなが知っておくべきこと』を読んでいただければと思う。

応用生態学とは何か

ご想像のとおり、応用生態学とは、天然資源や動植物の野生個体群に影響を与える意思決定において生態学を利用することだ。応用生態学は、持続可能性の考え方そのものが生まれた分野なだけに、持続可能性について考える上で特に重要だ。応用生態学の下位領域は、例えば、森林管理、狩猟管理、水産業管理、天然資源管理、または単に生態系管理といったように、それぞれの専門分野を反映する名前で呼ばれている。実際、応用生態学は生態学自体よりもはるかに古いものだ。持続生産量などの応用生態学の諸原理の起源は、数世紀前にドイツの動物学者エルンスト・ヘッケル（一八三四―一九一九）が、ギリシャ語の「家計」という言葉を元にしてエコロジーという言葉を作り出した時にまでさかのぼる。現在、多くの人々が生態学を持続可能性よりも古いものと考えているが、歴史家のウルリッヒ・グルーバーはその逆を主張している。持続可能性を表すドイツ語の Nachhaltigkeit は、一七〇〇年代初頭にエルツ山地の森林から、森林の再生能力を損なわないよう、樹木を伐採する速度を管理するための手法が開発されるのに伴って使われるようになった言葉だ。これは、「持続生産量（sustainable yield）」という応用生態学の概念が適用された最初期の事例の一つだった。

大雑把な言い方にはなるが、科学の専門家ではない人たちは、科学者が理論（またはモデル）を作り、それを問題に適用するのだと考える傾向がある。しかし生態学の場合は、天然資源の利用において発生した問題に対処することの方が先だった。持続可能性はこの伝統から生まれたものであり、現在生態学で使用されている概念やツールの多くも、生態学が科学の一分野として創設されるよりも前から存在している。持続生産量はこうしたツールの一つだ。

持続生産量とは何か

持続生産量という考え方はドイツの森林管理において生まれ、それ以降、水産業やその他多くの応用生態学の分野に応用されてきた。漁業管理を例にとってみよう。ある漁場（池、湖、海など）の魚の数は、ストックとして表すことができ、ここでのストックには、魚の自然繁殖率によって決定される流入がある。魚の出生率は種によって異なるが、孵化場のようにストックに影響を与える大規模な人為的管理システムがない場合には、魚の出生率はストックのサイズを決定する関数であり、このストックのサイズが水生環境で繁殖する魚の数となる。ストックが増えるにつれ、流入量（すなわち、ストックに加わる魚の割合）は増加するが、それは単純に繁殖に従事する魚の数が増えるからだ。流出が増加して流入を相殺するようなことがない限り、ストックはどんどん速く成長するようになる。流出（すなわち消失率）は、自然の原因で死亡するか、カワウソ、クマ、人間といった魚を捕食する種がストックから捕食した魚の数のことだ。以上で述べたことを踏まえると、池、湖、海のサイズと魚の餌の入手可能性が資源の最大サイズを決定することになる。魚が多すぎると、餌と酸素が不足して死ぬ魚が増加し始める。また漁業を通じて大量の魚を捕獲した場合には、補充率（流入量）が非常に小さくなるため、総資源量が最大に戻るまでに多くの繁殖サイクルが必要になる。これが乱獲だ。

水産管理は乱獲を規制するために進化した。水産管理の秘訣は、漁業者が捕獲するすべての魚と、魚の自然死亡率（池、湖、または海においては他の種によって食べられる可能性がある）を流入量（魚の出生率）が補充するよう、ストックを十分に高いレベルで保つことにある。特定の魚種の繁殖率や、漁業に関連する生態系の他の要因について十分な知識が得られている場合には、漁業全体が衰退しないようするために、この数値を計算して個々の漁業者に割り当てられる漁獲量の上限を定めることができる。この原理は、ここほぼ一世紀の間、水産管理における持続生産量として知られているが、グルーバーの歴史認識が正しければ、同様のアプローチは林業において材木の伐採率を計算するためにすでに三〇〇年間利用されてきていることになる。

したがって、持続生産量は、生態学の文脈で持続可能性を理解するための基本原理だといえる。もっとも、これで説明をおしまいにするわけにはいかない。天然資源の管理者は、持続生産量に関心を持つだけにとどまらず、最大持続生産量（maximum sustainable yield）を計算しようとした。つまり、個体群の繁殖能力を損なわないで、魚、樹木など生態系から得られるものを最大量収穫できる臨界点に可能な限り迫ろうとしたのだ。これは、多くの種が複雑に混在し、それ以外にも破壊的な出来事（洪水、病気の発生、干ばつなど）が起こる可能性のある大規模な生態系では、非常に難しい計算になることがわかっている。複雑なシステムの管理にはさまざまな不確実性が伴うため、この最大の生産量を実現しようとする試みはうまくいかない。また、ここで管理者は人間の行動を管理しようとしているわけであり、その点においてもこの試みは行き詰まることになる。人間というのは、他人が自分の行動を管理しようとしている時には、手抜きをしたり不正行為をしたりする方法を見つけるのが非常に上手いものだ。その結果、最大持続生産量の指針に沿って管理されたシステムは失敗を繰り返してきた。北大西洋でのタラ漁業の崩壊はおそらく最も有名な失敗だが、それは数多くある失敗の一つにすぎない。

持続可能性は生態学において異論の多い考え方なのか

その通りだ。論争となっているポイントの一つは、持続生産量の計算の定義と使用に関係している。応用生態学者は、管理する生態系の振る舞いを予測する自らの能力を過大評価することがある。また、応用生態学者の予測を利用する伐採者、漁業者といった人々が、その推奨事項に従わなかったりすることもある。海洋漁業は、乱獲やそれによる魚の個体群の減少に特に脆弱であることがわかっている。一九九二年にラブラドールとニューファンドランドの沖合における北大西洋のタラ漁業が大打撃をうけ、その後に他の地域でも個体数が減少して以来、カナダ水産海洋省はタラのストックへのアクセスを制限し、タラ資源の再生を促進するためにありとあらゆる方法を試みてきた。しかしタラの個体群は依然として少なく、カナダは二〇一八年に漁獲制限の上限量をさらに引き下げざるをえなかった。このような管理の失敗から、一部の生態学者は、生態系管理における持続生産量という考え方に対して悲観的な見方をするようになっている。管理者は、収穫ないし収獲された資源（木材、魚、狩猟動物など）の最大生産量を維持しようとする。しかしこの前提から出発してしまうと、持続生産量という考え方は資源を取り出すことに重点を置きすぎてしまうため、レジリエンスに適切な注意を払うことができなくなってしまうのだ。実際、米国土地管理局は、持続可能性を重視したいくつかの生息域管理政策を放棄して、レジリエンスに基づく新しいアプローチをとることを推奨した。

生態学における持続可能性の意味や定義もまた、別の論争の火種となっている。生態学者はかつて、撹乱を被っていない生態系は、一連の段階を経て、最終的には捕食者－被食者の関係のバランスが取れ、諸々の種が安定した平衡状態に達すると考えていた。しかし今日では、生態系が極相[4]に達すると非常に安定するという極相生態学の考え方は支持されていない。生態系は、そのままにしておけば、種の構成を実質的に変えることなく自らを再生産し続けるという考えは誤りだ。部分的に気候変動に対応しながら、あるいは端的に捕食者と被食者の間で自然に相互作用しながら、生態系は絶え間なく進化と変化を続けている。「持続可能であること」が自然の生態系の安定した不変形態を意味すると考えるのであれば、その考えは現代の生態学からの支持を得ることはできない。

さまざまな論争があるにもかかわらず、生態系の健全性の尺度を作るにあたり、生態学者がストックとフローの関係やフィードバック、階層のモデルに依存しているという点に違いはない。特定の地域を占める個体群の減少や急速な変化といった出来事は、今では不自然なこととは考えられていない。とはいえ、捕食者－被食者の関係が生態系内のストックとフローをどのように制御するのかをモデル化し、一つの階層における変化が他の階層にどのような変化をもたらすのかを確認することには意味がある。また、生態系内の個体群が火災や洪水など外部からの衝撃の後にどの程度回復できるかを測定することにも、依然として意味がある。現在活躍している生態学者のなかには、こうした測定値を説明するために持続可能性という言葉を使わない人もいる。しかしそういった研究者であっても、地球生態系内で人間以外の生物集団間においてフィードバックが確立されるプロセスに対し、人間の活動がどのような悪影響を及ぼしているかを推定するための標準的手法として、この章で説明したアプローチを使用している。次の章では、環境への影響についてもっと詳しく見ることにしよう。

［4］　極相とは生物群集の構成が、遷移のプロセスを経たあとに到達する長期的な平衡状態。

第4章　持続可能性と環境質

環境質とは何か

簡潔に言えば、環境質とは、人間と他の生物の健康や福祉にプラスまたはマイナスの影響を与える環境内のありとあらゆる生物物理学的特徴や特性のことである。これはとても幅のある答えであり、多くのことがらを含みうる。環境内に毒素や病原体があれば、生物の健康に影響を与える可能性がある。その一方で、少なくとも人間にとっては、環境の美しさも福祉や有意義な生活のために大切なものだ。環境質についての議論では、人間や他の生物に対して、狭い意味で生物学的に影響を与えるものを強調しがちだ。例えば、米国の多くの州政府には、主に人間や動植物の生物学的生存に影響を与える要因に関して専門に扱う環境質局（Departments of Environmental Quality など、名称はさまざま）がある。ただ、今後の環境質についての議論では、レクリエーションと景観の美しさにも配慮し、人間の幸福におけるそういったものの重要性も含めて検討していきたい。

環境質を保護したり、回復したり、改善したりするための取り組みには、つい最近まで、持続可能性を考えるのに不可欠なシステム思考が欠如していた。生態系における生物と非生物的要素とのシステム的な結びつきに関する知識が豊かになるにつれ、現在では環境質を改善するために行われる特定の介入についての知見も深まってきている。そういった介入は非常に短期間の効果しかもたらさない場合があるし、さらには実際に長期的な悪影響を与えたりする場合もある。考えさせられるような例としては、環境に対する懸念材料を制御するために外来種を導入してきた歴史（なかには現在進行中のものもある）を挙げることができる。多くの場合、結果は惨憺たるものだった。一九三〇年代、サトウキビ畑に被害をもたらす甲虫を駆除するために、ヒキガエルの一種が中央アメリカからオーストラリアに持ち込まれた。それが今や生態学的な災厄を引き起こしている。捕食者のいないオオヒキガエルは、多くの在来動物や昆虫を捕食し、その一部は絶滅の危機に瀕している。加えて、ヒキガエルの皮膚は有毒であり、それを捕まえて食べたペットが死んでしまうため、オーストラリア人はヒキガエルを忌み嫌っている。生態系に生息する個々の生物の健康や福祉以上に、（場合によってはそれとは対立しても）生態系の持続可能性を確保することは重要なのだ。第三章で説明したシステム思考は、生物学者や環境管理者がこの感覚を理解するのに役立つ。

そうは言うものの、人間や他の生物の健康や福祉に影響を与えるいくつかの特性は、生態系が堅牢でレジリエントかどうか、またはそれが適応能力を持っているかどうかといったこととはほとんど無関係な場合もある。例えば、コレラは一九世紀に都市の給水システムが不衛生だったために起こった環境衛生問題だが、コレラ菌自体はそれが生息する生態系の機能に対しては本質的に有害ではない。ハマダラカは、熱帯気候で深刻な健康被害をもたらすマラリアを引き起こす単細胞寄生虫を媒介する。マラリアが発生している地域からハマダラカを駆除することは、人間の健康に恩恵をもたらすだろうが、ではそのことは熱帯の生態系に害を及ぼすだろうか。ほとんどの生態学者はそうは思っていない。というのも、蚊には他にも多くの種があり、それらが食物連鎖においてハマダラカが果たしている重要な役割を引き受けるからだ。ターゲットを絞った蚊の駆除が熱帯の生態系の持続可能性を高めも低めもしないのはほぼ間違いない。持続可能性というテーマで蚊の駆除の例について議論がなされることがあるかもしれないが、それはただ、持続可能性という言葉が、環境内にある重要なものを総称するための上位語や上位概念[1]になったからだといえる。とりわけ、持続可能性という言葉がほとんどすべてのものごとを網羅する言葉として使われているのだとすれば、環境質も包括的な概念であり、そこにはここで論じるにはあまりにも多くの要素が含まれていることになる。環境質を検討するにあたり私たちはシステム思考を重視するが、この章で取り上げる具体的なトピックについては、包括的に扱うのではなく、持続可能性が環境質とどのようにつながるのかということを示すための事例や要素と見なしてほしい。

環境質は持続可能性にどう影響するのか

この問いに対しては、簡単な答えと複雑な答えがある。この章が主に焦点を当てるのは複雑な方の答えだ。簡単な答えは、以前だったら「環境保護」が話題になっていたような場面で、多くの人が「持続可能性」という言葉を使い始めた、というものだ。昔はある活動について「環境に害を及ぼす」という言い方をしていたが、今ではその同じ活動に対して「持続不可能である」と言いはじめたということだ。このような見方をするならば、持続可能性の追求には環境質の保護やその改善さえ含まれることになる。持続可能性はこうした環境質の保護や改善を行う能力に対し、経済活動がどう影響するのかを問題にする一つのやり方かもしれないが、そうなると環境保護という概念に含まれて

［1］　上位語ないし上位概念とは、一般的、抽象的な意味を持ち、それよりも個別具体的な内容を持つ言葉を包括的に総称することのできる言葉や概念のこと。「象」「ライオン」「キリン」に対して「動物」は上位語となる。

いたことがすべて、何の変更も加えられず、その濃度も変えられることなく、自動的に持続可能性という概念のもとに移転されることになる。

このボキャブラリーの変化は重要だ。一九九〇年代までは、環境保護のために人々のライフスタイルを変えるべきかどうかが政治的な争点になっていた。ある党派に投票する傾向のある人は環境規制を支持し、それとは異なる党派に投票する人は規制緩和や政府の干渉の緩和を支持した。環境質について語る際に持続可能性という言葉を使うという転換がなされたことで、このような政治的議論において反規制側に立つ人々は、環境に関する政策や活動の変化について語るための新しい言葉を手にすることとなった。一部の環境保護論者もまた、こうしたボキャブラリーの変更を積極的に行なった。政治的な膠着状態は多少なりともやわらぎ、持続可能性は、政治的見解を異にする人々が環境保護のための活動や政策について話し合うための新しいツールの一つになっていった。

このボキャブラリーの転換が、環境に対する考え方に深い部分で変化をもたらしたかもしれないというのがこの章の主なトピックとなる。しかし本題に入る前に、それほど有用ではないかもしれないが、このボキャブラリーの移行がもたらしたいくつかの影響について指摘しておきたい。まず、この変化は「持続可能性は環境だけに関係している」と多くの人が思い込んでいる理由を理解するのには役立つ。私たちは第1章でその考えに反論したが、多くの人にとっては持続可能性が環境保護について語るための一つの手段であり続けていることは理解している。第二に、言葉が変わっただけだというのであれば、政治的な立場にかかわらず、この新しい流行語に疑いの目を向けたくなるのは当然といえる。それは、意見の重要な違いを隠すための手段にすぎないというわけだ。「難読化を忌避せよ（Eschew obfuscation）」というそれ自体が難読な自己言及的風刺のバンパーステッカーを貼っている車をその当時よく見かけたものだが、そうした感情に共感する人は、持続可能性という新しい言葉が話題にのぼるたびに不信感を募らせたことだろう。[2]

さて、この問いに対する複雑な答えについて考える足掛かりとして、第3章で中断していた話の続きをすることにしよう。私たちはそこで、生態学者が生物間の関係と地域内のエネルギーフローを理解するためにモデルを構築するやり方を確認した。個体群と非生物的（つまり、生きていない）要素をストックとフローの観点から考慮し、あるストックのレベルが引き金となっていくつかのフローに影響を及ぼすフィードバックが起こり、それが他のストックに影響を与えることがモデルによって示されていた。持続生産量のモデルは、何十年にもわたり魚や狩猟動物の管理に使用されてきた。そして、このモデルがより多くのストック、フロー、フィードバックを取り入れ始めるなかで、環境質を保護するという新しい考え方が徐々にもたらされた。魚や野生生物の管理、あるいは環境保護といった分野で働く専門家からすると、この変化はあまりに緩やかなものであったため、彼ら自身はそこで何が起こっているのか気がつくことができなかったかもしれない。こうした関係者や専門家にとって問題となるのは、「環境質が持続可能性にどのように影響するのか」ということよりも、「持続可能性は環境質を保護するためのアプローチにどのような影響を与えるのか」ということだ。ここから、私たちはこの章が扱う問題の核心へと踏み込んでいくことになる。

［2］「難読化」というのは、難しげな言葉を使うことでコミュニケーションの意図を曖昧にすること。専門用語などを多用することで、実は内容空虚なことしか言っていないのに何か意味ありげなことを言っているように思わせたり、重要な論点を曖昧にしたりすることがそれにあたる。従来から問題になっている環境保護について語るために、「持続可能性」という新しくて難しげな言葉を使い、あたかも何か新しいことを問題にしているかのように振る舞っている人を見て、持続可能性という言葉に疑念を向ける人がいたということがここでは述べられている。

環境質と生態系にはどんな違いがあるのか

この本を前から順に読んでいる読者は、生態学者が持続可能性に関連する基本概念を使って自然のプロセスをどう理解しているのかをすでに知っていると思う。先に述べたように、生態学者は生態系におけるストックとフローの相互接続を説明するモデルを構築する。しかし、人々が環境の持続可能性について語るときには、いつでも自然の生態系について考えているわけではない。汚染が人間の健康を脅かす可能性や、産業プロセスが生活の質にもたらす悪影響について考えているかもしれない。もしくは、ゴミや産業廃棄物の投棄によって汚染された場所を復元したり、公園や在来の動植物の生息地を保護したりすることを考えているかもしれない。環境への影響を最小限に抑えるため、廃棄物のリサイクルや削減について考えている可能性もある。ここで重要なのは、こうした人にとっては、話題の中心が環境質の特定の側面にあるかもしれないということだ。環境内の植物、動物、非生物的要素がシステムとして組織されるあり方や、これらの生態系を頑健にしたり、レジリエントにしたり、順応的にしたりする要因のことはここではそこまで問題となっていないのかもしれない。要するに、生態学は生態系に存在する因果関係を理解することを目的としているが、環境質は特定の目的のために生態系がどれだけうまく機能しているかという観点から評価されるということなのだ。

多くの場合、環境質に関する標準的な指標は、生態系を持続可能なものにするストックとフローに体系的に連関しており、すべての人が依存している惑星規模の生態系を考える場合には特にそうなる。しかし、これらの相互連関は非常に複雑なものになりかねないし、それが意見の対立へとつながる可能性もある。したがって、環境政策と環境管理においては、多くの場合に、目に見えて現れる影響や人々が賛同しやすい成果に重点を置く方が効果的だということがわかっている。例えば、大気汚染の関連疾患である喘息やガンといった病気を減らすとか、魚や狩猟動物のために水路をきれいにしたり生息地を回復したりといったことがそれにあたる。あるいは、埋め立て地に堆積する廃棄物の量を減らすことも含まれるだろう。多くの人々にとっては、基本的にこうした具体的な成果こそが「持続可能性とは何なのか」を規定するものとなっているのだと言える。

この章では持続可能性に広く関連するいくつかの指標に注目する。しかしそのような指標が、惑星または地域の生態系に備わる持続的な自己再生能力に実際に貢献しているかどうかについてはそれほど詳しくは触れない。指標の目標が人々にとって重要になるのは、それが生活の質を向上させるからだ。こうした目標の多くは、持続可能性という概念が登場するよりもかなり前から、環境政策と環境運動における重要な要素だった。現在の状況では、環境政策が生態系をより持続可能にするかどうかが重要な問題となっている。多くの人にとっては、環境保護を通じて生活の質の向上という目標を追求し達成することが持続可能性追求の中心にある。しかしながら、重要なサービスを提供する生態系の能力こそが、生活の質の核心にあるということは見逃してはならない。

生態系サービスとは何か

第2章では、生態系サービスのことを、自然のシステムが提供するものごとに人間がさまざまなかたちで依拠し、そこから恩恵を受けている在り方として特徴づけた。生態系サービスという概念は一九六〇年代に現れたものだが、グレッチェン・デイリーの著書『自然のサービス（Nature's Services）』が出版され、人間社会が生態系サービスに依存していることに着目する生態経済学者が一連の論文を発表した後の一九九〇年代後半になってはじめて広く関心を集めた。二〇〇〇年には国連事務総長が、生態系の変化が人間の幸福に与える影響を評価するよう求め、それを機に生態系サービスへの注目が一気に高まった。このミレニアム生態系評価には、世界中から約一四〇〇人の社会科学者と自然科学者が参加し、世界の生態系のさまざまな状態とそれらが提供するサービスについて評価を行った。

生態系サービスは、ミレニアム生態系評価において、供給サービス、調整サービス、文化的サービス、基盤サービスという四種類のサービスに分類されている。供給サービスとは、人間が依存する製品やサービスを生態系が直接提供するあり方を指している。その代表的なものは、食料と繊維、燃料、淡水、生化学物質、遺伝資源などだ。調整サービスに含まれているのは、気候調整、水の浄化、水文システムの調整、受粉、害虫や病気の生物学的防除といった諸々の便益だ。文化的サービスのカテゴリーには、知識システム、精神的および宗教的価値、美的な楽しみ、場所の感覚、文化遺産など、人々が生態系に見て取る非物質的で非搾取的な利益が含まれている。最後に、基盤サービスとは、生態系機能が他の三種類の生態系サービスを支えるあり方のことだ。基盤サービスは間接的に人間に利益をもたらすもので、例えば、水循環と栄養循環は水と土壌の養分によって提供される供給サービスと調整サービスを支える。この章では、汚染と資源の枯渇が環境質にどう影響するかということ、言い換えれば、何が環境問題になるのかということに焦点を当てる。しかし、ここで挙げたサービスの多くは生態系サービスとして存在している。環境質に注目する場合であっても、生態学的な持続可能性の考え方から完全にかけ離れているというわけではない。

汚染とは何か

かなり大雑把な言い方をするのであれば、汚染とは、ある物質やプロセスが他の物質やプロセスによって汚されることで、この意味での汚染に対する対義語は純粋や清浄となる。汚染という観念は、宗教活動における浄化の儀式にも関係づけて用いることができる。しかし、環境質に関する文脈では、汚染は、水、空気、土壌などの環境アメニティが毒素など健康に影響を与える物質によって汚されたり、そのアメニティを使用し享受する能力を低下させる何かによって汚されたりした場合に発生する。換言すると、汚染は、人間（および他の植物や動物）が依存する重要な財やサービスを提供する生態系の能力にダメージを与える。何を健全な状態とし、何をうれしいと感じるかは、ある程度は人によって異なるので、何が汚染物質かということについても意見が完全に一致することはない。その一方で、公衆衛生科学は、癌、気腫、心臓病などの病気の原因物質について確固とした理論を確立している。また生態学者は、魚などの種の繁殖率に対する有毒化学物質の影響を特定してきた。この章では、人間や特定の環境に住む他の種の健康と繁殖に悪影響を与えることが明らかな汚染物質に着目する。

汚染物質は主に、急性毒性、慢性的な健康リスク、内分泌撹乱という三つの仕方で被害を引き起こす。急性毒性汚染物質には、数週間、数日、さらには数時間以内に人を傷つけたり殺したりする毒物やその他の化学物質、微生物が含まれる。塩素や硫化水素などの工業用化学物質、サルモネラ菌や大腸菌Ｏ１５７：Ｈ７などの微生物がそれにあたる。急性毒素の毒性は、曝露量や用量によって異なる。多くの急性毒素は、害を及ぼさないと考えられる用量で環境中に遍在している。暴露レベルが有害な閾値に達すると急性毒素は深刻な危険をもたらし、環境規制当局はそのような事態に集中的に対処することになる。一方、慢性毒性は特定するのが相対的に難しく、長期間にわたって作用するものであり、だからこそ健康に慢性的な影響を及ぼすことが知られている。したがって、多くの場合、このような汚染物質が環境質にとってより重要なものとなる。

内分泌撹乱は、比較的最近になって発見されたタイプの毒性だ。内分泌撹乱物質は、人間や動物の体内で自然に生成されるホルモンやその他の物質の形状を模倣した微視的な形状をしている。このような天然物質は、思春期や生殖能力などさまざまな自然のプロセスの開始や程度および終了を調節すると考えられている。科学者は、環境中の内分泌撹乱化学物質が魚や両生類の発達に影響を与えることを認識しているが、人間への影響についてはまだ議論がなされているところだ。内分泌撹乱の影響を立証する科学研究をめぐっては、一九九〇年代を通じて盛んに議論がなされた。現在のところ、この物質は潜在的な汚染物質として認知されてはいるが、環境質への影響を測定するための科学的方法はまだ発展途上にある。

ポイ捨てのような人間の行動もまた直接的な危害を与えることがある。ビニール袋、包装、網は野生生物に絡み付き、プラスチック製のストローは動物の鼻腔を詰まらせたり内部閉塞を引き起こしたりする。ゴミを特定の場所に廃棄することは、その場所にもともと住んでいた生き物の住処を奪うことにつながるかもしれない。魚や鳥などの動物の胃や腸にプラスチックが蓄積すると、たとえ材料自体に毒性がない場合でも死に至ることがある。放棄された建物などの人工建造物は、自然界に生息する動物の活動を妨害するかもしれない。このような例は、人間が人間以外の生物の住環境の質をさまざまなかたちで損なう可能性があることを物語っている。

一部の環境団体は、温室効果ガスについても環境汚染物質と見なすべきだと主張している。温室効果ガスの放出は、太陽光の量と成分や水循環など、海水温と嵐の周期を調節するプロセスに大規模な影響を及ぼす。米国環境保護庁（EPA）などの環境関連機関は、汚染を管理する法律の下でこうしたガスの排出量を規制することを何度も提案している。急性毒素、慢性汚染物質、内分泌撹乱物質といった種類の汚染とは異なり、気候変動を引き起こす温室効果ガスの排出は、個々の生物の健康に直接影響を与えることはないかもしれない。とはいえ、温室効果ガス排出の累積的な影響により、特定の地域全体が住めなくなる可能性はある。この議論は、価値判断の違いが環境質の理解に大きな影響をもたらすことを示している。

資源の枯渇とは何か

資源の枯渇は、生態系が財を供給する能力が、その財が使用されている速度に追いついていない場合に発生する。最も明白なケースでは、限られた量の財しか利用できず、使用するたびに将来に利用できる量が減ることになる。石炭や石油などの化石燃料は、採掘して使用すれば枯渇が避けられない有限の資源だ。資源が潜在的に再生可能でも、使用パターンによってストックの回復を支えるフィードバックが損なわれる場合には、もっと目立たないかたちで枯渇が進行する。地球の再生可能資源の枯渇は、環境質に関わる重大な問題となる。というのも、資源がなくなると、その安定供給に依存している人々が痛手を被ることになるからだ。タイセイヨウダラ漁業の崩壊（第3章で説明）は、この意味における資源枯渇の深刻な一例だ。

枯渇は汚染よりも管理と規制がはるかに困難だ。アラル海はかつて世界最大の湖だったが、灌漑のため一九六〇年代からこの湖に注ぐ川からの取水が始まった。そして一九九〇年代には、アラル海の表面積は元の表面積のたった一〇パーセントとなってしまった。かつて湖であった地域では、水の量、質、場所が変動し続けている。魚は水の残っている一部の地域に戻ってきたものの、この資源の枯渇は当該地域の漁業コミュニティの生活を破壊した。また湖の枯渇はこの地域の飲料水の水質に悪影響を及ぼし、公衆衛生にさらなる打撃を与えた。取水計画の立案者は、灌漑が始まると湖の水位が低下することは予想していたが、他の多くの問題については想定していなかった。アラル海の水の枯渇は二〇世紀最大の環境災害の一つだと専門家は考えている。

土壌が食料生産を支える能力は、理論的には再生可能な資源であり、そのおかげで私たちは作物を継続的に生産することができている。作物残渣や動物の糞尿によって、植物の成長過程で土壌から採取された栄養素を埋め合わせることはできる。しかし、現代の農業活動の多くでは、そういったものの代わりに合成的に生産された肥料を使い、土壌の肥沃度を完全に再生するプロセスを妨げている。耕作の仕方によっては風雨の影響で土壌が著しく侵食され、それが土壌の生産性を低下させ、さらには土壌に含まれる栄養分と堆積物を他の場所に移動させるかもしれない。土壌の栄養分と小川に流れ込む堆積物は、水を汚して水界生態系を脅かす汚染物質となり、飲料水処理や航行などの人間の活動を妨げる。穀物が畜産施設に出荷され、続いてその畜産物が世界中の都会の中心部に出荷されると、さらに見えにくいかたちで枯渇が発生する。こうした輸送によって、土壌を肥沃にする可能性のあった栄養素も次々と移動していくことになる（栄養循環の議論については第3章を参照）。合成肥料により作物の収穫量を維持できることが、これまでのところでは証明されているが、合成肥料のせいで土壌特性は変化している。持続可能な農業の支持者は、この栄養循環の不完全な状態が無期限に持続可能だとは言い切れないと考えている。

環境質はどのように保護できるのか

環境保護は大きなトピックだ。詳しく知りたい方には、この本と同シリーズのパメラ・ヒル著『環境保護——みんなが知っておくべきこと』をおすすめする。ここでは先ほど検討した環境質の二つの側面、すなわち、汚染と資源の枯渇に注目したい。この問題についてしなければならないことは、言うまでもなく、汚染を減らし使用する資源を減らすことだ。家庭レベルでできそうなこととしては、次のような行動が考えられるだろう。まず汚染の原因となる製品を消費しないようにして、汚染の原因にならない（またはできるだけ汚染しない）製品に替えることができる。洗濯洗剤に含まれる化学物質は、大量の衣類を洗うたびに環境に放出される。毒性や有害な化学物質の少ない洗剤のブランドを選ぶことは一つの方法だ。エネルギーを節約するために冷暖房の設定温度を調節したり、シャワーを短くしたりするなど、家庭での使用量を減らすことにより資源への負荷を減らすことができる。こういった家庭でできる方策については、第9章でいくつか説明する。

企業も汚染と資源の枯渇を減らすために同様のことを行うことができる。ここからは、企業レベルでできる方策についていくつか検討していくことにする。地域、地方、国の政府は、環境保全を奨励し、特に有害な物質の使用を完全に禁止するというかたちで、環境保護政策を策定することができる。ただし、こうした活動にはすべてコストがかかる。環境保護の費用と便益を計算することは、家計の予算にとっても重要ではある。しかし、家計レベルから企業や政府のレベルに移行した場合、効果のない対策にお金を浪費することは、環境質の保護をめざすという決定を下した人々に対する一般市民の信頼を裏切ることになるため、費用便益会計が決定的に重要となってくる。

環境保護に関する費用便益会計の背後にある経済理論については、本書の目的ではないため説明を割愛する。しかし、環境質を保護するために講じられている対策の可否を示すために、測定可能な量が必要だという点については説明を飛ばすわけにはいかない。汚染と資源の枯渇を例にとると、出発点として明らかなのは、放出される汚染物質の量と枯渇する資源の量だ。ここでは、汚染は人間の活動の結果として増加しているストックとして扱われ、資源は減少しているストックとして扱われる。第3章で紹介した考え方でいうと、人間が生成した廃棄物は流入として機能するため汚染のストックが増加し、人間による資源の利用は流出にあたるため資源が枯渇に向かうということになる。

しかし、これは出発点に過ぎず事態を大幅に単純化している。一部の汚染物質は他の汚染物質よりも毒性が高く、前述のように、汚染物質は多くの点で環境質に影響を与える。科学者が環境質への影響を評価するために測定する量は、このような違いを反映する必要がある。環境科学で使用される量は指標と呼ばれる。優れた指標は、システムのどこに介入すればよいのかを決定するのに役立つ（システム思考をする人は、この介入ポイントをレバレッジ・ポイントと呼ぶ）し、不要な環境ダメージを減らし、環境改善の取り組みを成功へと導く助けにもなる。

環境指標とは何か

環境指標とは、環境質について何らかの情報をもたらす測定可能な量のことだ。例えばいくつかの指標は、湖や小川の汚染物質の濃度といった物理的環境の実際の状態を判定する。このような指標は状態指標と呼ばれる。湖や小川に高レベルのリンが含まれていると、人間の健康や魚などの水生生物に害を及ぼしうるアオコが発生する。したがって、環境や公衆衛生の専門家はリン濃度を注視している。これとは別に、環境質の低下や改善が人間や生態系に及ぼす実際の影響を判定する指標もあり、影響指標と呼ばれている。例えば、大気質の監視プログラムの一環として、多くの地域では呼吸困難で救急医療に連絡した人の数を監視している。数多くの都市で調査した結果、空気中の粒子状物質の濃度が高いと、地元の病院の救急治療室で治療される喘息の症例数が増加することがわかってきたからだ。

特定の数値が環境質の指標になるのには、さまざまな理由がある。有益な情報を与えるから選ばれている指標もある。そのような指標は、人々が環境質を理解するのに役立ち、自分の行動が環境質にどのように影響するかを考える手段となる。何が有益な情報を与える指標となるかは、人々の関心がどこにあるかということと密接なつながりがある。一方、信頼性があるために選択されている指標もある。ある指標と環境質という幅広い概念との関係を確認するのは困難だが、特定の指標が環境質に関するいくつかの目標と密接に相関していることは研究によって明らかになっている。そのため、そうした指標は環境管理者や政策立案者が特定の決定の影響を正確に予測するのに役立ち、したがって、実務上の意思決定に適したツールだといえる。大気質と人間の健康はその好例だ。空気中にある粒子状物質の実際の濃度を測定することは、有益な指標を提供する。科学者や意思決定者は、特定の産業活動、車両からの排気、山火事など、粒子状物質を大気中に放出することが知られている活動による大気質への影響を観察することができる。一方、地元の病院で報告された喘息の症例数は、空気質のかなり信頼できる指標だ。

理想を言えば、指標は有益な情報を与え、かつ、信頼できるものであった方がよい。有益な情報も与えず信頼性もない指標は、間違った行為の原因となる可能性があるため、役に立たないどころか有害だ。環境質の改善や維持が持続可能性追求の一部である限り、有益な情報を与える指標と信頼性のある指標の両方を組み合わせることが重要となる。信頼できる指標は日々の意思決定に最適なツールとなるが、管理上の決定が環境質に直接影響を及ぼしていることを人々に理解してもらうためには、有益な情報を与える指標が必要だ。有益な情報を与える指標は、環境質の実態をわかりやすく教えてくれる。その結果、さまざまな政治的信条を持つ人々から、環境質の目標についてより幅広い支持が得られるようになるかもしれない。

環境指標が持続可能性の議論において重要なツールになっている理由を見失わないようにするために、ほとんどの指標が量を測定しているということは念頭に置いておきたい。状態指標は、ストックとフローの量を測定している。影響指標は、あるストックの量が、他のストックへの流入や流出にどのように影響するか（つまり、フィードバック）を測定している。環境質に関係する懸念の中には、汚染や資源の枯渇によって重要なプロセスや活動（これらのストック、フロー、フィードバックの相互作用）が何らかのかたちで制限されるのではないか、という不安を反映したものがある。その場合には、科学者は、人々の行動がこうしたプロセスにどう影響し、ストックとフローの変化が社会と公衆衛生にどのような影響を与えるのかについて評価できなければならない。汚染や資源の枯渇につながるフローを減らすことで環境質を守ることにとどまらず、どれほど多くの要素がフィードバックを通じてつながっているかということも分析するのであれば、それは持続可能性の観点から環境質を見始めていることになる。

いくつかの一般的な環境指標は、淡水質、外気質、気候変動、海水温、土地利用の変化、廃棄物の発生を測定している。ここで大事なのは、これらの指標が、例えば水質や土地利用について教えてくれるという理由だけで問題になるわけではないということだ。先ほど挙げた個々の項目の指標レベルがわかれば、フィードバック関係を手がかりにして、人々が関心を持っている他の多くの不確定要素について情報を得ることもできるのだ。

淡水質の指標は何を知らせてくれるのか

先ほどの例（湖や小川のリン濃度）は水質の指標で、具体的には地表淡水域が水生生物を支える能力を評価するために使用されている。多くの化学的、生物学的汚染物質が地表水域に侵入していることがすでに知られており、環境保護機関は人間の健康や生態系の健全性を脅かすこのような汚染物質のレベルを監視している。

他の淡水水質指標の多くは、水域内の特定の汚染物質の濃度を測定することにはまったく関与していない。その代わりに、例えば科学者や規制当局は、淡水で見られるか、もしくは見られるはずの水生種を監視して水質を評価する。魚の大量死、魚に観察される異常、魚種の肉に見出される汚染物質は、科学者が水質を評価するために使用する生物学的指標だ。また、昆虫、カタツムリ、ミミズなどの水生大型無脊椎動物の有無に基づいて水質が評価されることもある。存在するさまざまな種の数、観察された特定の種、カウントされた個々の生物の数は、水質が水生生物をどの程度支えているか、または支えていないのかということについて情報を提供する。水生植物の量と種類もまた水質の指標として使われる。望ましくない植物を見つけたり、有益な水生植物を見つけることができなかったりする場合には、植物の成長を助けたり妨げたりしているものが水中にあるかもしれないという情報を得ることができる。

淡水と塩水（海洋）の水質指標は異なる。これは生物学的、化学的汚染物質の反応が淡水と塩水で違うためだ。例えば、淡水中のリンのレベルが高いとアオコが過剰に発生するが（エリー湖の水質は米国での典型例だ）、塩水と汽水域の窒素レベルが高い場合には藻が繁殖する。ここでわかるのは、水の化学的性質が重要だということだ。同様に、水域が主に飲料水源として利用されるか、レクリエーション資源なのか、または漁業にとって価値あるものなのかということも、水質の測定方法を左右する。地表水中のリンのレベルが高くても人間に対する健康リスクとは見なされないが、魚の個体群にとってはリスクになる。一方、ある特定の形態の窒素は、飲料水に含まれている場合には、人の健康にリスクをもたらす（厳格な飲料水質保護プログラムを実施しているほとんどの国では、公共用水供給業者が硝酸塩レベルをチェックしなければならない。私設の井戸を所有する農村住民は、飲料水の安全性を自ら確保する責任がある。井戸水の水質には潜在的なリスクがあることを認識しておかなければならない。特に農村地域にある私設の井戸において高いレベルの硝酸塩が検出されることはよくある）。

水中の含有物を実際に測定しない水質指標の一つとして、公共の廃水処理施設につながっている住居の人口あたりの割合を挙げることができる。この数値は、し尿の発生による淡水質へのリスクの程度について情報を提供する。経済協力開発機構（ＯＥＣＤ）は、多くの環境指標の収集データを公開しているが、今述べた淡水質指標もそこに含まれている。一九八〇年代初頭にはOECD加盟国の人口の約五〇%が都市下水処理施設につながっており、その数は二〇一五年にはほぼ八〇%にまで上昇した。この特定の指標が、有益な情報を与えているのか、それとも信頼できる情報を与えているのかを知るには、データが収集されるコミュニティで何が起こっているかをもう少し深く掘り下げる必要がある。高度な廃水処理技術が導入されている地域では淡水質へのリスクは少なくなるし、下水道インフラが古く改善が必要なところの水質は悪化している。第7章では、環境質を保護するための政府の取り組みが、持続可能性の目標にどのように応えているのかについて詳しく検討する。

外気質はどのように評価されるのか

アメリカ国内では六つの一般的な大気汚染物質のレベルが監視されている。この中の汚染物質が一つでも高濃度になった場合に生じる悪影響から環境を保護するために、いくつかの基準が米国環境保護庁により設定されている。基準となる六つの汚染物質は、一酸化炭素、鉛、二酸化窒素、オゾン、粒子状物質、二酸化硫黄だ。[1] これらの汚染物質のほとんどは、製造、石炭や天然ガスによる火力発電、自動車のエンジンなどの発生源から直接大気中に放出される。そして、大気中に放出されたさまざまな化学物質は太陽光のもとで反応し、地表オゾンを形成する。OECDの大気質モニタリングプログラムでは、大気中の硫黄酸化物、窒素酸化物、粒子状物質の実際の濃度の測定値ではなく、これらの排出量を指標として使用している。OECD加盟国の場合、経済活動の種類と量、各国のさまざまなエネルギー源の使用および汚染軽減技術の採用の程度（自動車の触媒コンバーターやさまざまな種類の産業で使用される制御技術など）に基づいて、これらの排出量のレベルが計算される。世界中の大気汚染防止プログラムが大気質指標として利用しているのは、都市の交通密度、大気質が市や地域の規制基準を満たしていない日数、州や国の政府による大気質保護規制プログラムの採用および実施状況だ。

特定の大気汚染物質が高濃度で存在する場合、公衆衛生、自然システム、建築環境に悪影響が及ぶ可能性があるため、外気質が問題となる。高レベルの粒子状物質と呼吸器疾患との関係についてはすでに説明したが、下層大気の一酸化炭素とオゾンも呼吸困難を引き起こす。多くの都市では、これらの汚染物質レベルが特に高くなりそうな日には大気質に関する警報を出しており、屋外活動を控えるよう住民に呼びかけている。世界中の大部分の森林地帯は、空気中に蓄積した汚染物質による被害を酸性雨というかたちで受けている。また同様に、世界の多くの都市においても、建物や彫像がその被害を受けている。こうしたことはすべて、大気質の悪化が重要な活動やプロセスの持続可能性を脅かしていることを示す事例だ。これらの事例を通して、私たちはシステム思考の重要性を再認識することができる。医療費についての議論がなされる際に大気汚染がテーマとなることは稀であり、森林資源の枯渇について懸念が表明されることもめったにないのだ。

指標は気候変動について何を知らせてくれるのか

気候変動指標には、状態指標と影響指標の両方が含まれる。つまり、主要な気候変数の現状を理解するのに役立つ指標と、気候変動が環境と人間の健康に与える影響を示す指標があるということになる。気候変動の主な要因は、地球の表面大気中に含まれる特定のガス（温室効果ガスと呼ばれる）の濃度の上昇だ。大気中にこれらのガスが存在すると、温室効果が発生する。こうしたガスが惑星から放射される太陽のエネルギーの一部を閉じ込め、地球の近くの大気を暖めるからこそ、この惑星に住むことができるのであり、それ自体はごく自然なプロセスだ。大気中の温室効果ガスの濃度の上昇は、地球の表面近くに閉じ込められた熱の増加と気温の上昇を意味する。このため、地球温暖化という用語は気候変動という用語と同じ意味で使用されることがよくある。しかし地球温暖化とは具体的には地表近くの気温の上昇を指すのであり、これは気候変動の一つのあらわれにすぎない。

気候変動の主要な指標の一つは、大気中の温室効果ガス濃度を直接測定することだ。この測定は世界中の監視ステーションで行われている。温室効果ガスは、温室効果ガス排出量を追跡することによっても監視されている。この排出量は直接測定されるか、燃焼した化石燃料の量や温室効果ガスを排出するその他の活動に基づいて計算される。

気候変動の研究者はまた、特に天気と気候に関連した一連の指標も用いる。気象学者は、天気と気候を区別する。その区別によると、天気は特定の時間と場所で起こっていること（温度、降水量、雲、風など）であり、気候は特定の場所における長期間の天気の平均ということになる。ただし、気候は気温や降雨量などの長期的な平均によってのみ定義されるのではなく、熱波、寒波、嵐、干ばつの頻度、期間、強度なども含まれている。一般的な気象指標や気候指標には、長期的な平均気温、高温および低温の傾向、平均降水量の傾向、暴風雨の頻度と重大度、河川の氾濫と沿岸地域の氾濫の規模と頻度、干ばつの深刻さと頻度が含まれる。北極海と南極海の海氷の大きさと融解度、極地と山脈地帯の氷河の大きさと融解度の測定値も、気候変動の指標となる。

健康関連の指標は、人間の健康に対する気候や天候の影響を監視するためにも使用される。熱に関連した病気や死亡の数、ライム病やウエストナイル熱などの病気の割合、花粉の季節の長さなどがその例だ。山火事の範囲、鳥の越冬範囲の変化、動植物種の分布の追跡も、気候変動指標にデータを提供する。多くの気候変動指標の中でも海水温は重要なので、そのために独立の節を設けるに値する。海水温の上昇に関する深刻な懸念の一つは、海洋によって吸収された熱エネルギーがどこかに移動する際、その多くが大気中に放出されているということだ。このフィードバック、つまり温暖化した海洋から大気に戻る熱のフローは、その熱が最初に海洋に吸収されてから数十年間にわたって惑星の温暖化を促す可能性がある。持続可能な発展という考え方（第1章）が、将来世代のニーズに配慮することを私たちに求めていたのを思い出してほしい。このことは人々が現在行っている意思決定がもたらす長期的な影響のほんの一例にすぎない。

なぜ海水温が監視されているのか

海水温の環境指標について議論するたびに、人々が世界中の海に小さな温度計を降ろしている様子をどうしても思い描いてしまう。実際のところ、世界中の研究者が海面水温を測定しているのだが、海面とみなされているのは数ミリメートルから最大二キロメートルの深さまでさまざまだ。浮きブイのネットワークに接続された温度計から温度データやその他の情報を衛星が収集し、科学者はそこから測定値を取得する。船舶は海面水温を測定して、情報を収集、分析する国の機関のためにデータを編集する。海洋テレメトリー〔遠隔測定法〕は、温度測定値の取得にも使用される。あらゆるサイズの海洋生物に取り付けられたセンサーは、温度やその他の海洋環境変数に関するデータや、動物と環境との相互作用についての情報を送信する。高度な赤外線画像技術を搭載した衛星は、海面水温を直接測定している。

いま述べたのは海水温の監視方法だが、では、海水温とはどのような環境指標で、そこから私たちの環境について何がわかるだろうか。海洋生態系の健全性は温度に依存する。したがって、商業漁業管理（第3章で説明した持続生産量に関する決定に影響を与える変数の一つ）や、ウミガメなどの種の追跡、サンゴ礁の健全性のモニタリングにとって海面水温は重要な情報だ。海水が温かいということは、より多くの嵐をもたらすシステムがあることを意味するため、海水温の監視は降雨量を予測するのに役立つ。また、気象パターンに影響を与えるエルニーニョサイクルとラニーニャサイクルを予測するのにも有効だ。このため、観光産業は海水温に強い関心を持っている。また、海面水温が徐々に上昇することは、地球規模の気候システム内の全体的な温暖化傾向を反映しているといえる。海面水温を監視することは、海洋が気候変動にどう反応しているのか、そしてその反応が私たち全員にとって重要な多くの環境要因（つまり生態系サービス）にどう影響するのかを理解するのに役立っている。

土地利用の変化を監視することで、環境について何がわかるのか

土地資源の利用は、環境に大きな影響を与える可能性がある。環境科学の研究者は、広大な森林地帯やその他の植物が光合成中に大気から主要な温室効果ガスである二酸化炭素を取り出すことにより炭素を隔離するという重要な役割を果たしていることを理解している。また、道路、駐車場、私道、屋上など、不浸透性の表面で覆われた土地の面積が増えるにつれて洪水のリスクが高まることも研究者は把握している。野生生物の生息地のサイズが縮小されたり、生息地間の接続性が失われたりすると、その生息地に暮らす種が脅かされる。個人所有の農地や森林地帯の断片化は、人々が依存している商品やサービスを生産する能力の低下を引き起こすかもしれない。

研究者は、いくつかのデータベースを利用して土地被覆を追跡する。土地被覆とは単なる土地表面の物理的特性の

ことであり、草、樹木、農作物、不浸透性の表面、湿地、開放水域などが含まれる。対照的に、土地利用データベースは、農業、住宅、商業、娯楽、その他の用途など、人々が地形をどのように使用しているかについて追跡する。土地利用と土地被覆が密接に関連しているのは明らかだ。衛星画像、航空写真、地上調査は、土地被覆と土地利用に関する情報をまとめて提供する。土地被覆と土地利用の範囲と種類は、資源管理者にとって、洪水と高潮の影響予測や海面上昇による潜在的な影響の評価、森林火災のリスクの評価や対応、野生生物管理に関する決定に役立つ指標となる。したがって、土地利用の変化を監視することは、環境質を見守り、私たちの行動が相互に関係し合う多くのシステムにどう影響するのかを理解し、環境保護に関する重要な決定を下すのに役立っている。

廃棄物発生量に関する指標は持続可能性について何を明らかにするのか

廃棄物発生量の監視を推進する原動力となっている懸念は大きく二つある。一つ目は、発生する廃棄物の量が廃棄物の管理方法に大きな影響を及ぼすということだ。はっきり言ってしまえば、管理方法について人々が心配しているのは、廃棄物（家庭廃棄物、産業廃棄物、またはその他の種類の人間活動の副産物）が最終的にどこに持って来られるのかということだ。衛生埋立地の立地をめぐる対立、廃棄物焼却炉に関連する大気質についての懸念、有害廃棄物処理施設の安全性への疑問、さらには原子力発電所からの廃棄物の保管に関する数十年にわたる議論について考えてみてほしい。もちろん、私たちはみんな色々な製品を使っており、それがゴミの発生源となっている。梱包材が出れば自分の家のゴミ箱に捨てるし、そもそも製品の製造途中にもゴミは発生する。しかし、自分たちが住む場所、職場、通う学校の近くに埋め立て地や焼却炉、有害廃棄物貯蔵施設を設置しようと躍起になっている人はほとんどいない。実際、Not In My Back Yard（私の裏庭にはやめてくれ）の頭文字を取って作られたＮＩＭＢＹという言葉は、コミュニティ内またはその近くに埋め立て地や有害廃棄物貯蔵施設が設置されるのを防ぐための住民の努力の結果として、一九八〇年代に生まれてきたものだ。

二つ目の懸念は、生態経済学者がスループットと呼ぶものから生じる。スループットという用語はビジネスやデータ管理を含む多くの分野で使用されているが、その意味は各分野で多少異なる。生態経済学では、スループットという用語は、自然システムから経済を通って自然環境に戻る原材料とエネルギーのフローのことを意味している。ミネラル、食物、繊維、さらには水も、物理的な環境から取り出されて他の場所で使用され、多くの場合、その時点ですでに人々が使いやすいように加工されている。しかし物理学の基本法則によれば、物質を作成したり破壊したりすることは不可能だ。したがって、人々が望むものを生産するために使われた物理的な材料はどこかに行き着く必要があり、最終的には誰かが購入するもののほとんどがゴミになる（アンティークのダイニングセットや、何世代にもわたって家族の中で受け継がれてきた道具のコレクションでさえゴミになる）。しかしながら、経済活動のバックエンドで発生する廃棄物だけでなく、フロントエンドでの原材料の使用にとっても、スループットは重要だ。人々が望む商品を生産するために天然資源、特に再生不可能な資源に依存するということは、人々が依存する資源ストックを人類全体で減らし続けることにほかならない。再生可能な資源は潜在的には無限の資産なのだが、再生するスピードを超えて使用すれば再生不可能になってしまう。ある天然資源にすべての人が依存しており、代替資源が存在しない場合には、人々が資源を消費する割合が重要となってくる。

この二つの懸念のどちらの場合も、廃棄物の発生は重要な環境指標となる。リサイクルが大きく進展し、再使用《リユース》が重視されているにもかかわらず、既存の廃棄物処理や貯蔵施設でこの先利用できるスペースは減り続けている。廃棄物発生率に関する知識は、廃棄物管理業界の人々にとって、社会が既存の施設にどれだけ長く依存できるかを知るのに役立つ。ＮＩＭＢＹ主義は今も健在であり、新しい施設のための場所を見つけるのは難しい。廃棄物の発生に関するデータは、廃棄物の輸送および貯蔵施設の場所と特性に関するデータと組み合わせると、廃棄物管理（または管理ミス）が環境や人の健康に悪影響をもたらす可能性を監視するのに有用だ。環境と健康のリスクは社会経済的に恵まれていない人々に対して不平等なかたちで大きな影響を及ぼすため、環境正義（第6章で説明）を懸念する活動家は、廃棄物の発生率、廃棄物の種類、廃棄物の輸送と貯蔵に特別な注意を払っている。

　廃棄物発生指標はスループットの指標でもある。発生する廃棄物の量と種類やその廃棄物の行き先に関するデータは、原材料への依存状況と原材料の採取状況を追跡するもう一つのやり方だ。リサイクルと再使用《リユース》は、スループットを減らす可能性があるので、推奨されている。紙、アルミニウム、プラスチックなどをリサイクルすると、原材料（木、アルミニウム、石油）がより少なくて済むため、再生可能な資源や再生不可能な資源の窮迫が軽減されると直感的には思われる。しかし、ここで一つ重要な注意喚起をしておく必要がある。完全なライフサイクルアセスメントがなされなければ、リサイクルをしたからといって、必ずしも原材料の使用量が実質的に削減されるというわけではない。段ボールなどの一部の材料を再び使用可能にするプロセスでは、他の種類の廃棄物を生成する別の入力（水、化学薬品など）が必要となる。したがって、廃棄物管理からわかるのは、ライフサイクルアセスメントが持続可能性を高めるための活動において有益なツールだということだ。

ライフサイクルアセスメントとは何か

ライフサイクルアセスメントとは、特定の製品や活動が、その耐用年数のすべての段階を通じて環境質にどのような影響を与えるかということについての分析だ。つまり、製造や流通の過程において原材料を入手して天然資源に影響を与えることから始まり、使用や配備の過程へと移行し、そして製品を廃棄し、その材料成分を廃棄物のフローの一部として処理することで環境に影響を与えて終わりを迎えるまでに、特定の製品や活動が環境質にどのように作用するのかを分析するのがライフサイクルアセスメントだ。以前に述べた環境指標のほとんどは比較的大規模な生態系に焦点を当てているが、ライフサイクルアセスメントは、企業や組織の運営および活動に関することをより包括的かつ体系的に考えるのに役立つ。したがって、そうした企業や組織のサステナビリティ部門責任者にとって最も強力なツールの一つになっている。

ライフサイクルアセスメントでは、企業が生産したある製品について、その生産、流通、使用、廃棄という各段階を通じて追跡を行う。製造段階の評価では、製造時に投入される材料と、製造過程で発生する水とエネルギーの利用および廃棄の両方を含めて、製品の製造に使用されている資源を測定する。流通に関しては、輸送、マーケティング、ユーザーへの配送プロセスについて同様の影響を測定する。使用段階も環境質に影響を与える。例えば自動車は、燃料を燃やし、タイヤとメンテナンスを必要とし、使用段階全体においてガスを排出する。使用段階が完了すると、最後に製品はリサイクルされるか廃棄物のフローに入り、環境質にさらなる影響を及ぼす。適切に行われたライフサイクル分析は、責任者が資源を節約し汚染を排除するために最も効果的なレバレッジ・ポイントを特定するのに役立つ。

多くの場合、ライフサイクル分析をとおして、企業は環境質への悪影響を減らすだけでなく、企業自体の収益性（つまり持続可能性）も向上させることができている。ライフサイクルアセスメントの結果を比較することで、企業は環境質に関する目標を達成するために、どの製品を製造して、どのような製造プロセスを選択するのかを決めることができるようになった。

消費者の立場から見れば、色々ある製品の中から購入する製品を選ぶ際に、ライフサイクルアセスメントの比較情報が役に立つ。ここでは、靴を購入するという決定について考えてみよう。ライフサイクルアセスメントの比較では、靴の製造に使用される材料がどこでどのように入手されるか、そしてそういったことが環境にどのような影響を与えるのかが考慮される。革靴の購入を決定する場合には、使用された動物の皮の種類、動物の飼育方法、皮のなめしと処理に関係した化学物質の使用と廃棄の方法が含まれる。あるいは、合成皮革素材で作られた靴を購入するという決定には、その素材がどのように製造されているのかを理解することが含まれる。このような材料の多くは石油由来の製品を使用して製造されているため、材料の製造方法に加えて、石油の採取と精製についても理解する必要がある。完全なライフサイクルアセスメントでは、ある製品の方が別の製品よりも通常の着用に長く耐えられる場合、各タイプの靴の寿命を考慮することになる。そして最後に、それぞれの靴を処分する際の選択肢とその潜在的な影響が検討される。それは再使用《リユース》もしくはリサイクルできるのか、リサイクルできない場合には、処分の選択肢と処分の潜在的な長期的影響は何か、といったことが問題となる。しかし、ライフサイクルアセスメントの比較を実施したからといって、必ずしも購入決定が容易になるとは限らない。ライフサイクルアセスメントは、動物福祉のために皮革製品を避けている人々が抱いている懸念などには対応していない。また、このような購入決定には、いくつもの重要なトレードオフが潜在的に含まれている。皮革の供給源としての牛の生産（一般的に皮革は食肉生産業の二次製品だ）は、影響の大きい温室効果ガスであるメタンの供給源でもある。その一方、皮革は再生可能な資源だが、原油はそうではない。そして皮革の加工に使用される多くの化学物質は、合成皮革の製造に使用されるものとは異なっており、そうした物質の環境への影響も異なる。つまり、水質汚染の懸念と大気汚染の懸念を比較検討する必要があることになる。この本の最後の章では、私たちの選択が持続可能性にどう影響するのかという、よくあるけれども答えるのが本当に難しい問いにも触れることにしたい。

　ライフサイクル分析が拡張された比較的最近の例としては、フットプリント評価がある。これについては、カーボンフットプリントとウォーターフットプリントという二つの事例がよく知られている。ライフサイクルアセスメントでは、原則として、製品の生産、使用、廃棄が環境に影響を与えるすべてのあり方を考慮する必要がある。これに対してフットプリント分析では、製品の成分や構成要素ではなく、環境の側面に着目する。フットプリント分析は、政策立案者が行うような、より広範でより多くの比較を必要とする評価にさまざまな選択肢を提供する。製品や活動のカーボンフットプリントを計算すると、生成された温室効果ガスの量がわかる。例えば、個人は自宅で使用しているエネルギーの種類や量などを評価することで、言い換えると、移動の量と形態、購入、調理、消費された食品の種類と量、他の消費財の購入、使用、廃棄、多くのタイプのサービスや活動の利用および参加を評価することで、自分たちの年間のカーボンフットプリントを決定できる。[2]企業の場合は、温室効果ガス排出量を管理する方法としてカーボンフットプリントを使用している（したがって、企業はカーボンフットプリントを指標として使用していることになる）。同様に、ある製品に関するウォーターフットプリントは、その生産と消費に水資源が使用される直接的、間接的なあり方を表している。コカ・コーラ社はザ・ネイチャー・コンサーバンシーと協力して、自分たちの事業や製品が世界中でどれくらいの量の水を利用し、それをどこから調達しているのかを評価しており、製造業のなかでリーダー的な役割を果たしてきている。[3]

環境指標は論争の火種か

困ったことに、その通りだ。指標を通じてどのストック、フロー、フィードバックを測定するかによって、環境質のどの側面が監視されるのかが決まる。環境質を監視するそれぞれの指標に相対的な長所や短所があることについては、環境科学の訓練を受けた人々の間で意見は一致している。しかし同時に、環境保護の目標や根拠について、人々の合意がほとんどないなかで自分たちが働いていることも認識している。さまざまな利害関係者は、環境質のどの要素を優先すべきかについて意見を異にしているのだ。野生生物の個体群について持続生産量を維持する初期の取り組み（第3章で説明）では、漁獲や狩猟された動物のストックとフローが重視されていた。漁師やハンターのなかには、スポーツとして釣りや狩猟といった活動をする人もいたが、それで生計を立てている人もいた。利害関係者のなかには、ハイキングやキャンプのために原生自然が残っている土地を訪れたいと考えている人もいて、当然そうした自然を人間によるあらゆる種類の影響から保護したいと望んでいた。しかし、持続生産量という指標は、こうした保護主義者の目標の実現にはほとんど何の参考にもならなかった。狩猟種が生きている原生自然の生息地において、材木を伐採し、牛を飼育し、鉱物を採掘したいと考える人々もいた。監視する際の指標の選択によっては、ある人々が重視していることがらが背景に追いやられ、別の利害関係者が重視していることがらが優先されることにもなりうる。

環境質の専門家は、複雑さを増す状況に翻弄されながら、対立する利害関係者の間に立って交渉を進める。市場の力と私的統制に関する政府の役割について、相反するイデオロギー的立場をとっている人々がいるとする。彼らは環境質のどの特徴を追跡すべきかを、(もしいるとすれば)誰が決定すべきかについて、異なる意見を押しつけてくる。政府の役割についてコンセンサスがある場合でも、地域機関、地方機関、国内機関、国際機関のうちどの機関に権限を付与すべきかを争う可能性がある。さらに、ある特定のグループが保護したい環境質のいくつかの側面は、信頼できる指標と関連づけることが困難な場合もある。一部の指標は監視にコストがかかる。環境保護は大昔から色々なかたちで存在してきたが、環境質に対する脅威についての広範な知識は、二〇世紀後半に飛躍的に増大した。民間の土地所有者、企業の意思決定者、官公庁の政策立案者として活動するかどうかにかかわらず、環境の専門家は、環境指標の選択と適用を取り巻く価値の対立に悩まされている。

持続可能性は人々が環境質を理解し保護するあり方を変えるのか

答えはイエスでもあり、ノーでもある。まずノーの場合から検討を始めよう。環境に関連するストックとフローへの影響を監視したり管理したりする職務上の責任を持っている環境の専門家は、ある日突然自分の仕事を持続可能性に関わるものとみなし始めたわけではない。そのような専門家が使用できるツールは徐々に変化してきた。そのうちのいくつかは第3章で説明した生態学に由来するものであり、その他のツールは環境経済学に由来するものだった。例えば、経済学者は原生自然といった資源のさまざまな利用価値を比較評価するためのアプローチを作り出した。これにより、公有地の管理責任者は、材木を切り出すといった採取利用と、ハイキング、キャンプ、原生自然の写真撮影などのレクリエーションや美的利用の価値を比較することができるようになった。複数の用途の全体像を把握することで、環境の専門家は、一つの用途にとって重要なストック(例えば、原生林の木立)の変化が、他のストック(例えば、キャンプに来る観光客）へのフローにどう影響するかを問題にすることが可能になったのだ。このような種類の問いを立てる能力は、環境質を持続可能性の問題として考えるための大きな一歩だが、そのようなやり方をはじめた環境の専門家でさえ、必ずしも自分たちが新しいことをしていると思っていたわけではなかった。

しかし、個々の専門家の現場レベルの視点から少し距離をとって見てみると、環境質の測定、監視、促進における小さな変化でも、それが積み重なれば大きなものとなる。ストック、フロー、フィードバックのモデル化をとおして、環境の専門家は、森林、流域、町、さらには惑星を構成する人間の活動と自然のプロセスのシステム全体が変化しはじめるポイントを探ることができる。そして、自分の監視している指標の値を変化させる可能性が最も高いポイントがシステム内のどこにあるのかについて、仮説を立てられるようになる。例えば、工場からの大気汚染は、各工場からの排出を制限する法律を通すことによって改善することができる。しかし、工場を廃業させることは、雇用に悪影響を与える可能性がある。地元の雇用へのフィードバックを弱めながら、汚染を減らすための経済的インセンティブを生み出すことで、環境質により大きなシステム上の影響を与えることができるかもしれない。この種の考え方に向けて歩み出した政策立案者は、持続可能性という言葉を使って自らのアプローチを説明してはいなかったかもしれない。しかし、システム的な考え方への志向が段階的に成長してきたということは、持続可能性と環境質についてみんなが知っておくべきことだ。

環境保護に関する新しい考え方が生じてきたことも、重要な革新であったといえる。今述べたように、環境質について何を重視するのかは人によって異なるし、この問題をどう定義するのかについても一般的な合意があるわけではない。指標を作るための科学は凄まじい勢いで進歩してきたが、それは完全なものではなく、多くの不確実性をはらんでいる。さらに悪いことに、決定が不可逆的でコストがかかる結果をもたらす可能性もある。ホルスト・リッテルとメルビン・ウェバーが述べているように、意思決定をする人には間違いをおかす権利はないのだ。環境の専門家が直面する課題の中には、係争中であったり十分に明確にされていなかったりする要素があり、専門家はそのことにますます敏感になっている。第8章では、リッテルとウェバーの「厄介な問題」という考え方が、科学（そこでは答えは明確で、客観的で、偏った価値判断に左右されてはならないとされている）の訓練を受けた人々にとって、不測の事態や対立に対処する上で有用であることについて論じる。森林管理のケースでは、不確実性と価値の対立は、環境質のどの側面を監視すべきかに関連する。環境に関わる際の考え方が環境保護から持続可能性へと転換したことで、こうした価値の対立に対処したり、そしてこれは最も重要なことなのだが、人々のことを理解したりするために、より包摂的な方法が必要となっている。

システム思考の進化と同様に、環境質を保護する上で価値の対立が果たす役割への関心は着実に高まっている。このことを最初に理解したのは、環境保護を担当する州や地方の公務員や、環境への影響を監視して政府と擁護団体の両方と協力する企業の従業員といった人々であった。彼らは自然科学の訓練を受けてはいたものの、自分たちの仕事においては対人能力が不可欠だということを認識するようになった。繰り返しになるが、このような人々はこれが持続可能性という考え方への第一歩だとは考えていなかったかもしれないし、持続可能性という言葉を使って自分たちの仕事を説明したということもおそらくない。しかし、環境保護が厄介な性質を持つものだという考えが環境管理者の頭の中で確信に変わるにつれ、環境管理者という専門職は持続可能性の枠組みに向かって着実に前進した。「厄介な」問題という用語は、一部の学者を不快にさせる。とはいえ、持続可能性の観点から環境質について語ることは、環境保護には価値に関わる側面があることを認め、その厄介さが持つネガティブなイメージを払拭することにつながる。

多くの人々が自然環境のなかで保護し保存したいと思っている対象は、現在では、あるシステムの中に埋め込まれていると考えられている。そのシステムは、一見無関係に見えても、潜在的には他の何かとつながっている可能性がある。このようなつながりについて理解を深めるツールがあれば、監視対象として選ばれた指標に人間活動の変化が最大の影響を及ぼすレバレッジ・ポイントを特定しやすくなる。また同時に、監視対象となる指標の選択は、価値に左右されるということもわかっている。そしてこのような価値のいくつかは、深い根を持つ次の問いへとつながる。すなわち、環境質の価値というのは、人々が環境質に結びつけている価値に限られたものなのか（人間中心主義）、それともそこには他の生物そのものに由来する価値も含めるべきだろうか（生命中心主義）という問いだ。科学の中のごく狭い分野の専門教育しか受けていない人が、互いに矛盾した諸々の価値や視点に対処する責任を背負わされている。持続可能性という考え方への転換は、こうした相矛盾した価値と視点に対処する手段として役立っている。同じような視野の拡大が、非専門家による環境質への取り組み方に大きな影響を与えているかどうかは定かではないが、そうなって欲しいと思ったからこそ私たちはこの本を書くことにしたのだ。

第5章　持続可能な発展

持続可能な発展とは何か

この問いは、少し先走りすぎではないだろうか。まず先に発展についての説明から始め、それが明確になってから、持続可能な発展の説明に進むのが本来の流れだろう。とはいえ、話をはじめる前に私たちの考えをいくつか述べておいても害にはならない。まず第一に、多くの人が持続可能性と持続可能な発展を同じものだと考えていることを指摘したい。この考えに私たちが同意しないことについては、この本を最初から読んでいる人はすでにご存知だと思うが、本章から読みはじめた人には少し解説が必要かもしれない。私たちは「持続可能性とは何か」という問いに対して、「持続可能性は、活動やプロセスを継続できるかどうか（またはどの程度まで継続できるか）の尺度だ」とすでに答えた。発展は一種のプロセスなのだから、発展を継続できるかどうか、またどのような条件下で継続できるかを問題にすることには意味がある。これが（最終的には）この質問に対する私たちの答えとなる。

第二に、私たちがずっと示唆してきたように、持続可能性についての研究を推し進めようとする動機の大部分は、産業汚染と天然資源の枯渇が経済拡大（または経済成長）の制約となる（あるいはそのうちすぐに制約するようになる）

ことを経済学者が認め始めた一九七〇年代と一九八〇年代に生じてきた。経済成長は経済発展の最も普及した測定方法と密接に関連づけて理解されており、産業汚染や天然資源の枯渇といった制約が経済発展という目標の障害になると考えられていた。そして、こういった制限を超え出ることなく発展という目標を達成するための戦略が、持続可能な発展として特徴づけられるようになった。この見方は、世界規模での経済発展を考えていた政策立案者の間で特に影響力があった。この影響を理解し、それが持続可能性についての考え方をどのように形成しているのかを把握するには、政策立案者が発展ということで考えていることについてかなり踏み込んだ議論をする必要がある。一部の読者が予想するよりも深く掘り下げることになるかもしれないが、経済学のこの領域をさらによく理解することが役に立つ人もいると思う。

　しかしこのように経済発展に注目したからといって、持続可能な発展が持続可能性自体と同一視されるようになった理由が説明できるわけではない。経済発展の促進があまりにも重要なため、他の活動（および実践、制度、または相互作用のシステム）に関連した持続可能性の意味については問題にしないだけだと考える人もいるかもしれない。あるいは、事業の運営、食料の生産、都市や地域の統治、インフラストラクチャーの構築と維持、エネルギー、輸送、医療サービスの提供といった活動はすべて、何らかの包括的な概念の下にまとめることができると考える人もいるだろう。ひょっとすると、発展こそがその概念として機能しているということなのかもしれない。こういった類の話はどれも抽象的なものに思えるかもしれないが、いま挙げたような諸々の活動は、まったく異なるものに見えてもある種のシステムにまとまる。それが理解できれば、前章で説明したシステムの概念を利用して、これらの活動とプロセスの集合体が時間の経過の中で機能し続け自らを再生産し続けることができるかどうか、またそうしたことがどの程度まで可能なのかを判断することができる。そのことを念頭に置きつつ、まずは基本的な問いから始めることにしよう。

発展とは何か

純粋に言葉や概念として見た場合、その定義は文脈によってさまざまだ。発展の一般的な同義語には、進化、成長、成熟、拡大、拡張、広がり、進歩といったような言葉が挙げられる。発展（development）ということで不動産関係者が行っているような開発（development）のこと、つまり土地や家、商業ビルの区画を売買したり、改良したりするビジネスのことを考える人も多い。不動産ビジネスにおいては、開発者（developer）が土地や建物を購入し、インフラストラクチャー（道路や下水道システムなど）、建築構造物（家やショッピングセンターなど）、既存の建物の修理や改修にさらに多くのお金を投資する。開発者は、物件を売却もしくは賃貸して利益をあげることを望んでいる。不動産業における開発に焦点を当てると誤解を招くかもしれないが、発展について考えるための出発点としては悪くない。持続可能性に関連するより広い意味での発展は、実際のところ、全体的な資産価値の増加を目的とした投資や支出が行われるプロセスなのだが、それは通常は個人や企業の利益追求活動というよりも、社会全体に適用されるものと理解されている。手間はかかるかもしれないが、この考えを明確にしておくことにしよう。

もう少し不動産の例を引っ張ると、開発者が投資をして、例えばボロボロの家の価値を投入資金額以上に高めるのは難しいことではない。テレビ番組で家を「生まれ変わらせる」企画があるが、それが格好の事例だろう。開発者は誰も欲しがらない家を一〇万ドルで購入し、三万ドルを費やして配管の修理、壁の塗装、カーペットの交換を行う。そうすれば、開発者はその家を二〇万ドルで売ることができる（最も、カリフォルニアに住んでいる場合は、これらの金額に一〇を掛けることになるが)。しかし持続可能性にとって問題となるような発展の考え方にたどり着くためには、社会全体について考慮するだけでは十分ではなく、さらに金銭の問題を超えて考える必要がある。要するに、発展において重視される改善の種類は、利益の向上というより、むしろ生活の質の向上なのだ。

ここで重要なのは、投資によってもたらされる改善と、手元にある資源を現状より多く使うことによってもたらされる改善との違いを理解することだ。次のようなシナリオを考えてみよう。あなたは自分の家の外見が何だか冴えなくて悩んでいるとする。明らかに庭が物足りない。現状を改善するためにできることの一つは、春に園芸用品店を訪れ、色とりどりの一年草の花をたくさん購入し、計画的に植えて前庭をより魅力的にすることだ。これには二〇〇ドルかかるとしよう。二番目の選択肢でも春に園芸用品店を訪問するが、一年草の花を購入する代わりに、今度は低木や多年草の花(世話をすれば毎年花を咲かせる種)に投資する。これには五〇〇ドル必要だ。どちらの場合もあなたはお金を支払い、どちらの方法で庭造りをしてもあなたは同様に満足する。しかし最初のオプションは単なる消費にすぎない。あなたは自分を幸せにするためにお金を使ったのだ。二番目のオプションは、継続的に幸福を体験する能力を高める。来年もその翌年も庭の様子を楽しむことができるようになる。

発展についてのこの議論では、二つの点が重要となる。一つは、私たちが発展に関連づけている成長、拡大ないし拡張は、幸福の増加とイコールではないということだ。一部の経済学者はそうしたものを幸福の増加だと言うかもしれないし、発展についての経済理論であればこれを福祉(welfare)の増加として特徴づけるだろう。もちろん、家を生まれ変わらせて七万ドル儲ける人は、きっとそうすることでより幸せにもなる。経済学者であれば、七万ドル儲けたことも、それによって幸せになったことも、どちらも福祉の増加だと言うだろう。しかしここでは、この改善や拡大が、生活の質に影響しているということが特に重要だ。経済学者が福祉や幸福という言葉で言おうとしているのは、まさにこのことなのだ。二つめの注意点は、消費と投資の違いだ。消費とは、あなたが獲得した利益（幸福または福祉）が、それを得るためにあなたが手放したものと大まかに比例している支出のことだ。投資とは、福祉を生み出したり継続的に生じさせたりする可能性や能力を高める支出のことだ。発展は、福祉を継続的に生じさせる能力が強化されたときに発生する。そして投資は資本という経済的概念と密接に関連している。したがって、発展を理解するために重要な概念が二つあることになる。つまり、福祉と資本だ。発展は福祉と資本の増加のことだが、これら二つの概念は適切に理解されなければならない。

福祉とは何か

福祉といっても、ここでは失業者、貧困層、被害者になった人々が政府から受け取る支払いや小切手のことを話題にするわけではない。福祉というのは、個人や集団が人生をどれだけうまくやっているかを示すために、社会理論家が以前から使用している一般的な概念だ。この概念は他のお馴染みのさまざまな概念が合成されてできているのだが、そのうちの一つが健康だ。病気、障害、身体的苦痛はある人の福祉に悪影響を及ぼす要因であり、活力、元気、身体能力は福祉を向上させる。福祉はまた、充足感、幸福感、満足感、あるいは人の精神状態のその他の要素とも関連している。より広義には、自分の生活（および自分が気にかけている人々の生活）において有意義な選択ができ、またどのように進むかをある程度制御できる場合、人の福祉はより向上する。コミュニティや親類縁者のグループに所属しているという感覚は福祉の一要素だが、疎外感、孤独感、孤立感は一般的に人の福祉に悪影響を及ぼす。実際、このシリーズで「福祉――みんなが知っておくべきこと」という本を一冊作ってもよいくらいに思われるが、本書はそういった趣旨の本ではないので、この話はこれくらいにしておこう。発展を公共の福祉の増進と定義するのであれば、それは特定のグループに属するすべての人の幸福、満足、充足の総量の増加を意味する。では、誰がそのグループに含まれるだろうか。理論的には、すべての人が含まれる。「公共の福祉」には動物の福祉さえも含まれるということを真面目に主張する議論もある。実務上の観点から、福祉の見積もりは通常、国、地域、州、都市などの特定の行政区域の居住者からなる集団に対して行われる。ある考え方では、発展とはグループ内の福祉の向上または増進を意味する。ただし、細かなところで重要な点がある。集団福祉の向上や増進というのは、一部の人の福祉が低下した場合でも、総福祉が向上する場合があるということも意味している。より多くの人々が幸せや健康になっていたり成長する機会を得ていたりするなら、たとえ少数の人の福祉が低下していても、それはまだ発展と言えてしまうのだ。さらに、福祉の増加を測定するためのアプローチにも論争の余地がある（これについては後ほど触れることになる）。富と貧困は、個人の福祉の全般的な状態、あるいは一部の住民や集団の総福祉に関わる。これらすべてを定量化することは複雑な作業だが、資本ストックを増やすことによって総福祉を増やすことが持続可能な発展の理論の目的だ。富の分配におけるいくつかの不平等は避けられないものであり、時には望まれる場合もあるが、極端な不平等は多くの社会的問題や道徳的問題に結びつく。富と貧困の分配についてさらに疑問があるなら、それに対する答えは、ジェームズ・ガルブレイス著『不平等――みんなが知っておくべきこと』[1]の中で見つけることができるだろう。

資本とは何か

資本の考え方については、福祉をもたらす能力を高めるための投資と関連させて先ほど紹介した。より一般的には、生産プロセスの過程で消費されたり使い果たされたりすることがなく、生産のプロセスに寄与するすべての資源、有形財、投入物、要因が資本に分類される。これが古典派および新古典派経済学における資本の中心的な考え方なのだが、この概念はさまざまな文脈で使われており、何かを説明したり説得したりするなかで、その目的に合わせて再定義されたり再概念化されたりしてきた。しかし、持続可能な発展の説明において、先のような古典派および新古典派経済学の定義が使用されていることから、本書ではこの資本の定義に忠実に従うことにする。

資本という概念については、自転車、紙パック入りのオレンジジュース、携帯電話といったよくある物質的な商品の生産について考えると理解しやすい。物質的な資源（金属、オレンジ、プラスチックを作るための石油）が投入され、自転車、ジュース、携帯電話を作るために、何らかの方法で消費もしくは変換される。これらの商品を作る人々の労働時間は、生産の過程で消費されるが、これらを製造する工場や製造者の知識や技術は使い果たされず、依然として商品を製造するために存在している。このように生産の過程で消費されたり変換されたりしない要素が、資本と呼ばれる。

資本は、自転車、オレンジジュース、携帯電話などの商品を製造する過程で存続するが、それでも、増減するストックとして理解することができる（注：ストックとフローについては第3章で説明した。とばした人はそちらを見てほしい）。資本の増減ということで、どのようなことを考えたらよいだろうか。これは考え方としては単純なことで、より効率的な工場を建設したり、自転車を作る人々のスキルを向上させたりすると、資本は増加する。より多くの商品を生産すれば資源の消費量も当然増えるわけだが（自転車を作るには、一定量の金属、プラスチック、ゴムなどが必要だ）、

［1］　ジェームス・K・ガルブレイス著『不平等――誰もが知っておくべきこと』、塚原康博、馬場正弘、加藤篤行、鑓田亨、鈴木賢志訳、明石書店、二〇一七年。

より良い機械に投資したり労働者のスキルを向上させたりすることで、使用する材料をこれまでよりも抑えて、なおかつ自転車の生産台数を増やすことが可能かもしれない。

資本はどのように減少するのか。経済学者は減価償却という言葉を使用する。引き続き自転車工場の例を使って考えると、あなたは自転車工場が時間の経過とともに劣化していくということに気づくだろう。何かを作るための工場やスキルが時代遅れになる場合もある。昔ながらの鍛冶屋や車大工の店を考えてもらいたい。一九〇〇年頃にオハイオ州デイトンにあったウィルバー&オービル・ライトの店[2]にありそうな自転車製造のための資本（たとえば、道具と技能）を備えた店だ。道具や技術はまだ使えるかもしれないが、そうだとしても、組立ラインや交換部品などの技術の変化により、そういったものは時代遅れとなる。実際、人々が低価格で自動車を買えるようになり自転車を買うのをやめた場合には、自転車販売店全体が廃れていくことになるかもしれない。この自転車と車の競合の例を見ると、経済学者が資本の増減という問題を、経済全体の交換システムにおいて計測される量の観点から考えていることがわかる。これは次の議論で重要になるポイントでもある。

ただし、発展について語るときには、自転車、紙パックのオレンジジュース、携帯電話の製造について語っているわけではないことを忘れないでほしい。ここで話題になっているのは、人々が自転車、オレンジジュース、携帯電話を持っているときに生み出される福祉（幸福、満足、健康、厚生）だ。人々が苦労して稼いだお金を自転車やオレンジジュース、携帯電話の購入に費やしているのは、それらが何らかの満足感を生み出したり、生活の質を向上させたりするからだと考えるのが理に適っている。ここで議論は生産経済学から厚生経済学（welfare economics）[3]へと移行しつつあるのだが、それに際して資本の概念を微調整したい。すなわち、厚生経済学においては、福祉を生み出す社会の経済全体の能力のことが話題になっていると考えるのだ。他の多くの点について変更はない。

後ほど重要な点として取りあげることになるが、これらの商品を生産するための資本の例には、物質的なインフラストラクチャー（工場や機械類）とスキルなどの無形資産の両方が含まれていることに注意したい。自転車生産の事例では、より多くの自転車を生産するために資本に投資する方法はさまざまだが、私たちはそうした違いを一括りにして考えた。これをさらに一般化して、人々が望むものをより多くを生み出すため、社会のあらゆる生産活動を増やすことができる資本投資のすべての方法を一括して扱うことが可能だ。これまでのところで覚えておいて欲しいポイントは、発展（公共の福祉の向上）を促進したいのであれば、資本の成長を促進することこそがその重要な鍵の一つになるということだ。

ここまで述べてきたアイデアをつなぎ合わせると、発展の持続可能性に関する基準の一つは、資本が成長し続けられるかどうか（あるいは、どの程度まで成長し続けられるのか）ということになる。資本と福祉をストックとみなすと、資本ストックから福祉の流入へのフィードバックがある。つまり、資本が成長するにつれて、それが福祉の増加を引き起こすフローを刺激するのだ。ストックとフローの観点からシステム思考をすることで、資本ストックが増加している限りにおいて持続可能なシステムとして発展を説明することができる。その一方で資本ストックへの流入と流出が、ショック、動揺、崩壊に対して脆弱な状態にある場合には、発展は脅威にさらされており、持続不可能なシステムとして特徴づけられることになる。このような考え方をすれば、生態学者が生態系の持続可能性を理解するのと同じように、経済システムの持続可能性を理解することができる。もちろん、何が資本ストックの成長を促進し、何が

［2］　ライト兄弟のこと。彼らは自転車屋を営みながら飛行機の開発を続け、世界初の有人動力飛行に成功した。
［3］　日本語では welfare economics は厚生経済学と訳されるためそれに倣う。厚生と福祉はどちらも welfare の訳語と考えていただきたい。

そのフローを脅かす可能性があるのかについてはまだ述べてはいない。それについては後で扱うことになるが、その前に経済関連の概念をさらにいくつか知っておく必要がある。

何が発展の持続可能性を制限しているのか

この問いには、素朴な答えと洗練された答えがある。素朴な答えは間違いではないので、差し当たりこの問いに対してはは素朴に答えておくことにしたい。洗練された答えの方は、世界規模に適用される経済発展の理論についてさらにいくつかの問いを検討する時のために取っておこうと思う。自転車、オレンジジュース、携帯電話を作るには、（労働力と資本に加えて）それらに投入されるすべてのもの、すなわち、金属やその他の材料、それらを移動させたり生産過程で使われるすべての機器に電力を供給したりするためのエネルギーが必要だ。人口と消費が増加するにつれて、製造業者はこのような商品をもっとたくさん作るようになる。しかし、地球は有限なので、自転車、オレンジジュース、携帯電話を永遠に作り続けることはできない。遅かれ早かれ、人間はそれらを作るために必要な資源、たとえば金属、肥料、石油を使い果たしてしまうことになる。

それに加えて、自転車、オレンジジュース、携帯電話を作ると、誰も欲しがらないものも生まれてしまうことを私たちは学んだ。すなわち、健康を害し地球を劣化させるさまざまなタイプの汚染だ。汚染を生み出し続ければ、きれいな空気や飲用に適した水を入手できなくなる。生産プロセスから生じるこうした有害なアウトプットは、少なくとも理論上は、私たちの惑星が居住できなくなるところまで蓄積する可能性がある。材料の不足と汚染の蓄積の両方によって、人々が作ることができるものの数の上限が決まってくる。先ほど挙げた商品の所有が福祉にとって重要ならば、私たちの生産能力の限界が福祉を増やす可能性を制限しているという結論を導き出すことができるだろう。福祉の向上こそが発展の本質である以上、発展のプロセスを継続できる期間に制限があるのは当然のことだといえる。

この主張は正しいし、「ものを使い果たしてしまう」という考えは、実際のところ、多くの人々が持続可能性をどう理解しているのかを正確に言い表しているかもしれない。もっとも、経済学者は、自転車、オレンジジュース、携帯電話に使われる材料が使い果たされそうになった段階で、それらの製品が値上がりすると主張している。価格が上がるにつれて、人々は自分のお金を何か別のものに使うようになる。自転車、オレンジジュース、携帯電話を購入していた時と同じくらい、人々は幸せを感じたり満足したりするだろうか。私たちはまだこの質問に答える準備ができていない。しかし、人々が何かにお金を費やしている限り、経済は順調に回っていく。人々は職に就き、自転車やオレンジジュースや携帯電話以外のものを作るために必要な機械とスキルは蓄積し続けることができる。したがって、社会（つまり、生産者と消費者の両方）が資本を枯渇させない限り、製造業者が自転車、オレンジジュース、携帯電話を作るために必要なものが不足したとしても、必ずしも発展を脅かすわけではないとも言える。物の不足は私たちを異なる消費パターンへと至らせるにすぎない。このような主張をする経済学者は正しいのだろうか。それとも私たちをただ煙に巻いているだけなのだろうか。第4章の話題に戻って考えるならば、汚染や資源の枯渇は資本ストックにどう影響するのだろうか。このような質問に答えるには、経済学者が経済成長をどのように測定しているかを理解する必要がある。また、後ほど説明するように、自然資本のストックに対する懸念があるため、問題は何重にも複雑になるということを理解しておかなければならない。こうした複雑さに向き合うことをとおして、私たちはより洗練された答えへと行き着くことになる。

経済成長とは何か

経済成長とは、商品やサービスを生産する経済的な能力が増大することだ。より多くの財とサービスへのアクセスが福祉を向上させるというのが経済学における根本的な前提だが、福祉は直接測定できないため、経済学者は財とサービスの生産高を測定する。健康、幸福、満足、能力が増減するにつれて、特定の個人の福祉は向上したり低下したりするかもしれない。しかし、特定の瞬間の自分の福祉を数値で推定するとなると、それは困難を極める。すべての人の総福祉を見積もるとなれば、さらに難しいだろう（実際、個人の福祉を測定して社会福祉関数を導き出すことは数学的に不可能だ）。理論家は福祉の概念とその尺度について議論を続けているが、観察可能な量に着目した方がより実用的だ。誰かが自転車、紙パック入りのオレンジジュース、携帯電話を購入するためにお金を使うのは、満足感を生み出したり、生活の質（つまり福祉）を向上させたりするためだという議論を思い出してもらいたい。そうだとすれば、商品やサービスの購入は、福祉の指標として使用できることになるし、少なくともこの見方は強い影響力を持っている。しかし、これから説明するように、この議論にはかなり深刻な欠陥がある（いくつかのタイプの指標については第4章で論じたことを思い出してほしい）。

地域や国の経済は、ストックとフローの巨大なシステムだと考えることができる。このシステムは、農業、鉱業、製造、運輸、医療、エネルギー生産などのセクターを調べることで分析可能だ。各セクターの企業は、商品やサービスを生産し、消費者または他の企業（多くの場合、他のセクター）に販売している。自転車メーカーは自転車を販売するが、自転車を作るために他の会社から金属製品とエネルギーを購入する。自転車メーカーのバランスシートを見ると、自転車メーカーの経済的福祉（第2章の枠組みで言えば、自転車メーカーの持続可能性）がわかる。しかし、経済全体の「損益」を把握するには、すべての企業の取引を合計する必要がある。それは手間のかかることだが、各セクターの売買を把握することは不可能ではない。実際、経済学者は一九三〇年代から米国経済のためにそれを行ってきている。四半期ベースで国内総生産（ＧＤＰ）を推定する経済学者は、経済のすべてのセクターにわたる売買を合計している。経済成長とは、概念的には経済活動の拡大を指すが、通常は単純に四半期ごとのＧＤＰの増加という観点から測定される。ＧＤＰが下がると経済は縮小し、六か月以上継続的に縮小する場合には、それは不況と呼ばれる。経済学者は不況を診断するために失業や実質所得などの他のいくつかの指標の状況を調べるのだが、持続可能な発展について理解するためにこれらの詳細について知る必要はないだろう。

ＧＤＰや経済の拡大と縮小という考え方は、もともと資本ストックや福祉を生み出す能力を説明したり測定したりするために作り出されたものではない。それにもかかわらず、これらは手頃な代替尺度として使うことができる。そのため、経済学の専門的な概念として見た場合、経済発展はＧＤＰと密接に関連していると理解されている。ここで最も気をつけなければならないのは、ＧＤＰは個々の企業の活動サイクル（つまり景気循環）と連動して定期的に変動する可能性があるのに対して、経済発展は市民の生活の質の高い状態、すなわち高水準の福祉を生み出す社会全体の能力の長期的な拡大と蓄積を意味するということだ。発展の測定におけるＧＤＰの役割については、後ほど改めて検討する。

歴史的にみれば、国の経済（そして時には世界経済）は拡大と縮小のサイクルを経てはいるものの、全体的なパターンとしては社会福祉の総和は増加すると経済学者や社会理論家は想定してきた。収縮期はあるにせよ、発展は経済成長の着実な上昇傾向を反映しているというのだ。経済活動の縮小、すなわち不況が長期に及んだとしても、最終的には発展の長期的な上昇傾向によってそれが克服されるということが観測されている。経済学者は一九五〇年代までに、ヨーロッパや北米の先進工業国だけでなく、日本、オーストラリア、その他のいくつかの国々のＧＤＰの長期的な成長を観測した。しかし、この成長はどこでも発生したわけではない。経済の拡大がこのように不均一なかたちで起こったため、それに伴い富と生活の質にも格差が生じた。このことから、世界の中でも工業化が進んでいない地域の発展を刺激する理論的かつ実践的な取り組みがなされるようになった。このような地域には、第二次世界大戦後に独立を果たしたアフリカとアジアの旧ヨーロッパ植民地だけでなく、資源の採取と輸出に大きく依存していた国々も含まれていた。ブルントラント委員会（第1章で説明）はこの格差是正を中心課題として活動し、その中で持続可能な発展についてのあの有名な定義を作り上げたのだ。

富と貧困は福祉と経済成長にどう関係しているのか

富と貧困の定義と測定は、開発経済学（development economics）のトピックだ。開発経済学は、厚生経済学の一分野だ。厚生経済学には、福祉における変化の特性評価と測定の長く複雑な歴史があり、その歴史の中で生まれた一連の理論が、この章の後半で扱う持続可能な発展に関するいくつかの議論の背景をなしている。先の福祉についての説明をしっかり踏まえることで、この節の目的に合わせて、富と貧困を定義するさまざまなアプローチを単純化することができるだろう。富と貧困とは、個人の福祉の全般的な状態やある住民集団の総福祉のことを指す。貧困とは、富の不足、換言すると、福祉が倫理や社会的規範によって定められているレベルを下回るような状態を識別するための概念だ。貧困を示す指標の一つとして、食料、水、住居、衣類などの基本的な生活必需品の不足がある。極度の貧困、あるいは絶対的な貧困は、人々からこういった基本的な生活必需品が奪われたときに発生する。極度の貧困に関する現在の世界銀行の基準は、一日あたり一・九〇ドル（米ドル）未満の収入だ。

商品やサービスを購入する能力が高まると、個人の福祉も高まることは少し前に指摘した。また、ＧＤＰの成長（商品やサービスの購入が増加したときに生じる）が、特定の地域や国に住む個人の総福祉の向上の代替尺度として使われていることも説明した。しかしながら、この尺度は、富が地域内で均等に分配されておらず、したがって福祉も均等に分配されていないという事実を逐一反映するものではない。ブルントラント委員会は、グローバルな発展を評価するという課題を担っていた。工業地域（米国、カナダ、日本、オーストラリア、ヨーロッパ）の一人当たりの富は、アフリカ、南アメリカ、アジアの大部分の一人当たりの富よりもはるかに大きい（ただし、中国は一九八七年以降急速に成長している）。こうした不平等は、奴隷制、人種差別、植民地主義による搾取的な歴史に起因するため、社会的、道徳的な問題と結びついている。社会正義をテーマとする次の章で確認するが、不平等と搾取も持続可能性に直接関係する問題を引き起す。今後の議論で私たちが強調したいのは、汚染、資源枯渇、地球規模の発展の間にある関係をシステムアプローチに基づいて理解した場合、発展理論の基本的な仮定のいくつかは疑わしいものになるということだ。

グローバルな発展とは何か

グローバルな発展とは、当然のことながら、この章全体で論じられている諸々の考え方を世界的な規模に適用したものだ。しかし、これは見かけほど単純な話ではない。地球規模で問題を把握することは、持続可能な発展の素朴な理解からより洗練された理解へと移行するための手がかりとなる。歴史上の出発点は、第二次世界大戦の終わりに国際連合（ＵＮ）、世界銀行、国際通貨基金（ＩＭＦ）などの国際機関が設立されたことだ。その時点で世界の指導者たちは、先進国と工業化が進んでいないグローバル・サウス[4]の国々との間に極めて大きな不平等があることを問題視しはじめた。

どうしたら貧困率の高い地域の経済成長を刺激できるのか、どうしたらそうした地域の人々の福祉を改善できるのか、といった議論が、発展理論をかなりの程度方向づけた。また、社会主義経済（旧ソビエト連邦など）と西側諸国の間の緊張は、この議論に大きな影響を及ぼした。これは、冷戦時代（一九四七年から一九九一年）の米国と旧ソビエト連邦の対立が、開発途上国における地域内紛争や地域間紛争、あるいは、抵抗グループ内の紛争や抵抗グループ間の紛争といった形で現れることが多かったからだ。資本の成長と福祉の向上は、政府の介入や民間投資を通じて達成されるのだろうか。この議論の詳細はこの本の守備範囲を超えるものだが、発展のための代替アプローチが、社会主義、資本主義、地政学的な勢力図をめぐるより大きな社会政治的議論の影響を受けてきたということは覚えておく必要がある。

持続可能性を理解する上で注目したいのは、（社会主義的なものであれ資本主義的なものであれ）発展に関するどのような考え方においても、工業化が進んでいない国の経済が工業化された国に追いつくにつれて、工業化された世界とグローバル・サウスの間にある富のギャップが縮小していくと当初は想定されていたということだ。工業化が進んでいない地域の資本が低水準にとどまっている状況は、植民地主義の遺産であった。したがって、こうした富のギャップの問題は政治的にも道徳的にも問題であった。植民地化された場所の労働力と資源を利用することで裕福になった国々は、旧植民地の貧困に対して道徳的な責任があると見なされていたのだ。貿易関係と（おそらく開発援助の形での）外国投資については世界銀行、ＩＭＦ、そして最終的には世界貿易機関（ＷＴＯ）のようなグローバルな機関を通じて交渉する必要があったため、富のギャップを埋めることは政治的な問題であった。

工業化の進んでいない旧植民地の発展と経済の拡大は、政府のプログラムもしくは民間のイニシアチブのどちらによって達成されるかにかかわらず、こういった道徳的、政治的問題の解決策と見なされていた。しかし、この構想は、一方では石油やその他の鉱物、海洋漁業、肥沃な耕作地などの天然資源の枯渇、他方では大気や水への産業汚染の影響により表面化した発展の限界と衝突せざるを得ないものであった。一九七二年にストックホルムで開催された会議において、国連に関連した諸々のグローバルガバナンス機関は、発展の限界に対するいわゆる甘い認識について議論し始めた。

（GDPで測定された）経済活動と生活の質の両方において著しい不平等が存在するという状況があったわけだが、グローバルな規模で見た場合、この問題はさらに複雑な様相を呈することになった。米国などの高度に発展した経済により世界の資源の大半が消費され、世界の汚染の大半が排出されていた。こうした不平等を環境への影響という文脈で考えてみた場合、問題はさらに込み入ったものとなる。というのも、より多くの資源を消費し、より多くの汚染を排出するだけでは、貧困率の高い国は高度に発展した国に追いつくことができなくなったからだ。貧困率の高い国の資源消費と汚染の排出が増加すれば惑星の生態系は崩壊するほかないということが、この惑星の環境収容力を計算した結果、明らかになったのだ（現実には、気候変動を引き起こす汚染の影響が方程式に追加されたことで、暗い見通しがさらに暗くなっただけだった）。では、何がなされなければならなかったのか。

［4］　グローバル・サウスとは、主に南半球に位置するアフリカ、アジア、南米などの地域を総称したもの。特に経済的な南北格差を話題にする際に用いられることが多い。ただ、北半球にも経済的に不利な立場にある地域があることから、そうした地域も含めて、現代のグローバル経済において不利な立場に立たされている地域を指すために使われることもある。

ブルントラント委員会（正式には「環境と開発に関する世界委員会」もしくはＷＣＥＤ）は、このような状況における道徳的、経済的、政治的側面に対処するために一九八〇年代に召集された。そこでは厳しい選択が迫られた。貧しい国は経済の拡大と生活の質の改善を諦めるべきだという提案に、そのような国を擁護する人々は断固として反対した。先進工業国の経済活動を縮小するという道徳的な選択をすべきだと強く訴えた人もいたが、それはこれまでのところ政治的に受け入れられないものと見なされている。ブルントラント委員会はこの行き詰まりを踏まえ、持続可能な発展を「将来の世代が自らのニーズを満たす能力を損なうことなく、現在のニーズを満たす発展」と定義した。ＷＣＥＤが注目を集めたことで持続可能性という言葉が前面に押し出されることとなり、一九八七年に報告書「我ら共有の未来」が発表されたことで、このビジョンが実際に達成可能かどうかということについて理論を打ち立て議論を展開する新しい時代の幕開けとなった。

持続可能な発展はどうしたら地球規模で達成できるのか

この問いに対する答えは、これまで述べてきたすべてのことがらの細部に隠されている。そのいくつかは発展の一般理論、あるいは発展を測定する際のＧＤＰの使い方に潜んでいる。もしＧＤＰが信頼のおける指標ではない場合（第４章の指標の説明を参照）、それは私たちを福祉の向上へと導いていないことになるかもしれない。発展の専門家が信頼できない指標を追いかけているのだとしたら、世界は持続可能な発展をグローバルな規模で達成できなくなってしまう。ＧＤＰを使うことにはさらに深い意味があるのだが、それは資本の拡大を通じた経済成長を継続するための戦略をめぐる議論の一部となっている。持続可能な発展が地球規模で達成可能かどうかという問いに答えるには、予告しておいたように、何が発展を制限するのかについてもっと洗練された認識を得る必要がある。

成長の限界についての素朴な説明は、天然資源のストックの多くが有限であり、産業活動に関連する汚染（気候変動をもたらす排出を含む）の多くが人間の福祉に悪影響を及ぼしていることを指摘する点においては間違いではない。もっとも、発展には資本の増加が伴うため、それは資源を使い果たしたり汚染を排出したりするような商品の生産や消費が増加することと同じではない。限りある資源の消費と環境質の低下を止めなければならないとしても、少なくとも理論的には発展（すなわち福祉の成長。経済学者はこれを総経済活動の成長と等しいものとみなす）を続けることは可能だ。場合によっては、それは無限に続けることもできるかもしれない。一九九〇年代初頭にロバート・ソローは「持続可能性に向けたほぼ実用的なステップ」と題された影響力のある講演を行なったが、その背後にあったのはこのような考え方だ。

こうした議論の細部には悪魔が棲みついているため、私たちは資本の定義へと立ち返って考えてみる必要がある。生産プロセス全体を通じて持続する生産要素や投入物は、資本に分類することができる。私たちが挙げた例には、建設ないし建造された設備（工場と機械）だけでなく、自転車などを作るために必要なスキルと知識も含まれていた。工場や機械はそれ自体が有限の天然資源でできているため、その個別の形態において資本を継続的に拡大できるはずがないのは明らかだろう。したがって私たちは、知識やスキルといった他の非物質的な形態の資本へと目を転じることになる。限りある資源を枯渇させたり環境質の低下を生じさせたりしないような形態の資本ストックに依拠した経済成長へと移行していくことができれば、発展は持続可能かもしれない。このことは次の問いへとつながる。

資本の形態とは何か

生産プロセスで使用される工場、工具、機械は、製造資本にあたる。スキル、知識、能力もまた生産に貢献することについてはすでに説明したが、それは人的資本と呼ばれている。人々が賢くなるにつれて、生産プロセスで使用される他の要素を節約できるというのがここでの考え方だ。人的資本は特定の個人の経験、知恵、知識から構成されており、より広く見れば、社会全体に蓄積された知識と見なすことができる。どちらの場合でも、教育は人的資本の構築に重要な役割を果たしている。

第2章では経営のための社会的受容性について説明し、それをコミュニティ内の企業の評判と関連づけた。評判の良い会社は社会関係資本を持っていると言われる。スキルや知識よりも少し曖昧ではあるが、社会集団が備えている協力と協調行動の能力を生産に活かす力が社会関係資本の概念には含まれている。こうした力は、評判がもたらす信頼や善意から生じる場合もあるが、人々がより低いコストで生産活動に従事できるよう促す規範や伝統の形をとることもある。場合によっては、社会関係資本は、協力なしではまったく不可能な生産活動を可能にする。農村地域においては、一つの農家だけでは実現できない複雑な建設計画に隣人達が協力していた。納屋の棟上げと呼ばれる伝統は社会関係資本の一例だ。

金融資本とは、ビジネス活動をサポートする役割を果たすベースストックとして扱われるお金のことだ。ビジネススクールではこの資本が重視されるだろう。お金は、物資を購入し、賃金を支払い、収入を得るときに、企業に流入したり、そこから流出したりする。金融資本ストックは、これらの取引がすべて完了した後も一定のままであり（うまくいけばいくらか増加する）、その意味でそれは使い果たされることのない基本量だ。ベンチャーキャピタルは金融資本の一形態であり、投資家がさまざまな（多くの場合リスクの高い）企業に分散するベースマネーストックのことだ。すべての損益が集計された後、この基本ストックが（「使い果たされ」ずに）再生産され、投資家は利益を収入として受け取ることを期待する。しかし、このようなことはどれも、持続可能性にはあまり関係のない例だろう。これらの例は、有限の資源を使い果たしたり環境の悪化を引き起こしたりせずに、どうやって資本を増やせるかということを単に示しているにすぎない。持続可能な発展についての議論で中心となる資本形態は、自然資本だ。

自然資本とは何か

この問いに対する答えについては、しっかりとしたコンセンサスがあるわけではない。一般的には、自然が人間の福祉に貢献する多くのものを生み出すことだと考えられている。しかしそれは、天然資源、石油やガス、海の魚などの消耗品を供給することと同じではない。資源や消耗品が不足すると、そういったものの価格が上昇し、人々はその使用を控えたり別の資源や消耗品を使用したりすることになる。自然資本とは、人間が自然から奪うものそのものではなく、私たちにとって重要な財やサービスを生産する自然の能力のようなものだ。魚を生産する海の能力のほかにも、雨を降らせたり、空気と水をろ過したり、太陽放射への曝露を調整したり、その他多くの形で自然資本は私たちのためにさまざまな仕方で機能している。ミレニアム生態系評価では、自然資本が重要な商品やサービスを提供する四つのあり方、すなわち、商品やサービスの直接提供、自然プロセスの制御、文化的価値のサポート、自然システムの相互サポートが挙げられている（私たちは第4章で「生態系サービスとは何か」という問いにすでに答えている）。

資本に関する一般的な見解は、一九世紀の経済学者に由来している。自然のプロセスが生産性にも役立つという認識は当時の学者の間で当然のこととして前提されていたのだろう。しかしいずれにせよ、この認識が正式に経済発展の考え方に導入されるようになったのはようやく最近になってからのことだ。繰り返しになるが、自然資本という概念は、天然資源のストックや毎年採取される再生可能資源のストックよりも、むしろ福祉を生み出す自然の能力と結びついているという点を理解することが重要だ。生態経済学の理論は一九八〇年代に誕生したのだが、それは生態系サービスを生み出す能力が劣化したりダメージを受けたりして自然資本ストックが減少してしまうのではないかという問いに対応するためであった。このような問いについて研究したほとんどの理論家は、そうした可能性があることに同意する。しかし、このことが問題なのどうかについては、白熱した議論が繰り広げられている。その議論の一部となっているのが、世界のリーダーと経済発展の専門家は弱い持続可能性と強い持続可能性のどちらを追求しているのか、という問いだ。

弱い持続可能性と強い持続可能性とは何か

弱い持続可能性とは、自然資本の減少を他の形態の資本の増加で埋め合わせることができるという考え方だ。この場合、自然による福祉への貢献が減少している場合でも、持続可能な発展は続けられることになる。弱い持続可能性の支持者から見れば、さまざまな種類の資本はすべて相互に代替または交換可能だ。特に、福祉に貢献する財を生産する自然の能力が低下したりダメージを受けたりした場合には、経済発展によってもたらされる技術力、人間のスキル、金融資産の増加はそれを補って余りあるものになるとされている。したがって、総資本（および総福祉）は無限に増加（または成長）し続けることができるということになる。非常に単純な例として、一部の地域の沿岸湿地が堤防や防潮堤に置き換えられてきたことが挙げられる。堤防や防潮堤は沿岸洪水を防ぐのに役立つが、これは以前には湿地が行っていたことだ。

強い持続可能性とは、さまざまな形態の資本間の代替可能性が制限されているという見方だ。違う言い方をすると、ある種の自然資本は技術的能力の成長や他の形態の富の蓄積によって置き換えることはできないということになる。強い持続可能性は、経済学者がこれまで発展に貢献すると考えてきたいくつかのもの（大気や水を汚染する汚染物質を排出する生産工程など）が、実際には発展の助けにはならないと主張する。この見方によれば、自然の能力の喪失は福祉の不可逆的な減少につながる。そしてこのことは、現代の工業社会が資本を増やしてはおらず、むしろ実際には資本を失っていることを意味している。強い持続可能性の支持者は、沿岸湿地とその高潮緩衝能力の喪失には、種の生息地とレクリエーション空間の喪失も伴っているのだと主張する。これらはどれもすべて自然資本の一種だ。気候変動によるハリケーンのリスクの増加もまた、自然資本の減少を意味している。堤防が壊れてしまった場合には、沿岸湿地が提供していた生態系サービスを失ったことが大きな痛手となる。

それぞれの人の見解は、さまざまな度合いで弱い持続可能性や強い持続可能性と合致しうるということを指摘しておいた方がよいだろう。いくつかのサービスは置き換え可能だが、ゆくゆくはそうした置き換えの一部を止めなければならないと考える人もいるかもしれない。これは、生態経済学という分野の創設を後押しした経済学者の一人であるハーマン・デイリーが取った立場だ。あるいは、自然資本の中には必要ではないものもあるが、特定の形態の自然資本は本当に不可欠だと考える人もいるだろう。重要だが（おそらく）必ずしも必要ではない自然資本の一例は、レクリエーションや精神的な経験を提供することで福祉に貢献するような自然エリアかもしれない。こういったエリアの貢献は重要だが、将来の人々がそれなしでやっていく術を習得する可能性はある（もちろん、この主張にすべての人が同意するわけではないだろうが）。

さまざまなタイプの資本やそれらが経済発展において果たす役割についてあまり深く考えていない人もいるが、そうした人にとってでさえ、弱い持続可能性と強い持続可能性の間の隔たりは依然として重要な意味を持つ。人類は世界的な窮状から抜け出すための新しい方法を生み出すことができると考えている人々は、弱い持続可能性を受け入れると思われる。一方、自然システムへの影響を抑制するためには、これまでとはまったく異なる生活様式に移行する必要があると考える人は、強い持続可能性に賛同している。弱い持続可能性と強い持続可能性をめぐるすべての論争をここで解決するつもりはない。しかし、この論争においてどの立場を取るのかはさておき、持続可能な発展の進み具合に関して、ＧＤＰなどの指標がどのような情報を与えるのかについては検討する必要がある。そして、持続可能性の指標に関するトピックは、まったく別の議論へと進むことになる。ＧＤＰはよい指標なのか、という問いだ。この問いに対する回答は、さまざまな形態の資本の代替可能性についてどう考えるか、とりわけ技術力、人間のスキル、金融資産の増加が自然資本の代わりとなることについてどう考えるのかによって部分的には決定されることになる。

ＧＤＰは持続可能性の指標としてどこがまずいのか

厳密に言えば、ＧＤＰは経済活動の指標であり、元々そのために設計されたものだ。ＧＤＰは特定の期間に経済で生産されたすべての商品とサービスの金銭的価値を合計することによって計算され[1]、この計算により経済の各セクターが全体的な生産性にどれだけ貢献しているのかが推定できる。先に述べたように、経済の総生産性（すなわちＧＤ

P）が成長している限り、政策立案者は福祉が増加していると推定してきた。しかし、経済的生産性に貢献するもののなかには、福祉に貢献しているかどうか疑わしいものが数多く存在している。

商品やサービスの売買の増加が福祉の増加の表れだとする仮定には重大な欠陥がある、という以前の指摘を思い出してほしい。現代の産業経済で最も急速に成長しているセクターの一つ、医療への支出について考えてみよう。医療への支出は確かに健康の増大を反映している可能性があり、そうだとすればそれは福祉に貢献していることになるだろう。しかしその一方で、多くの人が病気になっていたり、より深刻な（そしてそれを治すのに費用がかかるような）病状になっていたりするために、いっそう多くの医療費を費やしているという可能性もある。そもそも、医療にお金を使う必要性を減らすことこそが、福祉を増やすことではないだろうか。

他にも例はある。飢餓や貧困（家庭であれ他の場所であれ）が社会不安につながっているために、社会が警察や防衛により多くのお金を費やす場合、これらの経済セクターによってGDPが増加するかもしれない。しかし、繰り返しになるが、こうしたかたちでのGDPの増加が本当にその社会の人々を幸せにしたのかは疑わしい。そもそも警察や防衛に使うことになった支出は、社会不安を予防するために使うことができたかもしれないと考えることができる。同様に、沿岸地域がハリケーンに見舞われた場合には、家、企業、インフラストラクチャーの修理や再建に必要なあらゆるものを購入することになるため、GDPが押し上げられる。しかしGDPのその増加は、当該の沿岸地域の住民がよりよい状態になったことを示しているだろうか。

端的に言えば、GDPがそもそも福祉の度合いを測る上で適切な指標かどうかについては、活発な議論が続いている。もしGDPがそのための適切な指標でないのだとしたら、GDPの継続的な成長という観点で持続可能な発展を測定するのは、おそらくあまりよいアプローチとは言えない。それだけでなく、資本に何を算入し何を算入しないのかという点を考えても、GDPによって持続可能な発展を測定するのは得策ではなさそうだ。経済学者は、GDPを計算する際にいくつかの種類の資本への投資は計算に含める。企業が新しい工場や設備を購入すれば、製造資本への投資になる。それはGDPにカウントされるケースだ。慎重に検討すれば、教育への支出も人的資本への投資になると主張する人もいるかもしれない。GDPは貯蓄を測定するが、それは金融資本になる。しかし、社会関係資本への投資と自然資本への投資という二つの重要な投資はカウントされない。もし私たちのこれまでの議論が正しく、環境（第4章）と社会正義（第6章）が持続可能な発展にとって重要だとするならば、GDPは大切なものを除外してしまっていることになる。しかし、弱い持続可能性で十分満足している人にとっては、これは問題ではないだろう。というのも、彼らは、資本ストックは代替可能だと考えているからだ。人々が何がしかの資本に投資してさえいれば大丈夫というわけだ。

すでに述べたように、やはり悪魔は細部に潜んでいる。強い持続可能性の支持者は、特に自然資本への投資について心配している。自然資本はGDPに含まれる場合と含まれない場合がある。正確に言えば、強い持続可能性を支持する人は、自然資本の喪失、こう言ってよければ、自然資本の減価償却や自然資本に対する投資の中止を懸念しているのだ。沿岸湿地の喪失やそういったものが提供する生態系サービスは、GDPの計算には含まれていない（しかしハリケーンから復旧するための支出は含まれている）。公平を期すために言えば、GDPはどんなものであれ資本の減価償却は考慮していない。経済学者は、GDPから建物や機械などの製造資本の減価償却費を差し引いた結果である国内純生産（NDP）も計算する。しかし、人的資本の減価償却はどう算入するのか。加えて、社会関係資本と自然資本が算入されていなければ、そもそもNDPは役に立たない。当然のことながら、強い持続可能性の支持者は、GDPを持続可能な発展の指標とすることには批判的だ。

最後に、手短にではあるが、不平等の問題に戻っておきたい。ＧＤＰの国際比較においては人口規模などを考慮する必要があるのだが、これは非常に小さな国では大きな国ほど多くの経済活動を実施できない（または必要としない）ためだ。このことは一般的に一人当たりＧＤＰを計算することによって説明される。ただし、ＧＤＰや一人当たりＧＤＰでは特定の人口内の富（福祉）の分布については何もわからないことから、一人当たりＧＤＰを計算することでＧＤＰの利用の仕方を改善しようとする取り組みでさえ批判にさらされている。米国で起きた二〇〇八年から二〇〇九年の大不況の後、所得の不平等を批判する人々は、米国の富の多くが人口の上位一パーセントに集中している事実を示すため、その人たちに「上位一パーセントの人」というレッテル貼りをした。ブルッキングズ研究所は、二〇一六年（二〇一九年のレポートに使用されたデータ）に、米国の所得分布の上位一％が国の資産の二九％を保有し、上位二〇％が国の資産の七七％を保有していたと報告した。世界の多くの国においては、富の不平等はさらに極端になっている。ＧＤＰの成長、あるいは一人当たりＧＤＰの成長でさえ、そのような分布の不均衡を覆い隠してしまうのだとすれば、グローバル社会の持続可能な発展の最前線で進歩があるなどと、これらの指標から確信できる人などいるだろうか。

　こうしたことは、実のところ、持続可能性自体に不可欠な議論ではなく、むしろ発展理論の枠内で議論されるべきことだ。ＧＤＰの計算方法を考案した経済学者のサイモン・クズネッツは、ＧＤＰを生活水準の尺度と見なすべきではないと最初から警告していたが、それはすぐにそのために利用されるようになってしまった。持続可能な発展を巡る議論は、クズネッツが仕事をした一九三〇年代にすでになされていたＧＤＰに対する批判を再び蘇らせたことになる。こうした批判に応えるべく、持続可能な発展を研究している理論家の中には、社会福祉の増減を測定するための代替方法を考え出す人が出てきた。そうした方法の一つが、真の進歩指標（Genuine Progress Indicator）だ。

真の進歩指標とは何か

真の進歩指標（ＧＰＩ）は、経済活動を測定するという点ではＧＤＰに似ている。しかしＧＰＩは、商品やサービスの生産だけでなく、幸福や幸福に寄与すると推定される他の多くの変数を評価することを意図して作られている。たとえば、所得の不平等が大きくなると社会福祉が低下するという仮定を反映して、所得の不平等が大きくなるにつれて数値を下方修正することにより、経済活動の標準的な計算に修正を加える。ボランティア活動の価値など、ＧＰＩはＧＤＰに反映されていない福祉への貢献を算入する。そして汚染、自然資本の喪失、犯罪など、幸福を低下させると言われているすべてのものについては数値を下方修正する。汚染の浄化、自然資本の枯渇、犯罪との戦いやそこからの回復にはすべて支出が伴い、それがＧＤＰを増加させるということを思い出してほしい。

ＧＰＩ（またはＧＰＩのバリエーション）は、米国のいくつかの州と世界中の多くの国で計算されている。メリーランド州とバーモント州、カナダおよび一部のＥＵ諸国は、予算編成やその他の立法上の決定においてこういった計算を考慮に入れている。また、ＧＰＩを計算したすべての地域では、ある奇妙な事実が明らかになった。特定の期間におけるＧＤＰとＧＰＩの変化を比較すると、ＧＤＰが力強く成長している期間中、ＧＰＩは停滞もしくは低下していたことがわかったのだ。このことは、経済成長をとおして改善される生活の質の程度をＧＤＰが高く見積りすぎている証拠だと言われている。

ＧＰＩや同様の指標を批判する人がいないわけではない。よくある批判的議論の一つは、次のようなものだ。生産された商品とサービスの価値を合計することは簡単だし一貫性もある。たとえば生産された自転車の金銭的価値はＧ

ＤＰに容易に追加することができるが、それは個々の製品に違いはあるにせよ、自転車と自転車に費やされたお金は疑いを差し挟む余地のないものだからだ。ＧＰＩに含まれるいくつかの要素については同様のことが当てはまらない。例えば、ボランティア活動の一時間ごとの価値は同じではない場合がある。人々はあらゆる種類のボランティア活動を行っているため、そうした人々が社会福祉に対して平等に貢献していない可能性がある。同じく、失われた湿地と大気汚染のコストを把握して、それらの測定値を単一の指標に組み込むことを可能にするような通約可能な方法などあるだろうか。また社会のメンバーは、何が重要だとか何が社会福祉を増減させるのかについて、非常に異なる見解を持っていることがある。そうした多様性のある社会で幸福を正しく測定できるような指標があるということ自体を疑問視する議論もある。ＧＰＩに含まれる項目のうちのいくつかは明らかに測定が困難ではある。しかしＧＰＩの使用を支持する人々は、公共の福祉をより明確に算定する努力をすることこそが、社会全体の利益になると考えている。

持続可能な発展は持続可能性と完全に同じものなのか

私たちはそうは考えていない。持続可能な発展について最もよく引用される定義（将来世代のニーズを満たす能力を損なうことなく現在世代のニーズを満たす）は、発展とは何か、そしてそれがなぜグローバルな文脈で重要なのかということを、かなり焦点を絞って理解することから生まれた。これが本章の議論において私たちが強調してきたことだ。持続可能性は不可解で明確に定義するのが難しいと感じてしまうことがあるが、そうなる理由の一つは、この点についてきちんと整理しないで考えを進めてしまうことにあると言ってよいだろう（多くの場合、発展という概念や、ブルントラント委員会が開かれることになった歴史的経緯について十分理解していないがために、そうしたことが起きてしまう）。発展のある特定の方向性が持続可能かどうかを問うことには意味があるし、資本自体が無限に成長できるかという問題を考えることは、少なくとも理論的には興味深いことだ。

「ニーズを満たす」という定義が、他の多くの人間活動に有意義なかたちで適用できることも事実だ。持続可能な農業は、「将来世代のニーズを満たす能力を損なうことなく現在世代のニーズを満たしている」と言う人はいるだろうし、建築、都市インフラ、交通システムについても同様のことを言う人がいるかもしれない。しかしこの格言が生態系や第4章で説明した他の多くの環境財に関して何か言っているのかと言えば、それははっきりしない。また、持続可能なビジネスが、将来世代のニーズを満たす能力を損なうことなく今の世代のニーズを満たすようなものなのかどうかもはっきりしない。多くの場合において、ビジネスはニーズを満たすことよりも欲求を満たすことの方に大きな関心を払っている。

こうした複雑な問題群にＧＤＰへの懸念が加わると、議論はさらに錯綜する。おそらく根本的な問題は、社会福祉の総ストックの増加を、人々が持続可能性の追求を通じて達成しようとしている目標とみなすことができるのかということだ。これまで見てきたように、一部の人々の福祉が低下しても総福祉は増加する可能性がある。総福祉が向上しても、社会の一部のグループの福祉が絶えず悪化しているとしたらどうだろうか。それは人々が本当に持続したいものだろうか。第1章での議論を思い出してほしい。無限に続くように見えるものであれば何でも、持続可能性についての広範な議論に根ざした社会的目標に含まれるというわけではないのだ。

さらには、動物の利益を考慮に入れたり、自分たちを地球の世話人と考えたりするような道徳的責任を人類が持つ可能性を追加することができるだろう。いくつかの宗教的、文化的伝統では、今の世代の健康、富、幸福を高めることよりも、自然や文化のシステムを維持し継続することの方がはるかに大切にされている。社会的慣行や伝統の継続的な再生産、生物多様性の保全、地域や惑星の生態系の統合性に注目して持続可能性を理解するのであれば、人間の福祉が持続可能性の追求している究極の目的だという想定は成り立たなくなるだろう。

改めて言うと、私たちはこのような論争を解決しようとは考えていない。とはいえ、そこで何が問題になっているのかに関しては、持続可能性についてみんなが知っておくべきことの一部だと考えている。進歩的で継続的な発展こそが持続可能性なのだ、とすべての人が思っているわけではない。持続可能性が持続可能な発展を意味すると単純に仮定することは、より持続可能な社会の実現に向けた対話を阻害する障壁となってしまうといえる。

第6章　持続可能性と社会正義

正義とは何か

正義（justice）を定義する最良の方法は、正義の概念が果たしている諸々の機能を挙げること、つまり、明確な区別はあるが互いに重なり合ってもいるその複数の機能を挙げることだ。法執行機関、裁判所、刑務所は、刑事司法（criminal justice）をつかさどるのだが、要するに法律に違反した者の逮捕、裁判および処罰のためのシステムのことだ。正義という言葉は、このシステムの名前であると同時に、刑事司法システムが正常に機能しているかどうかを判断する規範のことも意味している。犯罪で告発された人は公正に（justly）扱われなければならない。被告人が公正に裁判にかけられ、有罪判決を受け、裁判所から下された判決に服するとき、人々は正義が行われたと言う。ここでは、犯罪者（不正（injustice）を犯した人）の行為、警察と裁判所（容疑者の処遇について正義の規範を遵守しなければならない）、そして結果（正義はこのシステムが正常に機能する場合に果たされる）に正義の概念が組み込まれている。正義の概念が複数の役割を果たしていることを、私たちはすでに知っている。正義に関する論争や哲学的な議論が有史時代の最初期にまでさかのぼると言っても、驚く読者はいないだろう。

警察、裁判官、刑罰制度が法律に忠実な場合でも、法律自体が正しいかどうかを問題にすることができる。マーティン・ルーサー・キング・ジュニアは、「バーミンガム刑務所からの手紙」の中で、聖トマス・アクィナスの「不当な（unjust）法律は法律ではない」という言葉を引用している。キングは人種分離を義務づける法律に違反したために投獄された。彼は正義に訴えることで、法を超えた道徳的基準に従ってアメリカ南部のジム・クロウ法[1]のシステムを吟味するよう読者に呼びかけたのだ。言い換えれば、刑事司法のシステム自体も、それはそれで何らかの倫理的基準に照らして吟味されるべき対象なのだ。手紙の中で、キングはアメリカ人の正義感に呼びかけていたことになる。後に彼はこう言った。「私には夢がある。それは、いつの日かこの国が立ち上がり、『すべての人間は生まれながらにして平等だということを自明の真理とみなす』というこの国の信条を、真の意味で実現させるという夢である」。法の下の平等は、米国の建国文書において正義の原則として明確に述べられており、彼はこの原則と現実の間の矛盾を指摘したのだ。

正義の考え方は、もっと日常的な問題にも適用される。民法や刑法に違反しない行為であっても、正義というレンズを通して評価される。日常のやりとりにおける礼儀正しさの規範には、議論の際にはすべての人に話す機会があるようにしたり、サービスを受けるために列に並んだりすることが含まれる。そのような規範に一度くらい違反したからといって、それは不正義とは見なされないかもしれないが、ある社会的慣行が構造的に特定のグループを支援したり別のグループを差別したりする場合、こうしたやりとりにおける行動様式については刑事司法制度で行われる判断と同様に吟味の対象となる。ここで言いたいのは、正義と持続可能性を結びつけることがありふれた問題だということではない。私たちはこれから社会正義と持続可能性について検討していくわけだが、その際には正義の概念が普段の身近な文脈においてどんなかたちで現れるのかということに依拠して話を進めていくことを明確にしておきたい。

要するに、この章では、「事実上そうなっていること」と「決してそうあるべきではないこと」の間にある緊張関係について取り上げることになる。

社会正義とは何か

社会正義は、市民社会で共に暮らす人々がお互いにどのような義務を負っているかをはっきりと示す理念や目標のことだ。社会正義という理念は、特定の社会制度の具体的なあり方や機能上の欠陥を浮き彫りにする。社会正義の基準は人類の歴史の中で変化してきた。法律、政治、哲学の文献は、代替となる行動指針やある特定の社会における社会正義の基準の細部をめぐる論争であふれている。社会正義の具体的な規範については本質的ではない議論も続いてはいるが、それでも、そうした文献には核となるテーマがあり、社会正義を構成する最も基本的な要素に関しても、現代ではそれなりにしっかりとしたコンセンサスがある。

この本を始めから順番に読んできている人には思い出してほしいのだが、第5章の持続可能な発展の議論を締めくくる際に、私たちは「現在世代のニーズを満たし、将来世代が自らのニーズを満たすことを可能にするような発展」というブルントラント委員会の有名な定義の背後にある社会倫理に注目した。現在世代と将来世代の間の公平性に訴えるこの定義には、社会正義に特有の考え方が含まれている。この考え方は、欲求や好みや欲望よりもニーズを強調している。ちなみに、ニーズ、欲求、好み、欲望といったテーマは、持続可能性の研究において正義が問題となる際

［1］　ジム・クロウ法とは、一八七〇年代から一九六〇年代までの間に、米国南部地域で制定・運用されていた人種隔離のための法体系のこと。

には、多くの（すべてではない）場合に共通して見られるものだ。

　ブルントラント委員会の社会正義への取り組みは、報復の正義と分配の正義の区別を前提としており、将来世代への責任については分配の正義という概念の下で定義されている。報復の正義は、道徳違反または法律違反に応じて課せられる罰則または刑罰に関わるものだが、分配の正義は、財や機会を社会の一部や全体に分配するやり方に関係している。ブルントラント委員会は、現在のニーズを満たし、将来世代が自らのニーズを満たすことを可能にするような発展を強調することで、持続可能性を地球資源の公平な分配を達成することとして解釈した。現在世代がすべてを手に入れることは許されないが、同時に、将来世代のために過度に多くのものを残そうとすると、現在を生きる人々に不当な負担をかける可能性がある。第5章を思い出してほしいのだが、グローバルな発展の目標は、ヨーロッパや北アメリカの工業化された国々と、アフリカ、ラテンアメリカ、アジアの一部の旧植民地国の経済格差を是正することだった。産業が発展する初期段階で負担を生み出した国々は、当時でさえ不当だった世界の富の配分を固定化してしまったがために、分配の問題はいっそう大きくなってしまった。

　一般的に、豊かな生活をする可能性はすべての人に開かれているべきであり、ゲームやスポーツですべてのプレーヤーが同じスタートラインから始めるのと同じように、社会のすべての人には、成功する可能性が平等にあるということが前提とされている。しかし、ゲームやスポーツの場合がそうであるように、ある種の不平等については不公平な優位を生み出すものとは考えられていない。他の人が利用できない優位性を享受している人やグループは、そうした状況に先立って苦労をしていたり、はたらいていたり、練習していたりして、そうした優位を獲得したのかもしれない。あるいは、そうした人は、与えられたチャンスを活かす独自の才能や能力を持っているのかもしれない。優位な状態が問題視されるのは、概してそれが社会的規則、政策、制度に内在する不平等やえこ贔屓に由来する場合だ。

特定のグループだけに構造的もしくは恣意的な不利益をもたらす政策や社会的慣行は、分配の不正義の典型例だといえる。一方、具体的に何が分配の正義の問題になるのかについては激しい論争がなされている。

恵まれた人やグループは、自らの人生をより良くするチャンスを得ているわけだが、そういった人が受け継いだ特権は、もしかしたらその人の先祖が盗難や搾取、道徳的に不正な行為によって得た場合もあるだろう。こうした不正を犯した世代は、もし彼らがいま生きていたとしたら、罰金を課せられたり、懲役に処せられたりするはずだ。このことは、こうした不正を犯した世代が報復の正義の要件に違反したことを意味するのだが、彼らがもはや存在しておらず、罰を受けることもないのだとしたら、そのような状況をどのように理解したらよいのだろうか。犯罪を犯した者が罰せられず、被害者には補償がなされてこなかったがために、自分たちは現在このような窮状を強いられているのだと、過去に暴力や窃盗の被害を受けた人の子孫が考えたとしてもおかしくはない。ブルントラント委員会のアプローチは、南北格差の問題を分配の正義の問題として解釈しているわけだが、植民地主義、奴隷貿易、ヨーロッパの征服が南北格差を生み出す原因となったことを考慮するならば、その問題を報復の正義の不履行と見なすことも可能だ。正義の問題についての報復的な見方と分配的な見方との間にあるこの緊張関係は、持続可能性の意味をさらに込み入ったものにする。

社会正義は政治とどんな関係があるのか

この問いへの答えは、政治というものをどう理解するかで変わってくる。ある定義によると、政治とは人間の集団が共同体意識を形成するために行う活動のことだ。政治は人々の間の共同的もしくは集合的な活動を可能にするのであり、別の言い方をすれば、「私」ではなく「私たち」として行動する能力をもたらす。そしてその際、共同的な行動は人々を一つの共通の運命に縛りつける。コミュニティや共通の運命に関するこうした考え方は、コミュニティのメンバーが個人的な目標や私的財を追求するために活動したり行動したりする領域とは別の領域、すなわち公共圏の境界を定めるものだ。そして、社会正義のあり方を具体化することが、この意味での政治の中心的な役割となる。社会正義は、人々が公共圏でお互いに対して果たすべき義務を規定し、私的領域への侵入を制限する。この私的領域においては、政治的コミュニティの他のメンバーに対する義務によって個人が制約されることはない。

政治という言葉が、特定の個人やグループによる、他者に向けた権力の追求を意味する場合もある。その場合、政治的コミュニティがこのような権力の追求を制限するための原則とみなしているものが社会正義だ。私たちは社会正義を一つの理念と呼ぶことがあるが、そうしたときに私たちの念頭にあるのは、政治的共同体を形成する相互作用がどのように行われるべきかということを表現ないし概念化したもののことだ。実際の活動がここで言われる基準を満たしていない場合には、どんな場合であれ、不正が発生していることになる。しかし、現代のほとんどのコミュニティにおいては、社会の人々がそうあるべきだと考えていることと社会正義とが必ずしも一致するわけではない。また、個人の行為や公共圏外で活動する集団（家族など）に適用される規範や基準もある。こうした規範や基準は、社会正義という名の下で言及されるよりも、倫理的もしくは道徳的な規範や基準として引き合いに出されるのが一般的だ。したがって、本書でもその慣例に従うことにする。

社会正義には、報復の正義と分配の正義以外にも、他の副次的な形態がある。認識の正義は、文化的、民族的、ジェンダー、宗教的アイデンティティに関して多様な形態を認める必要性を注意喚起する副次的なカテゴリーだ。ほとんどの場合において、正義はすべての人を平等に扱うことを要求するが、その一方で、グループやジェンダーの特性に即したニーズについては便宜をはかる必要がある。平等な待遇を目標にしているからといって、社会の中の少数派が社会的結束と尊厳を維持しようとするあり方（例えば、一部の宗教コミュニティは、食事制限を実施したり特定の種類の衣服を義務づけたりする）に干渉することが正当化されるとは限らない。人の服装を規制するポリシー（例えば公立学校における制服の要求）は、広い意味では正義を促進するかもしれないが、そのせいで少数派が固有のアイデンティティを維持する能力は損なわれてしまう。参加の正義は、社会正義に属するもう一つの副次的なカテゴリーだ。正義は、財や経済的機会、文化的機会へのアクセスに関するものだけではなく、人々が自らの将来、文化、生活の質に大きな影響を与える意思決定に参加する機会も要求する。

近年では社会正義の問題への関心が急激に高まっているのだが、それは持続可能性に関係する深刻な実情を反映している。そもそもの始まりは、環境汚染に不平等にさらされた人々が被った健康格差に立ち向かう運動だった。工業生産および廃棄物処理が行われる用地は、貧困に苦しむ人々が住む地域の近くにあることが多い。環境によってもたらされるこうした健康リスクは、環境正義の問題となる。環境正義という考え方は広がりをみせており、正義に根ざした数々の概念を生み出すまでになっている。こうした概念は持続可能性というテーマで扱うにふさわしいトピックだ。

環境正義とは何か

環境正義という用語は、環境質に対する人間の影響に起因ないし関連する広範な社会問題を包含する言葉だ。汚染への曝露や資源の枯渇によるリスクが存在する一方で、社会において疎外されている集団の人々は、このようなリスクへの曝露を防止したり制御したりできない脆弱な状態にある。環境正義は、この両方の事実を結びつける概念だ。あらゆる社会階級の個人が、有毒物質や汚染された水や空気にさらされており、誰もが天然資源の枯渇の影響を受けている。しかし、貧しさや特定の人種であることが理由となり、誰かが汚染や資源の枯渇の影響にさらされたり危害を被ったりする場合には、それは環境正義の観点から見て問題となる。

狭義には、環境正義とは、裁判所を含む政府機関の方針と活動を指す。ビル・クリントン大統領の大統領令に応えて、米国の規制当局は環境法を公正に司るという命令の下で活動している。このことは、環境汚染や資源枯渇の影響から人々を保護する際に、白人や裕福なアメリカ人など恵まれた集団を優遇すべきではなく、また残留リスクが主に少数民族のような不利な立場にある集団に降りかからないようにすべきだということを意味する。さらに、環境汚染による怪我や公衆衛生への影響が差別的な意思決定によって生じる場合には、損害を回復するために差別禁止の法令を発動することも可能となる。このような環境正義の規定は、一般の人を保護する通常の環境規制を超えて機能する。

広義での環境正義には、一九七〇年以前の公共政策や社会運動ではあまり注目されていなかったさまざまな懸念が含まれている。例えば、職場における危険や食料へのアクセスや環境リスクの分布パターンが、雇用や教育の機会、住居、政府サービスへのアクセスといった、より身近な分野で不当に不利な扱いを受けている虐げられた人々の分布パターンと重なっていることに対する懸念がそれにあたる。米国における環境正義のための社会運動は、ノースカロライナ州アフトンで始まった。一九八二年、貧しい田舎に住む黒人の居住者が、建設予定の有害廃棄物施設に対して抗議運動を組織したのが最初だ。環境正義の問題が大きな注目を集めるようになるにつれ、そうした動きは持続可能性を向上させるための取り組みと結びつくようになってきている。

環境正義は持続可能性とどんな関係があるのか

環境正義の問題があると、危険な施設を許可したり建設したりすることは困難になる。有毒物質を大気や水に放出する精製施設や工場は、人種的、民族的なマイノリティが住む地域に建設されていることが多い。このような施設の経営者は、地価の低い地域に工場や廃棄物処分場を置くことで、コストを削減しようとしているのだろう。貧しい地域は必然的に地価が安くなる。立地の決定はまた、事業者側の戦略的思考を反映している場合もあるかもしれない。疎外された集団は、認可のプロセスに影響を与える能力が限られている。そのため、危険な施設を建設するための承認が容易になり、経営者が法廷で異議申し立てを受ける可能性が低くなる。実にひどい事例ではあるが、黒人が多く居住する地域の近くに危険施設の設置が提案された場合には、諸々の規制を危険施設設置を許可するものと解釈する一方で、裕福な白人がリスクを負いそうな場合には、建設に関する他の条件がほとんど同じであっても建設を控えるという判断を公務員が行ってきたこともあった。

持続可能性についてブルントラント委員会のアプローチをとる場合に問題となるのが、環境リスクと健康への影響が不公平に分配されてしまうということだ。ある集団の人々が他の集団の人々よりも汚染や資源の枯渇による病気や怪我を多く被ることはあるだろうが、そうなる要因が人種や財産の有無であってはならない。報復の正義の観点から見ると、今日の人種的マイノリティは、女性と同様に、過去に受けた権利侵害のために、より大きな害悪を被っていることがわかる。その場合、現在の権利侵害や不利益は、はるか昔に発生した不正を固定化するシステムの産物だと理解される。現在における分配の不平等は、報復の正義の最も基本的な規範、つまり、すべての人の安全を保護するとともに、他人の財産を侵害する人や脅迫したり暴力行為を行ったりする人を罰するという規範を遵守しなかった過去の失敗の結果と見ることができる。

食の正義は持続可能性とどのように関連しているのか

食の正義は、環境正義の特殊分野の一つであり、食品の生産、流通、消費に関係している。十分な食料を入手することができるかどうか不確実な状況に陥ったり、食料が入手できなくなったりした人は、食料不安の状態にあると言われる。食料へのアクセスに不安が生じる最大の原因は、貧困と収入の減少だ。それゆえ、食料安全保障は分配の正義の問題だと言える。人種的、民族的マイノリティは突出して貧しい状態にあるため、食料不安も人種ごとに偏っている。さらに、家族や民族グループ内にジェンダーバイアスがある場合には、女性に対する食料安全保障が欠如して格差が生じる可能性がある。[2] 食料安全保障は、入手可能な食品の栄養価にも関係する場合がある。慈善団体は多くの貧しい地域でフードパントリーを運営しているが、こうした団体は、栄養価の高い新鮮な果物や野菜の代わりに、不健康なスナック菓子や加工食品の寄付を受け取ることがよくあるようだ。[3]

米国では、黒人、アメリカ先住民、ラティーノの住民は、白人の住民よりも糖尿病と心臓病の発生率が高くなっている。食生活に関連する疾患の割合が偏っているという事実が具体的に何に由来しているのかについては意見の相違があるものの、このことは食の正義の問題となる。ある分析では、貧困がこの問題の原因とされている。食料品チェーンは、貧しい地域に出店しても利益率が低いため、そのような地域から撤退することが多い。貧しい地域に住んでいる住民は、食料を購入するためにかなりの距離を移動するか（多くの場合、時間とお金の両方でかなりのコストがかかる)、毎日の食事の多くをコンビニエンスストアやファーストフード店が提供する健康的とは言いがたい食品に頼らざるを得ない状況に置かれる。多くの都市部の特定の地域では、健康的で手頃な価格の食品を入手できない状況にあることから、一部のアナリストや活動家はこうした地域を「食の砂漠」と表現している(ただし、こうした地域に住む人々や実際の砂漠に住んでいる人々はこの表現に反対している)。さらに、食料へのアクセスは都市特有の問題というわけではない。多くの地域において、農村部の貧困層は、さまざまな食品を扱っている小売店にたどり着くために長距離の移動を余儀なくされている。

食生活関連疾患の割合に偏りがあるという事実について、報復の正義の観点から説明する論者は、植民者が被植民者を抑圧し、それぞれの民族の伝統食を受け継ぐ能力を妨げたことを強調する。こうした行為は、物質的な過程と文化的な過程の両方を通じて影響をもたらした。南北戦争以前に米国南部で奴隷にされたアフリカ人は、プランテーションシステムで残ったものを食べざるを得なかった。アフリカであれば食べることができたはずのキビや野菜を調理した食事へのアクセスを失ってしまったのだ。アメリカ先住民の部族は、政府機関が居留地で供給した揚げパンなどの低品質の食品を食べざるを得なくなった。そして時間が経つにつれて、こうした不健康な揚げ物や砂糖漬けの食品が民族的アイデンティティと結びついてしまった。一部の活動家の見解によると、このような類の「民族食」が、歴史的に疎外されてきた集団が自身への抑圧に加担する手段として今では機能してしまっているのだという。

またいくつかのケースでは、遺伝子の解析がこの議論を支持している。アメリカ合衆国南西部のピマ族は、世界で

［2］　パントリーは食品を蓄える貯蔵庫のことで、フードパントリーは経済的事情等により十分な食料を入手できない人に食品等を無料で提供する支援活動を意味する。

［3］　ラティーノとはラテンアメリカやカリブ海地域のスペイン語圏に出自を持つ人々のこと。

最も高い糖尿病率を示しており、それに苦しめられている。研究によれば、この部族には糖尿病の遺伝的素因があることがわかっている。ピマ族はかつて、血糖指数が非常に低い品種であるテパリービーンを栽培していたのだが、二〇世紀のほとんどの期間、この豆を育てられない状況下に置かれた。そしてその間、料理をする際にはこの豆の代わりに市販されている品種の豆と加工食品に依存し、食事のニーズの大部分をまかなっていたのだった。部族のメンバーは再びテパリービーンを栽培して、自分たちの伝統的な食事を取り戻す試みを始めている。そのおかげで、部族コミュニティ内の糖尿病の割合は劇的に減少しているという。

食の主権とは何か

食の主権とは、特定の文化を持つグループが自分たちの食を管理する能力のことで、多くの場合、それは食料システム全体を管理する能力を指す。当然このような管理は、農場や牧場、野生の植物、魚、狩猟肉の収穫を通じた一次生産から始まる。そして、この食料システムの管理は、加工と流通、調理と消費にまで及ぶ。一部の活動家は、ピマの事例に見られるような文化に根ざした食品へのアクセスの剝奪を、食の主権への侮辱と表現している。食料政策の議論においては、食の正義を定義しようとする際に、食料の安全保障やアクセスの問題のみを考慮しがちだ。そのような考え方に反対して、食の主権が主張されることがよくある。食の主権の擁護者は、単純に購入することによって食にアクセスできたり、さまざまな食料援助というかたちで食にアクセスできたりするだけでは不十分だと考えている。食の主権が食の正義の一部である以上、食の主権は、コミュニティがどこで、どのように、何で食事のニーズを満たすかを自分で決められることを要求する。

あるコミュニティやグループが生態系へのアクセスやそれを制御する術を失ったとしよう。結果として、その生態系によって生産されていた文化的、栄養的に重要な食料源を、そのコミュニティやグループが放棄せざるを得なくなった場合、食の主権の問題は環境正義の問題と直接結びつくことになる。北カリフォルニアのカルク族は、米国森林局が旧部族領を管理したせいで、サーモン漁で生活する能力が失われたと主張して抗議した。同様に、五大湖地域全体のアニシナベク族の集団は、白人が定住したことで、伝統的にマノーミン（ワイルドライス）を収穫してきた沼地に悪影響がもたらされたと非難の声をあげている。このような事例では、多くの場合において不正義が存在している。まず、資源を保護し維持するための能力が失われてしまった。加えて、部族コミュニティが食料生産活動を軸にして営んでいた健康的で生産的な生活は、コミュニティのつながりや知識システムに依拠していたのだが、それらを弱体化する働きかけがなされていたのだ。

米国の外に目を向けてみると、食の主権は、特にラテンアメリカを中心として世界中の小規模農業コミュニティの保護を目的とするグループの連合体であるビア・カンペシーナのスローガンになっている。このケースでは、小作農民と伝統的に彼らの作物を食べてきた村の住民との関係を維持したいという思いが食の主権に反映されている。より高い効率を追求して農場を統合しようとしたり、世界の商品市場で販売するためにより価値の高い商品作物（コーヒー、大豆、砂糖など）を栽培するよう農家に強要したりすることは、食の主権に反する。そのような変化を通して、農民と地域社会の人々の間にある社会的、経済的な結びつきが弱められると活動家は主張している。またそれだけでなく、工業化された世界において抑圧されたグループに顕著に見られる経済的、栄養的危害のリスクに、農民も地域住民もさらされることになってしまうのだとも述べている。

どうして気候正義が持続可能性の問題になるのか

食の正義と同様に、気候正義は社会正義に属する特定分野の問題を指すのだが、気候正義の方はグローバルな変化のプロセスに関連している。地球規模の気候変動の根底にあるエネルギーと温室効果ガスのストック、フロー、フィードバックは、すでに高緯度地帯で深刻な温暖化効果をもたらしている。こうした変化は、北極圏やその付近に住む人々の文化と生活様式に影響を与えている。サーミ人の暮らし方は多様化しているものの、依然としてトナカイを中心にして営まれている。スカンジナビア北部の降水が雪から雨に移行するにつれて、凍結により牧草地が一面の氷で覆われるようになってしまった。その結果、放牧が妨げられ、サーミ人の牧畜は危機に瀕している。他の場所では、海面上昇が自給自足の生産活動を妨害する恐れがあり、極端な場合には人口密集地域を完全に居住不可能にする可能性もある。マーシャル諸島はその代表例だ。アナリストは、土着のマーシャル人が住んでいる地域の多くは、現在世代が生きている間に水中に沈むと予測している。

このような気候変動の影響は他のグループよりも一部のグループに偏って大きな影響を与えるため、分配の正義の問題だといえる。多くの場合（すべてではない）、あるグループが気候変動による被害を受ける一方で、別のグループは気候変動の原因となるガスを排出することで恩恵を享受していたりする。被害を受けるグループは、産業排出から利益を得ることはなかった。その産業で作られる工業製品やエネルギーを直接利用することもなかったし、発展に伴う産業社会全体の富の増加によって報われることもなかった。誰もが何らかのかたちで気候変動の影響を被るだろうが、産業社会が位置する温帯に生きている私たちのほとんどは、化石燃料を燃やすことで経済成長の恩恵を受けている。このことは、あるグループが別のグループを犠牲にして利益を得ているわかりやすいケース、つまり分配の不正義の典型的なケースだ。

このような影響は、報復の正義の観点から見ても問題となる。なぜなら、最も深刻な影響を受ける人々は、気候変動の原因となる排出をしたわけではないからだ。彼らにその責任はない。この観点から見れば、気候変動によってもたらされる害は誰かが別の人にもたらしたものであり、そうした害をもたらした人は罰せられ、償いをする必要がある。排出が遠い過去になされた場合には、その排出をした人を法制度に基づいて罰することはできない。しかし報復の正義の見方に従うならば、気候変動による被害を受けた犠牲者は、過去の世代の不当な行動から最も大きな恩恵を受けた人々から補償を受け取る権利があることになるだろう。もちろん、このようなかたちで気候正義を理解することには異論も多いだろうが、報復的視点をとることによって、時間の経過の中で利益と害を生み出すだけでなく、それを繰り返すシステム的な相互作用が明らかになるということは覚えておく必要がある。

気候正義の問題の多くは複雑だ。今述べた不正義を解決すべきか、また解決すべきだとしたらどのように解決すべきかという問題でさえ、議論がなされている最中だ。温暖化や海面上昇によってすでに被害を受けている人々は、国際裁判所で救済を求める権利があるのか。彼らは温室効果ガスを排出する人々に、その排出を強制的にやめさせることができるのか。彼らは、受けた危害に対して損害賠償を請求する権利を持っているのか。彼らの生活様式を転換したり、変更を加えたりする際には、少なくとも裕福な工業国がそれを援助すべきだろうか。法的手続きがこれらの問いかけに応えるかどうかにかかわらず、このような課題は、地球規模の変化のプロセスに伴い生じてくるさまざまな倫理的ジレンマの存在をあらわにする。

科学者や気候変動問題にかかわる活動家は、気候変動を引き起こすような排出を減らすために、個人の行動や政策の変更を促してきた。しかしそのやり方だと、さらに別の形態の気候不正義を引き起こしてしまうことになる。気候変動に対する行動の呼びかけは、「環境の破局から世界を救え」という訴えのかたちをとることがほとんどだ。しかし、倫理的問題をこのように表現してしまうと、世界中の多くの貧しい先住民にとってそうした破局がすでに起きているという事実を無視することになる。彼らは現在、生活を立て直し、彼らの伝統的なライフスタイルがもはや実現不可能な世界に適応しようとしているところなのだ。気候正義を将来の災害を回避する試みとして提起してしまうと、気候活動家はいま苦しんでいる人々の窮状を見過ごしてしまうことになる。このことは現時点で先住民グループを苦しめている不正義を無視し、さらには隠蔽するものであり、認識の不正義にあたる。こうした振る舞いは、先住民グループが植民地化の初期の頃から経験してきている疎外のパターンを繰り返していることになる。

社会正義は持続可能性とどのように関係しているのか

これまでの議論を通して、この問いがかなり多様な仕方で解釈できるということはすでに明らかだろう。ブルントラント委員会は、有限な資源を将来世代に分配するという前向きな課題として持続可能な発展に取り組んだ。これとは別の見方では、裕福な先進工業国によって犯された過去の不正義が重く見られることになる。裕福な国による搾取が工業化の進んでいない国々の貧困を引き起こしたのだとすれば、持続可能な発展は報復の正義の一形態と見なすことができることになる。先進国はある意味で貧しい人々を犠牲にして富を得たのだから、このような過去の過ちについて貧しい国々に補償をする道筋を見つけることが、状況を是正するためには必要だ。しかし、将来の発展のことを特定の社会が自由に使える総資本の関数として理解する見方を取ると、持続可能な発展がただの分配の正義の問題として安易に解釈されてしまう可能性がある。植民地主義、奴隷制、労働力と天然資源の搾取が引き起こした不正義は一旦わきに置いて、工業化が進んでいない国の人々の生活水準を向上させるために公正な機会を与える。このことだけが、自然資本の限られた（そして間違いなく減少していく）世界における正義の問題とされてしまうのだ。

持続可能性が社会正義と関係するあり方は、こうしたグローバル志向の考え方には汲み尽くされない。第1章で述べたように、持続可能性に関連する政策変更と社会運動は、極めて幅広い社会的目標を網羅している。ある集団が基本的な生活必需品や社会サービスへのアクセスを欠いている場合、その状況は持続不可能だと非難される。そうした場合には、地域コミュニティ、地方自治体、州政府は、持続可能性の確保を旗印に是正措置を講じる。つまり、ある種のバンドワゴン効果があり、それによってすべての社会的大義が持続可能性の名の下に束ねられるのだ。さらには、市民、ビジネスリーダー、活動家は一様に、人種的、民族的に疎外されたグループが財や機会にアクセスできない状態を持続不可能だと見なしている。これは、単に持続可能性の流行りに乗るといったこと以上の深い何かがそこにあることを示唆している。擁護団体や地元のビジネス評議会、経済開発組織はそろって、持続可能性という名目で、人種やジェンダーを理由とする不平等に対処するための行動計画を策定してきている。

別の時代と場所であれば、このような活動は社会正義の促進（または不正義の是正）として正当化されただろうから、持続可能性という目標は社会正義を包含したり、場合によってはそれに取って変わるものと（一部の人によって）みなされているという感覚がある。少なくとも米国においては、過去の不正義を是正したり資源と機会のより公平な分配を達成したりする努力に対して政治的右派評論家が攻撃をしてきたことがあったが、持続可能性と社会正義を重ねあわせて考える傾向はこうした攻撃に対する一つの応答になるかもしれない。グレン・ベックやラッシュ・リンボーなどは、活動家が正義を解釈する仕方に異議を唱えるのではなく、社会正義という考え方そのものを非難し、それは単に社会主義にすぎないと主張している。そのような批判に応じるために、政治指導者はこれらの社会目標を、社会正義としてではなく、持続可能性の構成要素として追求することを選択したのかもしれない。

社会正義はリベラル派や反資本主義的政治と本質的に結びついているのか

今日、リベラル派を自認する人の多くが社会正義に強くコミットしている一方、政治的に保守を自認する人は社会正義への訴えに疑いを持っているということは否定し難い事実だ。しかし、歴史的、哲学的な観点から見ると、この問いに対する答えは明らかにノーになる。保守派は社会正義に反対しているわけではない。むしろ、政府が社会正義を追求する際に果たすべき役割について異なる見解を持っているのだ。

現在、保守というレッテルを貼られている政治哲学は、ヨーロッパの政治思想の歴史においては、リベラル派とみなされていた考え方から派生したものだ。個人の自由と自己実現の機会をもたらすことが社会正義の目標だが、そのために政策や国家権力を行使することに対して保守派の人は懸念を抱いている。そのようなやり方は正義に反すると考えているのだ。そうした活動は個人から財産を奪い、日々自らの活動を管理する能力を奪うからだ。保守派はまた、自発的な取引を行うことは個人の自由の表現と考える傾向がある。正義を促進するための仕組みとしては、政府が計画したり実施したりするプログラムよりも、市場の方に魅力を感じているのだ。一方、リベラル派や反資本主義者を自認する人は、自分たちがこれまで市場の力によって不利な立場に立たされてきたと考えている。加えて、個人の財産権の保護が、女性、少数民族、植民地の人々に対して継続的な不利益をもたらすよう機能していることも見ていた。そのため、リベラル派の人は、保守派と比較すると、格差を是正し過去の過ちを正す公共政策を受け入れる傾向が強い。

つまり、保守的な政治とリベラルな政治という区分は、社会正義に対する考え方の違いを確かに反映している。言い換えれば、この章で論じられてきた社会正義のいくつかの問題に対応するために、保守派は慈善や自発的行動、市場を望ましい対応として支持し、リベラル派は立法による解決や公的措置をより積極的に押し進めようとする。だからと言って、社会正義が持続可能性の一部ではないことにはならないし、ましてや、社会正義がまったく問題ではないなどということにもならない。

さらに言えば、権利侵害の風潮が続くことで社会の安定や平和が脅かされるという考えについては、保守派とリベラル派双方の政治的伝統において長い歴史がある。人々が飢え、困窮し、抑圧されているとき、最終的には我慢の限界まで追い詰められ、やがて抗議と反逆の時がくる。そして暴動が起きれば社会福祉（警察や消防署など）にさらに大きな負担がかかり、正常な活動が妨げられてしまうことにもなりかねない。したがって、ある意味で、不正義は犯罪や暴力、さらには社会における革命的活動の原動力の一つなのだ。抑圧された集団の怒りが沸点に達すると、社会制度は崩壊状態に陥る可能性がある。この点において、不正義は社会の持続可能性の源泉と考えられている社会システムを脅かす。このような考え方では、正義（または不正義）がストックの一種として扱われ、それが社会システムで機能している他の活動やプロセスからのフィードバックによって影響を受けると考えられていることになる。

社会の持続可能性とは何か

前の質問と同様に、社会の持続可能性の解釈には曖昧なところがある。あらゆる知識を提供してくれる便利なウィキペディアで、「社会の持続可能性」の項目記事を調べてみよう。「持続可能性と持続可能な発展についての理解の仕方はさまざまあるが、その中で定義が最も曖昧であり、最も理解されていないもの」という説明がなされている。企業経営の観点から見た場合、社会の持続可能性は第2章で議論された社会関係資本や社会的受容性といった考え方から通常は定義される。環境保護の視点に立つと、社会の持続可能性には生態系の崩壊や環境質の劣化によってもたらされる人間への影響まで含まれることになる。この場合、社会の持続可能性は一つのカテゴリーとして位置づけられており、そこでは環境破壊が、環境正義、食の正義、気候正義といった社会正義の一般的な概念と結びつけられている。

別の解釈では、持続可能性の概念は、社会制度、規範、文化を形成したり再現したりすることに深く関わっている。社会的相互作用をサポートするプロセスは、情報や協力やガバナンス活動のストック、フロー、フィードバックに依存している。このようなプロセスは、程度の差はあるにせよ、それ自体において持続可能なものとして評価することが可能だ。そうなると、社会の持続可能性は、社会における重要な制度や価値観、規範が継続することが見込めるのか、またどの程度の期間続くことが見込めるのかを示す尺度だといえる。社会関係が正常な期間は、それが持続可能なことを意味する。その間は、犯罪や予想外の破壊行為というかたちで現れる暴力は、低いレベルや制御可能なレベルに保たれているストックだ。これらのストックが全体的に低いレベルで抑えられているときには、人は日々の活動をいつものやり方で進めることに不安を感じたりはしない。しかし、日常的なごく当たり前の社会活動（これ自体は場所によってさまざまだ）は、どんなものであれ、一日ずつ続いていくものであり、場合によっては、デモや抵抗行為、財産の破壊によって混乱することがあるということも私たちは承知している。そしてこうした破壊活動が極端になった場合（つまり、破壊行為のストックが臨界点に達した場合）には、社会自体が崩壊状態に陥ることにもなりかねない。

同時に、社会の持続可能性という考え方を推進してきた学者と活動家はどちらも、環境との関係が不明瞭だったり日常的な社会生活を混乱や崩壊へと陥れる脅威がなかったりする場合でも、彼らが支持する社会的変化をはっきりと示すために社会の持続可能性という用語を利用することが多い。このような文脈では、社会の持続可能性という言葉は、倫理的な理由で推奨可能な政策転換や慣行の転換をほぼすべてカバーすることになるかもしれない。持続可能性は、進歩的な社会変化ならなんでも飲み込んでしまう包括的な用語になっていると皮肉っぽく言う人もいる。ほぼ同じことを、もっと前向きな形で表現するのであれば、人々が持続可能性に興味を持つようになるにつれて、あらゆる種類の社会的活動がそれと結びつくようになってきているのだともいえる。結果として、あまりにも長い間うやむやにされてきた公平性や抑圧に関する問題がようやく議論の俎上にのぼりはじめている。過去の不正に対する公衆の認識を高め続け、ある世代から次の世代へと不正義を再生産するようなフローを断ち切る意志を育むフィードバックのループ（悪循環ではなく好循環）がここには存在している。

事例を挙げると物議を醸すどころか、一部の読者に不快な思いをさせてしまうこともあるかもしれないが、それでも、ありそうな事例を少なくともいくつかは詳細に検討した方がよいだろう。その代表例が構造的な人種差別だ。ここには人種の不平等を継続的に再生産するシステム的なプロセスが含まれていることを理解してほしい。構造的人種差別には有害な側面がいくつかあるが、その中でも最も深刻なのは、人種に対する偏見をなくすために対策を講じた後でも、人種的な不平等が再生産されてしまうという点だ。これにより、不平等がごく普通の自然な出来事のように見えてしまう。米国の不動産市場はこのような構造的人種差別の事例としてよく引き合いに出される。一九四〇年代と一九五〇年代に一般的だった人種分離政策は、アメリカの多くの都市において地域を人種ごとにはっきりと分断していた。そしてこの政策が禁止された後も、白人の住む地域の家の価値は何十年もの間上昇し続けることとなった。家の所有権は中流階級のアメリカ人にとって富の主要な源泉であったため、人種差別の意図がなくても、このサイクルは人種に基づく社会的不平等を再生産してしまう。この文脈で問題となるのは、構造的人種差別が、社会の持続可能性の話とどんな関係があるのかということだ。

この問いに対するごく一般的な答えは、社会の持続可能性のためには、構造的人種差別の解体が必要ということだ。一つの政策的な対応としては、過去数十年間続いてきた問題に対する賠償を挙げることができるかもしれない。あるいは、いまだに差別がなされている地域のインフラストラクチャーを再構築するために、新たな取り組みを実施するということもありうる。アメリカでは、教育と医療に割かれる資金の不平等が人種の分離の一因となっている。したがって、黒人住民の福祉が改善されるかどうかは、貧困の悪循環を断ち切り、こうした資金への不平等なアクセスを終わらせるために、何らかのかたちで政策と慣行を変えられるかどうかにかかっているといえる。不平等は分配の正義の基本的な問題だ。しかしここで言いたいのは、社会の富が平等に分配されるべきだということではなく、分配は恣意的な要因によって歪められるべきではないということだ。歴史を振り返ってみれば、人種はそうした恣意的な要因の一つとなっている。持続可能性を持続可能な発展の一形態と定義するなら、人種に基づく不平等を再生産する構造を解体することは、過去の抑圧によって引き起こされた不公平な分配を是正し、抑圧されたグループにおける経済的、個人的な発展に貢献すると考えてよいだろう。構造的人種差別に反対することが発展を維持するために不可欠の社会的実践なのだとしたら、それはまた社会の持続可能性の一部でもあるのではないだろうか。

しかし、こうした考え方において持続可能性がどのように理解されているのかを疑問に思う人がいるかもしれない。なかなか解決しない不平等に対処することを力強く後押しする理由はもうすでにあるし、そうした不平等が、過去に存在した明らかに不当な人種的偏見に起因するのであれば、それはなおさら解決すべき問題だ。持続可能性という考え方は、これらの理由にさらなる後押しや説得力を付け加えるようなものだろうか。先に述べた安定性というテーマが一つの答えになる。不正義が是正されないならば、それに対する不満がくすぶり、いずれ暴力が発生し、何らかのかたちの反乱が起こる。二つ目の答えは、持続可能性という言葉をあらゆる善良なものの総称として使用することを社会が決めたならば、構造的人種差別の害の是正が持続可能性という考え方の枠内に含まれることになるのは当然のことだ。社会の持続可能性には構造的人種差別に対して何らかのかたちで行動することが含まれている、あるいは含意されていると考える際には、このような二つの答えがどちらも作用している。

社会の持続可能性には構造的人種差別の影響を一掃したり是正したりする行動が含まれているという考えに反対することは、実際のところ得策ではない。この類の主張は、どのようなものであれ、構造的人種差別が続くことを常態化するプロセスの一部として解釈される可能性が非常に高くなる。持続可能性の背後にあるシステム思考アプローチは、ここで別の選択肢を提示する。すなわち、こうした不平等を終わらせようとする行動がなされているのに、不平等の再生産が極めて堅固でレジリエントになってしまっている要因は何だろうかと問うことが可能になるのだ。この問いからわかるのは、構造的人種差別が社会を持続不可能にすることが問題となっているわけではないということだ。問題はむしろ、構造的人種差別の持続可能性があまりにも高すぎることにある。

このような問題提起は、「持続可能性は善いことのみに関わるのか」という第1章の問いに私たちを連れ戻す。社会正義と社会の持続可能性の領域では、そのように思い込む傾向が根強くある。どんな人であれ（私たち著者を含む）社会悪の持続可能性についての議論にはあまり踏み込みすぎない方が賢明だとは思うが、その一方で持続可能性が「善い」とか「正義の」と同義語だと単純に決めてかかるとしたら、持続可能性という考え方が備えている理論的ないし分析的な力を犠牲にすることになってしまうだろう。この注意を念頭に置くことで、持続可能性と社会正義の関係を把握しようとする際に生じる一連の問いを先に進めることができるようになる。

持続可能性は社会的不正義に対抗する手段となるのか

対抗する手段となる。資源の不当な分配、適切な認識の欠如、社会生活に参加する機会の否定を再生産してしまうシステムがある場合、持続可能性はそれについて分析するためのアイデアを私たちに与えてくれる。ストック、フロー、フィードバック、階層の概念を使うことで、なぜ不当な状況がある世代から次の世代へと続くのか、なぜ不平等と抑圧のパターンが極めてレジリエントなのかについて実態を描き出すことができる。こうしたシステムのレバレッジ・ポイントは、それらのシステムを終わらせるにはどこに介入したらより上手くいくのかを私たちに教えてくれる。このような考えは、社会正義のための万能の処方箋というわけではないが、不当な結果につながる制度に対抗するためにはどこに攻撃を加えるのが有効なのかについてより幅広い認識を得る助けとなる。

構造的人種差別において家の価値が果たした役割については先ほど触れたが、ここでもその事例を取り上げよう。早くも一九三〇年代には、銀行と政府の貸し手は「レッドライニング（redlining）」という慣行を採用していた。彼らは文字通り地図上に赤い線を引いたのだが、それは高い金利でしかローンを認めない地域や、まったくローンを認めない地域を示すためだった。第二次世界大戦後、この慣行によりデトロイトやシカゴなどのアメリカの都市では人種の分離が固定化され、黒人や他の人種的マイノリティは価値の低い家を買ったり、不在地主が所有する不動産を借りたりせざるを得なくなった。また銀行は、黒人や他の人種的マイノリティの人が所有する物件の資産価値を高めたり改修したりするために必要なローンを組めないようにした。[1] こうした不正義は害悪だが、まさにこのようなシステム的な役割を不動産が演じたがためにアメリカや西洋社会の中産階級が富を蓄積し、それが構造的不正義を生じさせたのだ。

住宅価格の上昇は、主に白人の中産階級に属する人々の富の増加に貢献してきた。あらゆる人種の人々が才能、貯蓄、重労働によって財をなし、富を獲得する一方で、二〇世紀の後半に生きる多くのアメリカ人は、家の価値が高まったことで支払い能力も高まり、子供たちにかなりの富を残すことができるようになった。一九六〇年に二万ドルで家を購入した住宅所有者は、定額の支払い（おそらく月額二〇〇ドル）でその金額を返済するが、一九八〇年にローンが返済される時には、経済全体からのインフレフィードバックのおかげで、月額二〇〇ドルの支払いは一九六〇年よりも実質的には少なくなった。これもまた階層の事例の一つだ（不動産市場はより大きな経済システムに属する下位システムだ）。高次のシステムが階層内の下位システムに影響を与えたため、住宅所有者は効率的にある種のボーナスを獲得した。その同じ家は一九九〇年時点では、場所にもよるが、六万ドルから二〇万ドルの価値があったと推定される。住宅所有者の資産は大幅に増加したが、住宅を借りていた人はこれらのフィードバックのメリットを享受しなかった。これにより、住宅所有者（著しく白人に偏っていた）は十分な富を子供たちに譲渡することができ、子供たちもこの金銭のストックとフローからなる夢のようなシステムに入っていくのに必要な頭金を支払うことができたのだ。

しかし、もちろんそれで話は終わりではない。不動産の価値は他のストックからフィードバックの影響を受けており、この他のストックには自治体がインフラを維持し改善するための税収が含まれる。今度は家の価値が学校の資金に影響を与えるため、家の価値が低い地区では、学校の建物、備品、教師の給与のレベルも低くなる。そしてこうしたことは、生活の質を向上させるためにものを買う際の個人向け融資の審査や、起業や大学教育のための資金調達に使用される個人向けローンの審査にも影響を与える。現代の大都市経済のフローシステム全体は、住宅の価値から生じるフィードバックからかなりの影響を受ける。このシステム的なプロセスの初期段階において、家を所有するグループから締め出されたり、価値の低い家しか手に入れられなかった人々がいた。そうした人々は、二一世紀の都市においても、個人が幸福を得るために不可欠な多くの財へのアクセスを左右するフィードバックから継続的に影響を受け続けている。この意味で、構造的人種差別はあまりにも持続可能でありすぎていると言わざるを得ない。

持続可能性の分析には、不正義と戦うことを可能にする二つの特徴がある。第一に、ここでは不平等を生み出す社会制度が人種を軸に構造化されているわけだが、このようなフィードバックによって損な役回りを押しつけられた人々が怠惰で、才能が欠如していて、性格に欠陥があったからそうした社会制度が機能しているわけではない、ということをこの分析は明確に示すことができる。これにより、自分たちは与えられて当然のものを享受しているにすぎないという人々の感覚は弱められるはずだ。また、当初に不正義をもたらした政策や慣行を取り消すための措置を講じた後でさえ、人種的不正義が当該の政策や慣行のシステムにしぶとく残るレジリエントな特徴を備えていることも持続可能性の分析からわかる。黒人に対して反感を持っていない白人は、それで満足していてはいけないし、人種差別が不平等を生み出し続けることなどないと考えるべきでもない。経済の構造的特徴と財政システムが、人種による不平等の要因を再生産しているという事実を明確にするだけでも、人種的不正義のレジリエンスを弱める可能性を探るきっかけとなるはずだ。

第二に、持続可能性を分析することで、住宅価値のコアストックから流出するフィードバックのつながりの中に変化を促すレバレッジ・ポイントがあるかもしれないということがわかってくる。この分析により、住宅用不動産に基づいて学区が決まったり、学校の予算が決まるようなやり方を続けることは、たとえ際限なく続けられる（つまり、あまりに高い持続可能性を持っている）ように見えても、やはり正義に適った慣行ではないということが明らかになる。また同時に、不動産の価値が地方予算の決定要因になってしまうと、住宅価格の低いコミュニティは変化を起こす機会が大幅に少なくなってしまうことにもなる。もちろん、これらのシステムに変更を加えることが政治的に容易だというわけではないのだが、システムのどこに変更を加えたら大きな違いを生じさせることができるのかは、すでに明確に示されている。不動産と構造的人種差別の事例は、持続可能性というアイデアの道具箱が社会正義の実現に向けて貢献することができるほんの一例にすぎない。

持続可能性と社会正義の間に対立や矛盾はあるのか

この質問は、強調するところは少し異なるが、すでに説明したいくつかのポイントを反映している。一九六〇年代、生態学者は人間の人口増加が世界の生態系の環境収容力を超えるだろうと予測した。人口の増加率が持続不可能だと判断されたのだ。この予測は出生率を抑制するために強制的な取り組みを煽った。最も有名なのは、中国の一人っ子政策や、飢えた人は餓死するのもやむを得ないとする提言だ。[4] しかし、政府の人口管理は人権を侵害しており、その

［4］「飢えた人は餓死するのもやむを得ないとする提言」というのはギャレット・ハーディンの「救命ボートの倫理」の議論を念頭に置いている。ハーディンは、人口の多い貧しい国々を混雑したボート、豊かな国々を乗船の余裕がまだあるボートにたとえ、正義の観念に基づいて、混雑したボートの人々を余裕のあるボートへ移動させると、すべてのボートが沈んでしまうと主張した。要するに、先進国が途上国を支援すると、最終的に地球の環境収容力を超えてしまうため、先進国は自分たちと自分たちの子孫のことだけを考え、途上国に対する支援をすべきではないと主張したのだ。この主張に対しては、事実的な観点からも、倫理的な観点からもさまざまな批判がなされてきている。

ための政策は予想外の結果をもたらしたと多くの人が主張した。今から考えると、持続可能性の向上を目的としたこれらの動きは不当なものだったと判断されざるを得ないだろう。

ブルントラント委員会が設立されたのは、人口増加を支えるために世界経済の継続的な発展が必要だということと、汚染と資源枯渇が発展を制限しつつあるという認識との間にある矛盾に対処するためであった。ヨーロッパ、北アメリカ、その他の先進工業国の経済発展のレベルと、南米、インド、アフリカの旧植民地、そしてアジアの工業化されていない地域の経済発展のレベルの間に不平等があり、それが不当だという前提から出発したのだ。すでに述べたことの繰り返しにはなるが、そのような不平等が不当なのは財の分配が不平等だからであり、同時に、工業化が進んでいない地域の人々が長年に渡る強制的な扱いに耐えてきたからでもある。簡潔に言えば、ブルントラント委員会は国際的な規模で社会不正義の問題への取り組みを任されていたということになる。

ブルントラント委員会の解決策は、将来世代がニーズを満たすことを可能にしながら、現在世代のニーズを満たす発展を支援することであった。少し違う言い方をするのであれば、持続可能な発展は、将来世代がまともな生活の質を享受する能力を損なうようなかたちでの経済発展を許すことはない。こうしたシンプルな主張の裏には、経済発展こそが社会不正義（ブルントラント委員会はそれを是正するために創設された）を解決するための最も有望なルートだという仮定が潜んでいる。とはいえ、経済発展は将来を生きる人々に対する不正義の原因となる可能性がある。そのため、持続可能な発展をめざすということは、GDPを引き上げる道筋の少なくともいくつかは受け入れられないということを示唆していた。この意味においては、持続可能性の向上と国際関係のレベルで社会正義を促進するためにとることのできるいくつかの戦略との間には明らかな矛盾があるといえる。

ブルントラント・レポートに従って考えることで、多くの人は持続可能性と社会正義は完全には両立しないと考えるようになった。しかしまた同時に、この章ですでに取り上げた問いからもわかるように、社会正義を促進する政策や活動の観点から持続可能性を定義し始めている人たちもいる。さらに、社会不正義によって革命や暴力が生じる可能性があると考えるならば、また、持続可能性を完全に包括的なかたちで考えるならば、持続可能性の概念に社会正義という信条が含まれなければならないことになる。正義によって要求されることをこのような仕方で理解すれば、正義と持続可能性はより完全に一致するようにも見える。しかし、不正義は（システムの観点から見た場合）極めて持続可能な場合があるという私たちの指摘に従えば、持続可能性と社会正義は正反対の考え方として理解するということもまた可能だ。

体系的に編成されたストック、フロー、フィードバックが矛盾する傾向を組み込み、堅固でレジリエントで順応性のあるプロセスや活動のシステムを作り上げるということには重要な意味もある。例として、捕食者－被食者の関係を考えてみよう。捕食種の利益と捕食種が食物として消費する動植物の利益は明らかに互いに対立している。しかし、バランスの取れた生態系では、捕食により被食種の個体群ストックが制御され、生態系が繁栄する。こうした事例から、より深く、より哲学的な意味で、持続可能なシステムにはある種の矛盾が内在しているのだと言う人もいるかもしれない。このことは、持続可能性を確保するために支払わなければならない代償として、社会不正義を受け入れるほかないということをも意味するのだろうか。

そうではないと私たちは考える。むろん、ここで取り上げたいくつもの問いが非常に難しいものであり、完全に満足のいく答えが出せるわけではないことは認めざるを得ない。この章の冒頭で社会正義を一つの理念として説明したとき、それが完全に達成されない場合があることを私たちは認めていた。しかし、単なる理念だからといって、不正義が生じているのにそれを是正しようとしないことがあってはならない。誰もが社会正義と持続可能性を理論レベルと実践レベルの両方で調和させるよう努めるべきなのだ。持続可能性を向上させる具体的なステップが不正義を引き起こすことが分かった場合には、その戦略を修正する方法を見つけ、正義にもとる扱いを受けた人に対して補償する修復の正義[5]を実践する必要がある。システム的な相互作用はそういうものとして現に存在しており、持続可能性を向上させるための特定の試みが失敗することは驚くべきことではない。システム的な相互作用が公正な社会の追求を妨げることも時にはあるだろう。しかし、このことは、社会正義と持続可能性という二つの社会的理想が解消できない矛盾をはらんでいるということを意味するものではない。

環境の持続可能性追求には社会正義への取り組みが必要か

この章で扱ってきた問いに対する私たちの回答の多くには賛否両論あるだろうが、この問いへの回答についても同じことが言える。この問いに肯定的に答えるには、少なくとも二つの仕方がある。一つ目は、貧困と不平等は人々の選択肢を制限するというものだ。持続不可能なライフスタイルこそが、環境にとって一番の脅威だと考えている人がいる。しかしそうした人でも、社会不正義の解消に向けた何らかの取り組みなしには、持続可能性の向上に必要となる行動変化を生み出すのが（不可能ではないにしても）難しいことは認めるだろう。人口増加がその一例だ。前述のように、人口のとめどない増加は持続可能性に対する脅威だと長い間認識されてきた。人口統計学者は、女性の識字能力が低出生率を促す重要なレバレッジ・ポイントの一つであることを指摘している。女性が教育を受け、社会的および経済的自立の度合いが高まるにつれて、出生率は低下する。ここでは、ジェンダーに関わる社会正義の問題に取り組むことが、人口増加を抑制し、環境を持続可能にする一つの手段となる。

あるいは、社会の持続可能性の支持者（および「三重円の持続可能性」の支持者。第1章を参照）であれば、社会正義の実現に向けた改善が必須だと端的に答えるだろう。つまり、社会正義の促進という長年の目標よりも環境の持続可能性をあらゆる点において優先させる主張には反対する立場を取るのだ。環境質と社会正義の関係についてのこの見方は、持続可能性の代わりにレジリエンスを使う傾向に反対するための一つの根拠となる。レジリエンスへの転換は、科学的実証主義への回帰ではないかという疑いを惹起する。科学的実証主義をとる科学者は、自分の研究において価値判断が重要な役割を演じることを完全に否定する。実際、レジリエンスへの転換を批判する立場の人々は、社会正義という目標（および貧しい人や疎外されたグループの利益）を無視し続けてもよいという価値判断をこの転換が隠しているのではないかとも主張している。もし本当にそうだとしたら、裕福な人や特権を持ったグループが、裕福でない人を犠牲にして、生態学的なレジリエンスを高める政策を採用することが正当化されてしまうかもしれない。

このような批判がすでにあるということからして、この節の問いに対して否定的に答える人がいるかもしれないことがわかる。生態学者と環境科学者は、生態系の持続可能性の確保と環境質に不可欠なストック、フロー、フィードバックを特定してきているのだが、そのために社会正義の調査を行う必要はなかった。このような科学者の多くは、持続可能性の追求において、社会正義が高い優先順位を与えられるに値するものだということには同意するだろうが、環境の持続可能性と社会の持続可能性は論理的に異なるものだと考えている。彼らが社会正義を支持する際には、厳密に倫理的根拠に基づいているのであって、そのことは持続可能な生態系についての科学とは無関係なのだ。すでに示したように、持続可能性の反対者としての地位を確立した政治評論家もいる。環境科学者は、環境目標を社会正義

［5］ ここで修復の正義は、加害者によって引き起こされた不正義を加害者、被害者、関係する人々が協力して修復するという考え方のことを意味していると考えられる。

から切り離すことで、より幅広い世論に訴えることができると期待しているのかもしれない。

持続可能性の追求は社会正義についての共通理解を必要とするのか

この章は政治哲学におけるより一般的な問いへと徐々に進んできたが、その過程で持続可能性の問題から焦点がずれてしまった恐れがある。今回の問いは、持続可能性に関する本の範囲をはるかに超えた議論に向かっている。リベラル派であれ、保守派であれ、政治的民主主義または科学研究のいずれかに関心を持つ哲学者であれば、異なる見解に対する寛容さが政治的議論の結果をよりよくするのだと答えたがるだろう。これはちょうど、その寛容さのおかげで、科学コミュニティが研究中の現象について最善の説明に収束するのと同じだ。この考えを現在の文脈に当てはめると、意見の不一致があるおかげで、人々が続けたいと思っているプロセスや活動をさらに持続可能なものにできることになる。なぜなら、まさに意見の不一致というプロセスそのものが、多様なアイデアを吟味し、協働を促進する一つの手段となるからだ。もちろんこのことは、他人の考えに耳を傾ける意欲と、説得力のある議論が提示されたときに自分の見解を変えるという開かれた心の存在を前提としている。

独裁者とエリート層はこの意見に反対してきたが、それは、あらゆる対立意見を押さえ込むことで公の意思決定における自らの権威を維持しようとしているからだ。もっとも、この大きな哲学的論争に参戦するのは得策ではない。ここではただ、少なくともプラトン以来、社会正義について異なる見解を持つ人々に対する寛容さが哲学的対話の核をなしていたということを指摘するにとどめておくことにする。要するに、社会正義の条件について、そしてそれぞれの状況で社会正義を促進するための戦略について、活発な議論を継続する能力があれば、社会はもっと持続可能になるという考え方には長い歴史があるのだ。社会目標についての議論を促進し、持続可能性のための戦略を実行するには、持続可能なガバナンスシステムが必要となる。この前提が次章のトピックとなる。

第7章　持続可能なガバナンス

なぜ政府を話題にしなければならないのか

本章は政府がテーマとなる。多様な一般市民からの要求にこたえるために、政府にはあらゆるレベルで幅広い公共サービスを提供する役割がある。政府にもいくつかのレベルがあるが、どのレベルの政府であっても、市民からの要求に対応し与えられた責任を全うする能力は、その持続可能性が問題となる典型例の一つだ。持続可能性に関する本には、持続可能性の目標を達成するために政府がなすべきことについて論じる章がつきものだ。しかし、この章の内容はそれとは異なる。社会の人々が基本的なニーズを満たし生活の質を改善するのを支援する責任を政府が果たすためには、政府は持続可能でなければならない。政府の運営や組織がうまくいっていない場合には、政府が提供するサービスは続かない。したがって、政府の持続可能性は、基本的なニーズと生活の質に不可欠なサービスを続けられるかどうか、またどの程度続けられるのかを示す尺度だといえる。

もちろん、経済や環境の持続可能性についての目標を達成する上で、政府の政策が果たす役割について語ることは避けられない。第6章での考察に従えば、政府の行動は社会正義と密接に絡み合っている。政府の役割についての議論をこの本に期待している読者も中にはいるかと思う。こうした人が私たちのこれまでの議論に完全に失望せずに、ここまで読み続けてくれているのであれば、本章でその読者を失いたくはない。第6章では、政府の活動の役割と能力については異なる見解があり、そうした見解が社会正義についての相対立する考え方を支えていることについて論じた。その議論はこの章へと引き継がれる。歴史上、政府が社会的な懸案事項に対処する政策を採用した事例は数多く存在するが、その政策が問題を悪化させるフィードバックの引き金を引いたこともある。一九二〇年代の米国において、アルコール消費に関連する社会問題を減らす目的で禁酒法が施行されたが、現実には、酒の密造、密輸、組織犯罪がはびこり、潜り酒場に人々が集まるようになったのだった。

政府は持続可能性を高めるために何ができるのか

以前の章で、環境質と経済発展に関する持続可能性の指標について説明した。このような指標の数値を向上させるために、政府はさまざまな措置を講じることができる。第一に、政府はフロー（有害物質の排出や化学物質の使用など）を禁止、もしくは制限することができる。第二に、政府はストックを増やすことを目的としたプログラム（医療や食料へのアクセスなど）を実施することができる。第三に、税金、手数料、金利を利用して、環境質、経済発展、社会正義の指標にプラスの影響を与える行動を奨励することができる。第四に、政府は廃棄物を大気や水に排出する権利や資源（水など）を利用する権利を設定し、利益を追求する人々がその権利を互いに売り買いできるようにすることができる。規制による義務づけは強制的な性格を持つ一方、権利の設定と売買という戦略は、こうした強制的性格を回避しつつ持続可能性を高めるインセンティブを生み出すことができ、持続可能性への影響が最大となるようなレバレッジ・ポイントに希少な資源を配分するのに役立つ。持続可能性を高める具体的な政策提案は多岐にわたる。政策を議論して採用することは確かに重要だが、政府をシステムの文脈に置き入れて考えることで、それ以上のことができるようになるだろう。

政府は政策を採用して執行するのだが、それは人々が好ましいと思う政策を政府が推進するよう働きかけることができる社会環境の中でなされる。そうした人々の中には、個人的、金銭的な利益を動機として行動する人もいるが、イデオロギーや哲学的ビジョンに基づいてどの案を支持するかを選択する人もいる。政策に影響を与えようとする利害関係者の構成は、かなり複雑になる可能性がある。例えばオバマ政権は、温室効果ガス排出量の削減を目的とした環境政策の一環として、乗用車の新しい燃費基準を公布した。自動車業界は、これらの基準を緩和するか、実施時期を遅らせるようにトランプ政権に陳情した。規制に関するトランプ大統領の見解に沿って、二〇二〇年にはこの新しい燃費基準を完全に元に戻すことが決定された。この時点で、いくつかの自動車メーカーは、トランプ政権のこの決定に反対する人々と手を組んだ。これらの自動車会社は、新たな規制が白紙に戻ってしまうと、自動車の設計変更について見通しが立てられなくなってしまうと感じたのだった。[1] この例は、経済的利益が政治的イデオロギーと相互作用することを示している。特に、特定の政策がどのように実行されるかについて不確実性がある場合にはこうした相

[1]　当時、全米最大の自動車市場であるカリフォルニア州は燃費規制の強化を求めており、トランプ政権による規制緩和政策が実施された場合には独自の燃費規制を実施するという姿勢を見せていた。また、その他の州もトランプ政権の政策に反して燃費規制を実施する意向を示していた。そうなると米国内で異なる燃費規制が存在することになり、自動車会社は州によって仕様の異なる車を製造しなければならなくなる。また、連邦政府とカリフォルニア州が規制をめぐって法廷闘争をした場合には、将来の時点で規制がどうなるのか不透明になるため、新型車の仕様や長期的なエンジン開発について見通しが立てられなくなるという懸念が自動車メーカー側にあった。

互作用が生じやすい。政治的な影響は、他の章で説明したストック、フロー、フィードバックとよく似ている。だからこそ、持続可能性の向上につながると考えられる方向に指標の数値を高める政策だけでなく、その外にまで目を向けて、持続可能なガバナンスというより大きな問題について検討することが必要だ。

加えて、政府に何ができるかという問いに対する答えは、どのような政府を想定するかによってかなり違ってくる。例えば、相対的に民主的でない国家の大統領、首相、君主、党首であれば、環境政策のために政府が他の役割を遂行できなくなる場合でも、それを気にすることなく環境質を改善するための行動を取ることができる。汚染と資源の枯渇を減らすための政策は、民主的な国家においては政治的に持続可能ではないかもしれない。なぜなら、そのような政策を実施する政権は国民の怒りを買い、再選されなかったり、法的な異議申し立てを受けて政策の実行が覆されたりするからだ。もちろん、民主制が持続不可能だとか、民主制が独裁国家と比べて環境政策に悪影響を及ぼすと言っているわけではない。アラル海の枯渇（第4章で説明）は、旧ソビエト連邦政府の政策によるものであった。相対的に非民主的な方が持続可能性のためになるという考え方に対する反例は他にもたくさんある。ここで重要なことは、ガバナンスのシステム全体を考慮に入れなければ、どのような政策であっても推奨できないということだ。私たちは、政府に何ができるかという問いを、持続可能なガバナンスというより大きな議論へと組み込もうとしている。本書をここまで読んできた人は、システム論的な言葉づかいにはすでに慣れてきているだろう。政府はガバナンスというシステムの一部にすぎない。つまり本章は、ガバナンスシステムの持続可能性についての章ということになる。

ガバナンスとは何か

ガバナンスという用語の定義はいくつかあるが、ほとんどすべて定義において、集合的な目標を決定し、その目標を達成するための手段を設計するプロセスであることが強調されている。この章の目的は、ガバナンスのプロセスはどう機能し、どう機能しないのか、そして、市民が政府の仕事と考えていることを、市民に満足いくかたちで適切に実行するという政府の能力にとって、こうしたプロセスがどのような意味を持つのかを探ることだ。私たちは、何らかのかたちでガバナンスに慣れ親しんでいる。市民団体の会員になっている人ならわかると思うが、そうした団体には会員が合意した規約や細則がある。こういった類の文書は、組織の目的を示し、その目的追求方法を説明するもので、通常は組織とその活動の運営を監督する運営組織（選出された役員）に関する諸々の手続きが記載されている。社長、副社長、何人もの部門マネージャーとアシスタントマネージャーがいる会社であなたが働いているとしたら、あなたはその文脈でのガバナンスに慣れ親しんでいるだろう。この場合、会社の通常業務と将来の目的を規定し、目的達成に向けた取り組みの監督責任者を決定する正式なプロセスと構造が存在する。カレッジや大学には、アカデミックガバナンスのための仕組みがある。町、都市、州、国は、ほとんどの人がそれについてあまり深く考えてはいないが、ガバナンスのシステムの下で機能している。ガバナンスというのは、政府の別名ではない。むしろ、政府はより大きなガバナンスシステムの一部だ。それはちょうど、選挙で選ばれた組織の役員、企業の取締役やマネージャーが、組織や企業のガバナンスという、より大きなシステムの一部であるのと同じことだ。

私たちの決定の多くは、その決定に関与しなかった人にもプラスやマイナスの影響を及ぼしたりする。私が樫の木を植えれば、隣人は木陰を楽しむことができ、隣人がミツバチの巣箱を置いた場合、私は蜂に刺されるかもしれない。ガバナンスは、互いの決定の結果として人々が受ける利益やリスクを交渉するプロセスとして理解することができる。多くの場合、このような交渉は政府の関与なしに行うことが可能だ。現に、複合的な社会は、ガーデンクラブや住宅の管理組合から労働組合や商業改善協会に至るまで、多岐にわたる幅広い非政府機関を発展させてきており、それらはすべてガバナンスの機能を果たしているといえる。しかし、他の人に提供した利益の対価が支払われなかったり、押し付けられたコストに対する補償を受けられなかったりした時に、その問題を解決するよい方法がみつからないことがある。その場合には、政府が関与することになる。ある特定の決定によって影響を受けた人々が団結し、自分たちの力でそれに対処できるかどうかについては、残念ながら意見はさまざまだ。例えば汚染の問題はその影響が広範囲に及ぶことが多く、汚染者と被害を受けた人々との間の交渉を成功させるのは難しい。被害者たち一人一人の交渉力は、その数が増えるにつれて薄まっていくため、このような問題に関するガバナンスの決定については、一般的に政府機関に権限が与えられることになる。

ガバナンスと政府の区別をボート遊びに例えてみると、ガバナンスというのは、ボートを漕ぐ（何かを実行する）という政府の活動を導く舵取り（目的を定める）のプロセスだといえる。ガーデンクラブや住宅の管理組合の文脈では、ボートを漕ぐことと舵取りの間に大きな違いはないかもしれない。しかし地方自治体、地域政府、国の政府の文脈では、ガバナンスは、コミュニティや社会に属する人々がお互いに協力しながら、社会目標を設定し、社会問題を解決し、汚染問題の決着のような個人の手にあまる目標の達成や問題の解消に向けて取り組むために整備されているインフラストラクチャー（通常は政府）を設計および管理するプロセスだ。やや抽象的に言えば、ガバナンスプロセスにおいては、（a）ガバナンスプロセスの権限をどこに付与するのか（誰が舵取りをするのか）、（b）個人だけではできないような仕方で社会を改善する（ものごとを決定し、目的地に向かって舵取りをする）ために何が必要か、（c）目標を追求するために必要な作業を行う責任者は誰か（誰がボートを漕ぐのか）、（d）その作業にどのような財政支援を与え、その作業をどのように指導するのか（誰がボート、パドル、漕ぎ手のお金を払い、それらが正常に機能し続けるよう取り計らうのか）ということについて選択することが求められる。

持続可能なガバナンスとは何か

簡潔に言えば、持続可能なガバナンスとは、継続できるガバナンスシステムのことだ。一六世紀に書かれたマキャベリの『君主論』は、指導者が権力を維持したい場合になすべきことが書いてある手引き書だ。彼のアドバイスによると、愛されるよりも恐れられる方がよいということになる。しかし、持続可能なガバナンスという用語には、一般的な用法では優れたガバナンスという意味が含まれる。あるいは、少なくとも統治されている人々が受け入れられるようなかたちで政府を運営し、その活動を監視するようなガバナンスであることが含意されている。別のシステムの下でなら統治されている国民の大部分の暮らしがより良くなると考える明らかな証拠があるにもかかわらず、驚くほど持続可能な（つまり、非常に長い間機能している）ガバナンスシステムと政府が世界中に存在しているのは間違いない。もし今マキャベリが生きていたら、自分が正しかったと思うだろう。したがって、より正確に言えば、持続可能なガバナンスは、統治されている社会の利益のために無期限に継続することができるものだ。統治システムが維持されるだけでなく、統治される人々のニーズと欲求を満たす政府とその活動も維持されるのだ（もちろん、これは一般論であって、実際にすべての人を満足させられることは滅多にない）。

君主制と非民主的国家のことはさておき、私たちは協働と包摂的な意思決定が持続可能なガバナンスの不可欠な要素だと考えている。ガバナンスシステムの舵取りタスクと政府のボート漕ぎタスクの両方において、民間人が特に重要な役割を果たしているガバナンスシステムは、無期限に継続する可能性が高くなる。公益のために公的セクターと民間セクターが協力するシステムは、統治される人々の要求をより効果的に満たすことができる。民間企業、非営利組織、個々の市民、政府の間の協働は、ガバナンス構造と政府の活動にさらなる革新の機会を提供する。また、互いに補完しあったり歯止めをかけあったりする複数の当事者の存在は、経済的、政治的状況の変化や社会的優先順位の変化に直面した場合に、堅固さとレジリエンスをもたらす。伝統的には、選出され任命された個人に統治が委任されてきた。しかし、政府は政治の二極化と地球規模での不確実性に直面し、限られた財源で活動している。したがって、社会目標を達成するための公的なイニシアチブの持続可能性は、そうした選出された個人だけではなく、幅広い関係者に責任が与えられることによって高められることになる。これまで見てきたようなシステム論的な言葉づかいをするならば、公的および私的関係者による協働は、公的目標達成のための行動をサポートする正当性、財源、および知識のストックへの流入の源だといえる。

ガバナンスシステムの持続可能性は、全か無か (all or nothing) の問題ではない。より大きなガバナンスシステムが機能し続けているにもかかわらず、公共政策、プログラム、イニシアチブが持続不可能になった例は数限りない。何らかの被害を被った市民にとって重大な懸念材料となる問題に、こうした政策やプログラムで対処したとしよう。それが失敗に終わり、めざしていた社会目標が達成できなくなった場合には、より小さな規模ではあるが持続可能性の問題が生じる。そのため、ガバナンスシステムの持続可能性やその欠如は、複数の規模 (すでに論じた階層の一例) で強化されうる。その規模は、例えば、ガバナンスシステム全体の堅固さやレジリエンスから、公益を追求して実行される個々の公的行動の有効性に至るまでさまざまだ。誰に投票し、どのような政治理念に対して寄付するのかを決定するそれぞれ個人は、階層の一つのレベルで機能する。そうした個人は、自分の選択が他のレベルに影響するということを十分に理解していないかもしれない。より多くの個人が自分たちの政治行動をシステム論的な観点から見ることができれば、政府は持続可能性を向上させるためにもっと多くのことを実行できると私たちは信じている。

持続可能なガバナンスの指標はあるか

そうした指標は存在する。以前の章で環境指標と経済指標について論じたが、今回説明する指標はそのリストに追加されることになる。ドイツの民間財団であるベルテルスマン財団は、専門家の研究グループと協力し、持続可能なガバナンス指標（ＳＧＩ）を使用して、四一のＯＥＣＤ加盟国のガバナンスシステムについて分析と報告を行っている。この財団は国際比較調査のデータを利用して、持続可能なガバナンスに関する定性的ないし定量的な指標を、政策パフォーマンス、民主主義、ガバナンスという三つの主要分野について作成している。

政策パフォーマンスインデックスは、経済政策、社会政策、環境政策の優先事項全体にわたる政策イニシアチブと活動を評価する。この一連の指標は、前述の経済問題、環境問題、社会正義の問題のいくつかと対応している。環境の健全性と人間の福祉（持続可能性の目標）にかかわる社会目標の追求に成功しているかどうか、またその追求がどのようになされているのかということをガバナンスシステムの持続可能性を決める要因として重視する考え方が、このインデックスには反映されている。政府がこのような社会目標を明確に示しているにもかかわらず、それを無視している場合には、政府の活動に疑いの目が向けられることになる。四一カ国の中からいくつか取り出してこの分野の指標スコアを比べてみたらどうなるだろうか。米国は、経済政策（二四位）、社会政策（二九位）、環境政策（最下位）

と評価されており、うまくいっていない。連邦予算政策は、主に財政赤字のために、一〇点満点中三・八点という低いスコアしか取ることができなかった。子どもの貧困は、米国の社会政策の課題の一つとなっている。環境政策についての成績はかなりひどいが、これは世界的な気候変動緩和の取り組みを主導することはおろか、それに参加することさえできていないためだ。[2] 対照的にスウェーデンは、強力な予算政策と研究開発政策で経済政策のトップにランクされている（一〇点満点中八・一点）。社会政策のトップはノルウェーだ。幅広い社会プログラムのおかげで、貧困が少なく高学歴が多い。スウェーデンは環境政策でもトップにランクされている（一〇点満点中八・七点）。

民主主義インデックスは、民主的な制度と慣行の安定性を評価し、ガバナンスインデックスは、ガバナンス組織の舵取り能力と非政府主体が政策立案にどの程度関与しているかを調べる。民主主義インデックスの基礎となる指標は、選挙プロセス、市民的および政治的自由の保護、法制度の完全性、政府情報への市民のアクセスを評価する。スカンジナビア諸国は、民主主義の質について最高のスコアを獲得している。米国は一五位で、イギリスは一八位だ。ハンガリーとトルコは、このインデックスでそれぞれ四〇位と四一位にランクされている。ガバナンスインデックスは、ガバナンスへの参加に対する市民の能力とその関与の程度を調査すると同時に、有効なガバナンスに利用できるリソース、非政府グループが政策立案に参加する能力、政府の行動に関するメディア報道の徹底性を評価する。スカンジナビア諸国はガバナンスインデックスでもトップにランクされている。米国は、行政能力、計画と政策課題に対応するための連邦政府の備えについては比較的低い（二八位）が、政策立案への非政府関係者の効果的な関与については七位だ。

この持続可能なガバナンス指標のプロジェクトは、各国政府のみに焦点を当てている。都市と州についての指標をまとめたものがない場合には、公的機関と民間機関が集めた「ピンからキリまで（best and worst）」リストがオンラインでたくさん見られるので、検索してみるとよい。こうしたリストは、経済の健全性と財政の安定性、公衆の健康と安全、公共サービスの質、業務効率、政府の透明性と説明責任などに基づいて都市と州を評価している。非政府組織もまた評価される可能性のある組織のリストに含まれる。政府の意思決定に影響を与えるために活動するグループ（業界団体や社会擁護団体など）、舵取りとボート漕ぎの機能を担う組織（次の節で説明する標準化団体、または電気用品の安全性をテストするアンダーライターズ・ラボラトリーズ（UL）などの認証機関）などがそれに当たる。持続可能なガバナンスについての指標はいくつかあるが、この分野で論じることは他にもまだたくさんある。

規格とは何か　それはどのようなかたちで協調的ガバナンスの一部となっているのか

この質問に答えるには少し手間がかかる。規格の簡単な例をいくつか示そう。地元のスーパーマーケットのデリカウンターに行き、スライスした七面鳥の胸肉を一ポンド（またはキログラム）注文したとしよう。その時あなたは、自分がどのくらいの胸肉を手に入れることになるのかわかっている。というのも、一ポンド（またはキログラム）がどのくらいなのかが規格化されているからだ。北米のどこかでヘアドライヤーを購入した場合、それは北米のどこでも使用できる。しかし、北米とヨーロッパの間を移動する場合は、コンセントの形が違うため、それに合うアダプターを持っていく必要がある。北米の標準電圧が一一〇～一二〇ボルトなのに対し、ヨーロッパ諸国の標準電圧は二二〇ボルトなので、コンバーターも必要になるかもしれない。北米諸国では、すべてのヘアドライヤーの配線にコン

［2］　二〇二一年一月に米国ではバイデン政権が発足し、トランプ政権において消極的だった気候変動問題を優先課題として掲げている。二〇二一年二月一九日には、地球温暖化対策の世界的枠組みの「パリ協定」に正式復帰した。

バーターが組み込まれているわけではない。携帯電話も同様だ。二つの競合する規格（アップルとアンドロイド）は、データをやり取りするために特別なプログラミングを必要とする。幸い、個人はこの互換性の問題について心配する必要はないが、アプリケーションを開発する企業にとっては大きな問題だ（なぜ規格が大事なのかがこれでわかり始めたのではないだろうか）。

政府により開発されている規格もあるが、民間で開発されているものもある。国際標準化機構（ＩＳＯ）は、あらゆる種類の産業活動の規格の開発を監督している。実際、さまざまタイプの企業、政府機関、大学、その他の組織が、ＩＳＯによって確立された規格を採用している。ＩＳＯ規格は、測定単位から機器や材料のテスト方法、製造プロセスやパッケージングプロトコル、輸送インフラストラクチャーや廃棄物管理に至るまで、あらゆるものに対応している。ＩＳＯ規格は、企業や業界、政府、学術界の専門家によって作成および審査されているが、ＩＳＯ自体は政府機関ではない。ＩＳＯの活動は、規格を利用したい人（そして、顧客または規制機関にそのことを伝えたい人）にライセンス料を請求することによって支えられている。

ISO14001は、企業（および政府機関やその他の団体）が事業のあらゆる側面（大気排出、廃水排出、固形廃棄物、有毒廃棄物など）における環境への影響を最小限に抑えるために使用する環境管理システム用に開発された規格だ。この規格は、企業が環境ガバナンスにどのように関与しているかを示す良い例になる。多くの環境規制当局は、ISO14001規格に適合していると認定された企業に対して、認可プロセスを迅速に行い、報告要件の範囲をせばめ、検査を簡素化する。認証があればその企業の経営のあり方が確かなものだというこがわかるので、環境規制当局の負担も軽減される。環境規制当局は、認証を受けた企業が達成している水準で環境保護を達成できていない企業の方に、より多くの力を割くことができるようになる。

規格は、民間企業の事業活動の一環としても開発されている。アップルの iPhone がその一例だ。iPhone は電話ではあるが、実際には多くのことができるポケットサイズのコンピューターだ。電話をかけるには、一九八八年に国連機関によって制定されたＩＳＤＮ規格に準拠している必要がある。インターネットの時代では、ＩＳＤＮはＴＣＰ／ＩＰとして知られるさらに大きなインターネット・プロトコル・スイートの要素となっている。これらの頭字語を目にしたことはあるかもしれないが、それが何を意味するのか考えたことがない人も多いだろう。コンピューター同士を（あるいはコンピューターとビデオストリーミングサービス、テレビ、その他のデバイスとを）相互にやり取りさせるためにどのような規格が必要かということについて議論を始めたら、表面的なレベルの話でさえ気が遠くなってしまいそうだ。iOS（iPhone を機能させるプログラム）は、こうした既存の電子信号規格に準拠するように開発されたが、その後、ソフトウェアアプリケーション（ゲーム、ユーティリティ、通信サービス）を開発する会社が準拠する規格になった。Apple は iOS を他の携帯電話メーカーにライセンス供与しないことを選択し、それがきっかけとなり Google は Android を開発することになった。今日、携帯電話用の新しいアプリケーションを構築、使用、開発する場合は、これら二つの規格のいずれかに準拠する必要がある。

規格を開発したり運用したりするプロセスは一般の人にはほとんど見えないが、現代社会で生きるためには規格に準拠したツールと製品を使用する必要がある。前述のように、一部の規格は政府によって開発、施行されている。例えば、米国の有機規格は農務省によって開発された。また、政府が非政府組織によって開発された規格の使用を義務づけている場合もある。全米防火協会（ＮＦＰＡ）は、防火基準を開発およびテストする非政府組織だが、米国の州や地方の建築基準法においては、通常はＮＦＰＡ規格への準拠が義務づけられている。したがって、規格は政府の一部ではなく、ガバナンスの一部なのだといえる。それらはソフトローと呼ばれることもある。ソフトローは、私たちの行動を構造化するシステムだが、その行動は警察によって強制されるようなものではない。ソフトローと規格は、持続可能性に関連した指標への準拠を強化する上で非常に大きな役割を果たしている。

規格はどのように持続可能性のためのガバナンスを強化するのか

先ほど説明したISO14001は、認定された管理者が日々の意思決定において行っていることを監視するという意味で環境質の指標となっている。他の非政府組織も、広範な活動について規格を開発し、認証を実施している。最もよく知られているものの一つが、グリーンビルディング評議会が開発したLEED認証（Leadership in Energy and Environmental Design）だ。LEED認証には基準のリストが含まれており、建築業者はそれを満たすことでポイントを貯め、段階を追って厳しくなる認証（シルバー、ゴールド、プラチナなど）が得られるようになっている。企業、個人、組織は、これらの基準に準拠する施設を建設または改修し、グリーンビルディング評議会に料金を支払って認証を取得する。認証取得の動機には利他的な部分もあり、彼らは持続可能性のために正しいことをしたいと思っているのだが、病院、学校、政府などの企業や組織には、そうした認証を得ることで評判を高めたいという思惑もある。自分たちが環境に配慮する市民として活動していることを、他の人々に認めてもらいたいのだ。

読者はきっとフェアトレードのことなら少しは知っているだろう。多くの消費財、特にコーヒーに付けられているあのラベルのことだ。このラベルは、ある製品が職場環境に関する規格に準拠して製造され、小規模農家に公正に見返りが届いていることの証だ。フードシステムには他の規格も登場している。フードアライアンス（Food Alliance）は、持続可能な農業を推進することを目的とした、大学、州政府、財団、民間企業の協働関係を象徴する米国の非営利団体で、持続可能な農業生産活動の基準を満たす農場の認定事業を開始した団体だ。フードアライアンスは徐々にその範囲を拡大し、公正な労働慣行、動物の人道的扱い、野生生物の生息地の保護、食品の加工と流通などの基準にしたがう農業生産者と食品会社を認定している。この認証は、参加している農場や企業が食品をどのように生産しているかについての情報を消費者に提供する。

公正労働協会（FLA）は、大学、非営利団体、企業の協力を得て、世界中の工場や農場で労働問題に取り組む国際的な非政府組織だ。FLAは、参加企業における国際労働基準の遵守を促進するため、職場での行動規範が実践されるよう支援を行う。また、公正な労働と責任ある調達および／または生産についての基準を遵守していることを証明した企業を認定するプログラムを監督している。加えて、世界中の企業に対する正式な苦情に応じて、労働問題を調査し、その解決にも取り組んでいる。この取り組みは、世界中の政府に共通した規制がないために生じているギャップを埋める役割を果たしている。

以前の章で説明した指標に準拠して経済活動を構築しようとする類似の取り組みは、（数千ではないにしても）数百はある。こうした活動が実際に効果を発揮した場合には、政府が展開する規制、サービス提供、税制上の優遇措置、市場構造と並行して機能するもう一つ別のガバナンスプロセスが生み出されることになる。個人はこのような取り組みを支援することで、持続可能性の向上を促進することができる。しかしもちろん、すべての取り組みがよく考えられたものであるわけではない。うまく管理されていないものもあれば、グリーンウォッシュ（第2章参照）にすぎないものもある。このような取り組みを評価するには、ラベルをみて満足するだけではなく、それを超えて、製品の認証にどういった持続可能性の指標が使用されているのかを調べてみる必要がある。そのため、非政府組織による取り組みを評価する際には、持続可能性についてより広く理解しておいた方がよい。また、政府自身の行動を評価する際にも、こうした非政府組織の取り組みを念頭に置いておくとよいだろう。

非政府組織（NGO）は他にどのような仕方で持続可能性のためのガバナンスに貢献しているか

この問いに応じた事例を挙げるときりがないので、今回は水質に関する事例に絞って紹介することにする。非営利団体のウォーターキーパーズは、スタッフとボランティアの協力を得て、それぞれが担当する水域を保護し、そのための提言を行なっている。リバーキーパーは、ニューヨークのハドソン川を浄化し、保護するために設立された組織であり、最初にできたウォーターキーパーだったが、現在では米国および世界中にある何千マイルもの川を任されている。リバーキーパーはウォーターキーパー・アライアンスと提携しており、そこには、ベイ（湾）キーパー、レイク（湖）キーパー、ガルフ（大規模な湾）キーパーをはじめとして、その他多くの組織が加わっている。各組織の活動は場所や状況によって異なるが、米国のリバーキーパーの事例を見ると、州や連邦の水プログラムが資金不足や人員不足のためにカバーしきれていない空白地帯を保護するために、非政府のパートナー組織がどのような取り組みをしているのかがよくわかる。河川管理者は、広範なサンプリングプログラムやテストプログラムを通じて水質を監視し、河川をパトロールして水質問題の兆候が出ていないか見張り、河川浄化のためのボランティアを組織している。またリバーキーパーは、連邦および州の環境法の施行を押し進めるために必要に応じて法制度を利用し、河川の擁護者としての役割を果たしている。

公共の環境目標を達成するために複数の主体が協働している別の事例としては、都市河川評価のためのサウスプラット連合（South Platte Coalition for Urban River Evaluation（SPCURE））が挙げられる。米国内に類似の組織は数百はあるが、サウスプラット連合はコロラド州デンバーの大都市圏にある民間企業と自治体のパートナーシップであり、プラット川への排水の許認可権を保有している。サウスプラット連合の加盟者は、排水制限を順守し、水質を保全するために排水を共同で管理する。この組織はまた、州の水質目標が確実に達成されるように、水質の監視とモデリングを行っている。このようなかたちでの直接的な活動は、規格の設定において役割を果たしている非政府機関と連携しており、そのことからも、協働的ガバナンスがボート漕ぎの機能を補助し、政府の仕事を補完しているのがわかる。

持続可能性のためのガバナンスにおける政府の役割は何か

この問いに答えるには、話題を政府に戻す必要がある。政府とは、連邦や州および州の代わりに活動する地方公共団体が、民主的な監視の下で実施する諸活動のことだ。政府がこのようなガバナンスの中でどのように機能しているのか論じる準備がここにきてようやく整ったことになる。政府は、非政府機関にはない、行動を強制する手段を持っている。しかし、こうした権力の行使があると、その影響は選出される公務員を権威ある立場に任命する政治プロセスにフィードバックされる。多くの場合において、政府は自らが直接行動するのではなく、民間の関係者に権限を付与するのが最も効率的だ。しかし、民間基準の認証が過度に複雑になった時や、（消防法の場合のように）基準が実際に満たされていることを保証する必要が出てきた時には、政府機関の出番となる。

また、迅速な対応や協調的な対応が必要な場合や、持続可能性への脅威が大きすぎて非政府の関係組織では対処が困難な場合（外国からの侵入者、ハリケーン、津波などへの対応）にも、政府は役割を果たす。本書の仕上げをしている現時点では、世界中の政府がCOVID-19のパンデミックと苦闘している。著者である私たち二人は、何マイルも離れているそれぞれの自宅の中で座って、一緒に作業をしている。私たちが住むコミュニティの企業の多くがそうであるように、私たちの勤務先も閉鎖されている。地元のレストランには（テイクアウトの注文を除いて）訪れることができず、近隣の多くの店は閉まっているが、食料品店のように時間を短縮して営業している店舗や企業もある。そしてこれと同じ状況が米国や他の国々でも起きている。当然のことながら、このような状況において、個人は政府と異なるレベルのシステムを見ているので、それぞれの個人の意思決定は、集団全体にとって最善の選択を反映していない可能性がある。政府がCOVID-19のようなパンデミックに対して最善の対応をしているかどうかという問いには、こうした個人と集団の間にある緊張関係が現れている。

ビジネスへの懸念、環境への懸念、社会正義への懸念（あるいはその他諸々の懸念）に対応することが求められるかどうかにかかわらず、政府がいつでも効果的にものごとを進めることができるわけではない。政府は万能ではないし、必ずしも腐敗から自由というわけではない。市民や住民が政府の仕事だと考えていることがあったとしても、知識不足や資金不足のせいで政府がそれを実行できないこともある。前述のように、いくつかのイデオロギー対立が極めて持続可能な状況では、国民の支持を得た後で政策を立てるというやり方をすることで、システムが絶えず想定外の動きを見せるようになる。激しく対立する分配の正義や社会正義の問題に政府が関与している場合（第6章で説明）、凝り固まった考えが邪魔をして、他の場合であれば極めて合理的に見えるような行動を取ることができなくなることがよくある（間違いなく読者の半分を激怒させてしまうことになるから、例を挙げることはしない。その点についてはどうか容赦してほしい）。政治的指導者や公務員が政策を立案しようとする際には、何をどう行うのかについて協議することになるが、その政治的プロセスにおいて泥沼にはまってしまい、最終目標が見失われてしまうことがある。そして、時に、政府は失敗することになる。

なぜ政府は失敗するのか

どのようなプレッシャーが政府を失敗に追いやるのか。別の言い方をすれば、関連する諸々のシステムのどこにフィードバックの関係が存在するのか。国家の結束や安全に対する脅威は、違法な軍事行動や高い犯罪率から生じる可能性がある。あるいは、政府がすべての国民を代表していると信じられなくなってしまった場合や、社会内部の集団同士が激しく対立し、それが抑圧、不公正、暴力につながる場合には、内部抗争が発生する可能性がある。一九五〇年代のキューバ革命は、このような政府の失敗の一例だ。軍事クーデターの最中に権力を奪取したフルヘンシオ・バティスタ大統領の独裁政権は、正当性を欠いているだけでなく、腐敗しており、抑圧的だとみなされたために、失敗に終わった。高い失業率、貧弱な公共インフラ、争いの種になる経済政策、組織犯罪との癒着の証拠（さまざまな種類のストックすべて）により、最後には革命家によって権力を奪われることとなった（正当性の流出へのフィードバック）。新政府は当初、社会的平等、識字率、公衆衛生の向上を保証し、失業を減らすために活動していた。しかし、共産主義の新政権が権力を固め、法律を施行するためにとった措置や、経済的および政治的状況に対する不満のために、多くのキューバ人が米国や他の国へと移住した。

経済の健全性にかかわる諸々のストックと政府の正当性に対する評価の間には、ここで見た事例と類似のフィードバック関係が見られる。高水準の政府債務、高インフレ率、高失業率、劣悪なビジネス環境、長引く不況、さらには不況というかたちで表れる経済の衰退によって、政府のサービス提供能力が弱まり、政府の正当性への市民の信頼も揺らぐ。その一方で、経済的繁栄によって政府の正当性を脅かす経済的不平等が覆い隠されてしまう場合もある。べネズエラは、経済的圧力が政府の安定に対する重大な脅威となっている国の一つだ。ベネズエラの経済は石油の輸出にほぼ完全に依存していおり、他の国々の経済ショックや市場変動に対して極めて脆弱だ。最近の世界的な石油価格の下落はベネズエラの経済を不自由にし、インフレ、失業、貧困の急増につながっている。現在の政府により制定された政策は、汚職と犯罪率の上昇を食い止められていないことと相まって、国内の財政と公衆衛生の危機的状況をさらに悪化させている。民衆の間では抗議活動が広まっているが、その多くは対立する組織や政党によって組織されたものではない。経済アナリストや政治アナリストは、ほんの数年で新政府への移行がなされる可能性があると考えている。二〇一八年に争われたベネズエラの大統領選挙は、ひょっとするとその始まりかもしれない。

人口が増加し、それに伴い食料や水などの天然資源ストックが切迫した状態になったり、許容レベルを超えた環境破壊のために人々が不本意な危険にさらされたりする（第4章で説明した資源の枯渇と汚染の問題）ようなことになれば、それが不満の種となる可能性がある。長期にわたる干ばつ、それに伴う飢饉や水不足などの環境条件は、フランス（一七八九—一七九九年後半）、メキシコ（一九一〇—一九二〇年）、エチオピア（一九七四—一九九一年）、そして二〇一〇—二〇一二年のアラブの春の抗議行動において、革命や政権交代に影響を及ぼした。気候変動はこの種の危機を悪化させるだろうが、その一方で、気候変動に対処するために講じられた措置が、国民の一部に困難をもたらす可能性もある。最終的には、汚職、透明性の欠如、代表性の欠如、基本的な保護とサービスを提供する能力の低下により市民のニーズを満たす政府の能力に対して信頼が失われると、政府は正当性を失うことになる。いずれの場合も、根底にある環境の混乱は社会システムにおけるストックとフローの関係に影響を及ぼし、結果として政府の持続可能性は弱まることになる。

なぜ多くの政府がこんなに苦労しているのか

どのようなタイプの政府であれ、直面する課題はますます困難になってきている。国や州、地方自治体は大きく変動する経済システムの中で運営されており、世界中の経済システムの相互依存はいっそう強くなっている。一方、数十年にわたる経済開発イニシアチブにもかかわらず、国内外の富の分配における不平等は拡大し続けている。意思決定者は、遠く離れた場所にある政府の長所と短所や、その政府の決定がもたらす影響からは逃れられない環境の中で活動している。新技術には長期的な利益とリスクについてかなりの不確実性があるにもかかわらず、政府はそれについて何らかの決定を下していかなければならない。テロ行為、自然災害、公衆衛生危機の影響は、国境で止まるわけではない。州や地方政府が投資や投資撤退の決定をした場合、経済的な影響はその境界を越えて広がる。民主主義体制に対する国民の不信のレベルはこれまでにないくらいに高まっており、公共の言論と資源をどう管理すべきかということについては、社会内で派閥が二極化し、対立は激化している。

どのレベルの政府も過去に行った侮辱や損害や不正を是正するよう努めている一方で、社会正義の主張にはじまり、汚染、資源の枯渇、環境変化といった課題に至るまで、将来の計画を立てるにあたっては深刻な課題に直面している。また同時に、政府は一連の公共サービスと保護をあらゆるレベルで住民に提供する必要があるが、何が必要であり、何に対して財政支援をするのがよいのかについて、住民の意見は大きく分かれている。ロジャー・ペルキー・ジュニアは、その著書『正直な仲介者（The Honest Broker）』の中で、政府の意思決定者が直面する問題は竜巻問題と中絶問題という二つのタイプのうちのどちらかだと述べている。彼の言いたいことは次のようなことだ。問題のなかにはかなり簡単に理解でき、それに対する解決策も極めて単純で疑問の余地のないものがある。しかし、それ以外の問題については、実際に起こっている問題がどのような性質のものなのか、何が望ましい解決なのかということについて合意が得られないため、解決が困難だ。竜巻がコミュニティセンターに突っ込んでくる場合、そのセンターの中にいる人たちは、少し調べるだけで竜巻の接近を確かめることができ、地下の竜巻シェルターに全員を移動させるべきだという合意に達することができる。対照的に、中絶の権利の問題をどのように扱うべきかについては、そうはいかない。生命が受精の瞬間から始まるのかどうか、女性が自分の体について決定する権利の問題、多くの人が受け入れ難いと感じている医療処置に公的資金を投入して支援すべきかなどといった点について、根本的な意見の不一致がある。これにより、中絶が問題かどうか、そして公的介入ができる場合にはどのような介入が必要なのかということについて合意ができなくなっている。この二つの種類の問題の違いは、論争に関わる人々の価値システム同士がどの程度対立しているか、そしてその問題の性質とそれに対する可能な対応にどの程度の不確実性があるのかという点で特徴づけることができる。価値の対立が深く、不確実性が高い場合、この問題をうまく収めることは難しい。世界中で価値の対立が激しくなってきており、科学的、技術的な不確実性が遍在している。一部の政府の脆弱性について懸念が高まっているのも不思議なことではない。そして、価値が対立し、不確実性が高い場合、舵取りと監視について次のような疑問が生じてくる。すなわち、誰の利益が優先されるのか。公の決定がもたらす費用と便益は公平に分配されているのか。意思決定をサポートする知識はどのように生み出されるのか。

政府の苦労を示す指標はあるのか

そのような指標は存在する。これは、指標の使われ方に関する別の一例になるだろう。二〇〇五年以来、フォーリン・ポリシー誌は、全世界の国の政府が直面するリスクについて解説するレポートを毎年発行している。非営利団体の平和基金会が作成しているこのレポートは、脆弱国家指数を使用し、国家安全保障、経済、公衆衛生と社会福祉、政治プロセスに関連する一連の指標に基づいて、政府の相対的な脆弱性を評価している。[2] ここでは、脆弱な政府であればあるほど、失敗に対してより不安定であることが前提となっている。二〇一八年の脆弱国家指数レポートでは、ほとんどの政府において脆弱性が全般的に低下しつつあることが示されてはいるものの、シリアとイエメンでの内戦、南米とアフリカの多くの国々における経済的圧力、スペイン、米国および英国での政治的分裂など、多くの懸念材料が浮き彫りになっている。

ＳＧＩ（持続可能なガバナンス指標）と同様、脆弱国家指数は地方政府の評価には使用されない。しかし長年にわたって苦労してきた州政府や市政府の例は簡単に見つけることができる。すべてではないが、これらの例の多くは財政破綻というかたちで現れており、政府は不十分な財源のために中核的な機能を遂行できなくなってしまっている。破綻の背後を見れば、汚職、透明性の欠如、近視眼、社会不正義といったことがらに起因する弱点の存在が明らかになる。私たちの住んでいるミシガン州で言えば、二〇一三年のデトロイト市の破綻がその一例だ。そこでは、数十年にわたる不平等と制度的人種差別、財政に関するお粗末な意思決定、政治的な縁故主義がはびこっていた。国や州レベルの経済的、政策的圧力の波はそれらを強化し、市政府は本来求められている義務を最終的に果たすことができなくなったのだ。また、ミシガン州フリント市が、市民にとって最も基本的なサービスである安全な飲料水を提供できなくなったことの背後には、連邦、州、市の各政府の弱さがある。連邦や州の規制が不透明で、政府が見当違いの優先順位をつけ、責任追及をかわし、自らの責任を否認するのに躍起になっていたことが、財政の緊急事態と相まって、フリントに水危機を引き起こし、その結果、市政府への不信が深まることとなった。もっとも、この危機的状況があったからこそ市の住民はフリントのガバナンスシステムに新たに関与しはじめ、舵取りとボート漕ぎの両方の活動において政府と協働するようになった。フリントのガバナンスシステムは、危機から抜け出して成長を遂げている。

官民協働のガバナンスは有用か

以前の節で、公式には政府に属していない市民や組織でも、政府に委ねられているはずの多くの活動（すなわち、ボート漕ぎの機能）を引き受けることができることについて論じた。公共サービス、保護、さまざまな機会の提供を担っている政府機関の負担（財政的負担と政治的負担の両方）を軽減するために、政府以外の組織が支援を行っている例は数多くある。連邦、州、地方の各政府は、業界や市民グループと協力して、政策の優先順位を決め、政策目標を設定し、あらゆる種類のプログラムを計画および実施してきた。政府は、公衆の健康と福祉を守るための基準を定めて、施行する責任を負っているが、その課題を完全に達成できるようなリソースは持っていない。環境衛生を含む公衆衛生と福祉の監視は政府の仕事だが、政府だけでは公衆の懸念に十分に対応できるほどの監視プログラムを実施することができないのだ。さらに政府は、さまざまな公共サービスを提供するよう求められてもいるが、予算の制限によりこの需要を満たす能力も限られている。非政府関係者がこうした責任を共有すれば、望ましい結果が得られる可能性は高くなる。前に述べたように、非政府関係者の存在は、正当性を強化し、リソースを増強し、困難で対立含みの決定を下すのに必要な知識を形成する助けとなる。

二つ例を挙げよう。一つは協働が公的資金を増やすという事例であり、もう一つは協働が競合を減らすという事例だ。公的資金とは、政府がさまざまな役割を果たし、重要と判断された公共サービスを提供する際に費やす財源を意味する。公的資金の最大の源泉はあらゆる種類の課税で、所得税、固定資産税、消費税が三大財源となっている。元米国最高裁判所判事のオリバー・ウェンデル・ホームズ・ジュニアの「税金は私たちが文明社会に支払う対価だ」という言葉は有名だ。課税はまた、政府が行う活動の中でも、最も非難を受けやすいものの一つだ。ここでは、適切なレベルの課税について長々と議論したり、諸々の税制の公正さについて問いを立てたりはしない。重要なのは、政府が義務を果たせるようにするための資金は、どこかから調達しなければならないということだ。理由はさまざまだが、最も基本的な公共サービスを提供するための資金が十分にない政府は世界中にたくさんある。また限られた資金で幅広い社会目標を達成しようと努力している政府の例は、特に比較的裕福な国、州、都市において、さらに多く見出すことができる。どちらの場合も、公には望まれているのに政府がカバーできなかった活動に、どうしたらもっと多くの資金をまわすことができるのかを模索する中で、協働の活動が進化してきた。

ニューヨーク市の公園システムは、地方自治体がその使命を果たすために民間や関係者と協力し、公的リソースを民間資金で補った好例だ。一九七〇年代にニューヨーク市が陥った金融危機の結果、都市公園部門は、すべての公園と関連施設を管理できなくなるという困難な状況に直面した。財政上の緊急事態のために、ニューヨーク市の輝かしい過去の象徴であるセントラルパークは放置され、地面は荒れ果て、インフラストラクチャーは老朽化し、建造物は廃墟と化した。そのため、市民も訪問者も公園の中では身の安全を心配するほどであった。一九八〇年代の一〇年間に、市立公園の修復に民間のリソースを活用すべく、多くのパートナーシップが作り出された。そして、こうしたパートナーシップの一つが、セントラルパーク管理委員会の創設へと結びついた。管理委員会は、市と大勢のボランティアと協力しながら、裕福なニューヨークの住民から寄付を募り、その資金を使ってセントラルパークを改修した。

現在、管理委員会と市は一緒に公園を管理しているが、管理委員会は公園の年間運営予算として約八千万ドルの資金を調達しており、ほぼすべての公園スタッフは管理委員会の従業員だ。

近年では市民クラウドファンディングがかなり注目を集めており、自らが支持する公共プロジェクトやプログラムに市民が財政的に貢献する機会と見なされるようになってきている。市民クラウドファンディングは、ほとんどの事例において、市民グループや市民組織がコミュニティセンターの建設や公園の活性化、美化プログラムによる街の浄化など、地元の小規模プロジェクトを開始する際に利用されている。こうした協働が長期的にどの程度成功するかについては、まだ結論を出す時期ではない。この種の広範な市民活動には、目配りの効いた組織と献身的なリーダーシップが必要となる。市民クラウドファンディングに対して否定的な考えを持つ人は、ニューヨーク市の公園の資金調達モデルに対して当初なされた批判とよく似た懸念を表明する。このような類の資金調達モデルは、公的目標の設定と公的優先順位の決定において、資金提供ができる裕福な個人の利益を不当に優先するのではないかと言うのだ。

社会内の対立がガバナンスプロセスの安定性と機能性を脅かす可能性については以前に説明した。このような対立は政府を転覆させるほどの力を持っている。それに続いて論じたのは、製造、エネルギー使用、気候変動の原因となる諸々のプロセスにおける環境面での持続可能性に対する疑念に関してだ。この疑念は社会内の対立を誘発する可能性がある。要するに、環境の持続可能性に降りかかる困難と、優れたガバナンスプロセスの持続可能性に降りかかる困難の間には、潜在的なつながり（フィードバック）があるのだ。私たちの暮らし方を支える生態系と天然資源基盤が脅かされはじめると、それが引き金となって不満、対立、不正義、怒りが増大し、政府の統治能力も弱体化していく。ここで持続可能性にとって重要な問題となるのは、非政府ガバナンスのプロセス（規格、NGO活動、税金とは別に持続可能性のための資金調達を模索すること等）によって、不安定な政治的フィードバックを生み出す社会的対立

（私たちはこれをストックと考えるかもしれない）を減らすことができるかどうかという点だ。この問いに対する答えは肯定的なものになると私たちは考えている。

一般的には、ある種の争いごとは政府や法的介入を通じて解決される必要があるのだが、政府に属さないパートナーがそうした争いを減らす取り組みをしている場合もある。その一例が、銀行サービスと投資を支援するカナダのオンブズマンだ。この組織は、消費者と金融サービス業界の加盟企業との間の対立を解決するために一九九六年に設立された。政府には属しておらず、産業界から資金提供を受けてはいるが、業界からも切り離された独立の組織だ。消費者や銀行、その他の金融会社が利用できるこの第三者機関の設置により、政府規制当局の負担は減り、司法制度を煩わせるような紛争の数も減少している。

もう一つの例としては、ミシガン州立大学（ＭＳＵ）の本拠地であるミシガン州イーストランシング市がある。一九九〇年代後半に大学生と市職員が飲酒をめぐり衝突を繰り返したことで、大学と市は緊張関係にあった。多くの市民がコミュニティでの学生の振る舞いに腹を立てており、大学に対する地元の支持は低くなっていた。コミュニティリレーション連合（Community Relations Coalition（ＣＲＣ））は、市とＭＳＵのパートナーシップとして一九九九年後半に設立された。この連合の最重要課題は、コミュニティをもっと統合されたものにすることであった。ＣＲＣは、「私たちはここに住んでいる」をモットーに、キャンパス内外に住む学生、市政府と警察の代表者、ＭＳＵの行政と警察[3]、市の住民からなる理事会によって運営される非営利団体だ。ＭＳＵの学生インターンが学生や住民に対してアンバサダーの役割を果たし、近隣のパートナーと緊密に協力して、コミュニティの問題に取り組み、協働を促進し、

［3］　ミシガン州立大学内には大学の警察がある。

関係を構築し、幅広い関心を集める情報を共有している。

気候変動はガバナンスの持続可能性をどのように脅かすのか

ＳＧＩ（前述の持続可能なガバナンス指標）には、気候変動の原因となる排出を削減するための国際的な取り組みへの参加レベルに応じて政府を評価する指標が含まれている。これは、地球環境の持続可能性を高める活動に参加しないと、政府自体の持続可能性が低下するという見方を反映している。ここではさらに深く踏み込んでいくつかの推測を述べることにするが、これらの推測についてはさらなる調査と慎重な検討を必要とすることは認めなければならない。ヨーロッパ、特にドイツとスカンジナビア諸国の政府はＳＧＩの当分野で上位にランクされているが、周知のとおり、米国は気候変動の現状を是正することに政治的にはコミットしようとしていない[4]。（詳細については、『気候変動――みんなが知っておくべきこと』を参照してほしい。）国際協力に対する国内の支持を各国のストックと見なすことで、このストックが、容易に測定できる政治ストックである投票へのフィードバックを生み出すかどうかを調べることができる。ドイツの気候支援ストックはすでに米国よりも高い。ドイツの各レベルの政府が経済開発活動（送電網への公的資金提供など）と排出削減の取り組みとをうまく結び付けることができれば、気候政策を支持する投票と支援の両方への流入をもたらすという推測が成り立つ。少数政党（緑の党など）は他のグループと提携することで目標を達成できるため、ドイツの議会制度も何らかの役割を演じる可能性がある。

米国では多くの有権者が気候変動予測に懐疑的であり、このような人々の存在は政府の役割全般に対する懐疑論にもつながりかねないストックだといえるかもしれない。つまり、国際協力に対する国内の支持を測定するためにＳＧ

Ｉが注視している動向が、気候変動への懐疑論と政府への不信感を高めるフィードバックの引き金となる可能性があるのだ。これは、ドイツやスカンジナビアで起こっていることとは正反対だ。アメリカの投票システムには勝者総取りという特徴があるため、気候変動に対する懐疑論が強いと国際協力を拒否する党に支持が集まり、投票ストックが臨界点を超えてその党に権力を握らせる可能性がある。[5] しかし、なぜこのことが米国政府の持続可能性を低下させるのだろうか。この問いへの回答（これもまた推測になる）には、他の貿易分野や国際協定における米国の影響力など、さらに多くのストックへのフィードバックが含まれるかもしれない。関連するストックには、アメリカ人観光客や海外のビジネス関係者に対する好意が含まれる場合もある。もちろん、気候変動の影響が明らかになったときには、政治的にうまくやるために気候変動緩和への取り組みに反対した政治家や政権には期待が集まらなくなるだろう。

こうしたストック、フロー、フィードバックを客観的に測定することは困難だ。ガバナンスの持続可能性の定量的モデルを開発するというこの課題が、持続可能性の観点からガバナンスを評価することを難しくする一因となっている。その一方で、米国には自らの排出量のコストをそれに耐えられそうにない国々に押し付けるという不正義を犯す可能性があるだけでなく、今述べたような政策上の大失敗を犯す可能性もある。これまで米国内では何十年にもわたって無数の失策が許容されてきたが、気候変動政策に関する大失敗により、米国のガバナンスシステムの弱点がいよ

［4］　訳注2で指摘したとおり、二〇二一年一月に米国でバイデン政権が発足したことで、米国は気候変動問題に積極的にコミットすることとなった。もちろん、今後の動向は政権が変わるごとに大きく揺れ動く可能性がある。

［5］　米国の大統領選挙では、全五〇州と首都ワシントンＤＣに対して五三八人の選挙人が割り当てられており、投票によってその選挙人をまず選び、そこで選ばれた選挙人が大統領を選ぶために投票するというシステムをとっている。選挙人を選ぶ際には、一部の州を除いて、一票でも多く票を獲得した選挙人がその地域の投票権を獲得するという勝者総取り方式が取られている。

いよ白日の下にさらされることになるかもしれない。

パンデミックはガバナンスの持続可能性をどのように脅かすのか

疫病はヨハネの黙示録に登場する四騎士のうちの一人だ。気候変動の場合と同様に、公衆衛生の危機は主要なガバナンスプロセスの持続可能性が持つ弱点をあらわにする。二〇二〇年のCOVID-19パンデミックに対する各国政府の対応には、部分的にではあるが、政府がそのような事態に備えてどのような計画を立て、どのような準備していたのかが反映されている。こうした計画や準備の中身自体は、パンデミックを起こすような伝染病に関する各国の過去の経験やガバナンスに対する公衆衛生の専門家の影響力に左右される。いくつかの国の指導者は、パンデミックへの対応について長期計画を策定していなかったり決定的な行動を迅速にとることができなかったりしたために批判された。持続可能なガバナンス指標がガバナンスプロセスと執行能力に注目しており、それが正確なものだとしたら、これら二つの批判においては持続可能なガバナンスの問題が問われていることになる。執行能力指標を構成する主要な項目では、リーダーが識者のアドバイスにどのくらい耳を傾け、社会的、経済的利害関係者とどのくらい協議しているのかが注視されている。SARSウイルスやエボラ出血熱の発生とは対照的に、COVID-19のパンデミックでは公衆衛生政策と経済活動の間のフィードバックがあらわになったが、このことは政府の計画においてこれまで考慮されてこなかったものだ。

先に述べたように、政府の決定は通常、誰がどのような費用を負担するかを決定するものであり、ここでも同じことが行われている。まず多くの政府はウイルスの蔓延を防ぐために行動した。そのため事業は閉鎖され、「家にいて安全を保つ（stay home and stay safe)」ことが命じられた。その一方で、企業や労働者が被った金銭的な困難と経済全体におよぶより大きな脅威を埋め合わせる活動をし、事業閉鎖を延長した場合の財政的リスクと、閉鎖を延長しない場合の健康リスクを比較検討した。「経済を再開せよ」という一部の財界人による呼びかけは、経済活動の再開によって誰がプラスまたはマイナスの影響を被るのかということを心配する住民たちからの疑念にさらされることとなった。ウイルスに対してより脆弱で医療へのアクセスが不十分な労働者によって経済のエンジンが支えられているのだとしたら、隔離を終了して通常の経済活動を再開することに支持が集まらないのは当然だ。もちろん、医療へのアクセスが問題となる地域では、医療システムへの過負荷が起こりやすいため、慎重過ぎるぐらい慎重になって人々を互いに遠ざけることが重要になる。すでに述べたことではあるが、ガバナンスシステムが基本的なサービス、保護、セキュリティを提供できない場合には、ガバナンスシステムの持続可能性が困難に直面しているのだといえる。下位システム間の連携を考慮せず、発生確率は低いが重大な結果をもたらす事象に対応する計画が立てられなければ、パンデミックの原因となる感染症はガバナンス活動の持続可能性にとって重大な脅威の一つとなることがわかる。

覚えておいてほしいことは何か

この章の冒頭で述べたように、持続可能性に関するあらゆる本が政府について論じているが、持続可能性をより大きな概念として理解する際に、ガバナンスシステムがその一部として語られることはめったにない。ビジネスを支援し、生態系を保護し、環境質を確保し、経済発展を促進し、社会正義を追求するために政府が何をすべきかについてはよく議論がなされている。しかし、これらのことを行うガバナンスシステムの能力にはあまり注意が向けられていない。奇妙なことに、ビジネス、生態系、環境質、社会的領域の持続可能性を理解するためにシステム思考を駆使し、それに精通している人であってさえ、政府とガバナンスについて考える段になると、自分たちが知っていることをすべて忘れてしまっているかのようだ。この章の重要なメッセージは、ガバナンスシステムのいくつかの重要な要素（ストック、フロー、フィードバック）やシステムの階層とレジリエンスに注意を払うことで、何がガバナンスシステムの持続可能性に寄与するのかが理解しやすくなるということだ。

本章全体で説明されている例は、ある非常に重要ないくつかのストックの存在を示唆している。それらは大きすぎたり小さすぎたりするとガバナンスシステムを不安定にする可能性のあるストックだ。過度の抑圧、経済的不平等、失業、汚職、暴力は、ガバナンスシステムを脆弱にする。過少な基本的サービス、食料と水の不足、政府の透明性や公的財政能力の低さも、ガバナンスシステムを危険にさらす。そしてフィードバック関係はこれらの問題を増幅する可能性がある。経済的機会の欠如は経済的不平等の一因となるし、透明性の欠如は政府の腐敗に対する懸念を生む。国、州、地方のガバナンスシステムの有効性は互いに密接に関連しており、遠く離れた場所で行われた政府の決定は、身近なガバナンスシステムを通じて影響を及ぼす可能性がある。ガバナンスプロセスへの非政府組織、企業、個人の参加は、ガバナンスシステムのレジリエンスを強化する。政府が国民の懸念に耳を傾けず、それに対応できなければ、コミュニケーションの崩壊によってレジリエンスが脅かされる。

ここで、「持続可能性は環境だけに関わることなのか」という問いに答えて、第1章で述べたことを繰り返しておくのがよいだろう。答えはノーであった。しかし、人は政府について考えるとなると、汚染や資源枯渇の影響を抑制するための政策を重視する傾向がある。気候政策が議論されるようになるにつれて、システム的なプロセスがより注目されるようになった。にもかかわらず、ガバナンスプロセスについては、依然として、政策決定がシステム全体に影響を及ぼすフィードバックを引き起こすことなどないかのような扱いがなされている。結局のところ、規模の大きな持続可能性というのは、大規模な社会目標に関係する。そして政府を含むガバナンスのシステムは、社会がそのような目標を追求するための中核的な手段になる。ガバナンスの継続を可能にするストック、フロー、フィードバックの観点から、つまり持続可能性の観点から、ガバナンスのプロセスを理解するのは決定的に重要なことなのだ。

第8章　科学、教育、宗教、芸術における持続可能性

どうして科学、教育、宗教、芸術の持続可能性を検討するのか

科学と教育は、経済活動、環境質、ガバナンスをサポートし、宗教と芸術はコミュニティの暮らしに意味と目的を添える。この四つの分野の使命ないし存在意義は、啓蒙し、啓発し、知識を増大させ、意識を成長させることだ。教師、研究者、宗教的指導者、芸術家は、持続可能性の本質について理解するのを手助けしてくれる存在だと言っても過言ではないだろう。

持続可能性は、この四分野と二つの仕方で密接に関わっている。第一に、経済の領域と環境の領域がシステムとして相互に連関しているため、すべての人が社会全体でビジネスを行うなかでさまざまな脆弱性があらわになってくる。この脆弱性を減らすためには、私たちの集団的能力を高める必要がある。科学研究、学校、教会、創作活動は、そのためにどのような役割を果たすことができるのだろうか。この問いを立てることにより、私たちの持続可能性を高めるために、これらの分野がそれぞれどのように役立っているのかを詳しく探ることができるだろう。第二に、科学、教育、宗教、芸術といった活動を継続するには、何が必要かと問うことも可能だ。例えば、この四分野において人々

が行うすべての活動にはある程度の金銭的支援が必要であり、そうしたサポートを提供するシステムがどのようなものかを把握することができるかもしれない。科学の場合なら民間契約や助成金、学校であれば税金や授業料、宗教団体なら寄付、作家やミュージシャン、映画製作者、画家、彫刻家、その他クリエイティブな活動を行う個人に対しては、営利ないし非営利の目的でのサポートが考えられるだろう。

換言すると、このような各分野の人々は、持続可能性を向上させるために何をしているのだろうかと問うことができる一方で、これら四分野の活動を独力で持続可能にするためには何が必要かという問いを立てることもできる。本章ではどちらの問いについても触れるが、ガバナンスプロセスの持続可能性を強調したガバナンスの章とは異なり、ここでは、科学者、教育者、宗教家、芸術家が、社会制度と私たち暮らし方全般の持続可能性を高めるために何をしているのかに注目する。

科学、教育、宗教、芸術はどのように持続可能性向上に取り組んでいるのか

現代社会のあらゆる側面をより持続可能なものにするという目標は、生活の多様な領域にまたがって、考え方と行動に影響を与える。この章で説明する四分野は、知識、認識、能力を向上させるという目標は共有しているが、言うまでもなく、目標へのアプローチの仕方の点でも、強化しようとしている認識や能力の種類の点でも著しく異なっている。生態学やシステム工学などの科学は、持続可能性の問題にとって鍵となる考え方を生み出してきた。また同時に、科学研究を組織し遂行するあり方は、持続可能性が問題になっている現在、大きな変化を遂げてきている。科学、技術、工学におけるこのような変化は、大学レベルの教育プログラムの再編成につながった。宗教では、自然の保全や保護を行

うための宗教的根拠について検討がなされており、それは信仰を実践する伝統的な仕方や、場合によっては、精神的な悟りの意味そのものにまで影響を与えている。芸術は、クリエイティブな仕方で、より多くの公衆が持続可能性の問題に関心を持つように仕向け、集団行動や意思決定を通じて個人が環境問題や社会問題に取り組むよう鼓舞している。

学びを追求し自らの行動能力を高めるこの四つの方法それぞれについて、これから一連の問いを立てていくことにする。それぞれの問いは、より詳細なレベルで検討することができるかもしれない。例えば、物理学者が持続可能性をどのように研究し、それが持続可能性に関する経済学者の仕事とどう区別されるのかという問いに踏み込んでいくことが可能だ。また、持続可能性がさまざまな宗教的信仰の伝統の中でどのように広がっているのかを探ることもできる。芸術には多種多様な形態でのクリエイティブな活動があり、その数は圧倒的だ。加えて、医療、観光、レクリエーション活動、スポーツイベントなど、これら四つの見出しでは明らかにカバーしきれていない専門分野や職業もある。遅かれ早かれ、私たちはどんどん深みにはまっていってしまうだろう。したがって、ここでは読者がこの四分野における取り組みを理解し、その価値を認めるのに役立ちそうなことに絞って問いを立てていこうと思う。

サステナビリティ学とは何か

サステナビリティ学（sustainability science）[1]は、生態系を脅かす持続不可能な慣行を特定し、生態系サービスの統

［1］　第1章の訳注［1］でも述べたとおり、本書ではsustainabilityを「持続可能性」と訳しているが、サステナビリティやサステイナビリティというカタカナ語もすでに日本語に定着しており、sustainability scienceも「サステナビリティ学」という名称で呼ばれることが多い。本書でもそれに準じて「サステナビリティ学」という名称を用いる。

合性を維持するための代替案を見つけ出すことを目的とする科学研究だ。この研究では、自然科学と社会科学の両方が持続可能性の重要性を明らかにする上で大きな役割を果たしている。これまで持続可能性（サステナビリティ）という名目で行われた研究では、環境的な側面に力点が置かれてきた。本書でもトピックとして論じられているような、組織の財政的持続可能性やガバナンス機関の安定性とレジリエンスに関する研究も確かに行われてきてはいるが、それにもかかわらず、サステナビリティ学という用語は、主に環境システムに対する人間の影響を強調する研究を表すために使われている。例えば、ビジネス活動に関するサステナビリティ学では、第2章で説明した持続可能性と収益性の関係ではなく、ライフサイクル分析と資源の使用が重視されている。

サステナビリティ学はどこからともなく生じてきたものではない。第3章では、森林管理と個体群生態学の基本的な考え方に関連して、持続生産量という概念がどのように形成されたのかを見た。最近では、環境科学者がプラネタリー・バウンダリー（第3章で説明）という考え方を生み出し、温室効果ガスと大気の相互作用のモデルを使って、気候システムに劇的な変化をもたらす諸々のサイクルを明らかにしている（第4章で説明）。経済学者は、有限な資源がどんどん不足していく状況に市場がどう順応するかを研究し、潜在的に再生可能な資源がどのようなかたちで脅威にさらされうるのかを特定した。要するに、持続不可能な慣行から生じる脆弱性の社会的、環境的原因に関して私たちの理解力を高めるという根本的な役割を科学が担っているのだ。

二〇〇四年、米国科学アカデミーはその名を冠した学術雑誌、『米国科学アカデミー紀要』（Proceedings of the National Academy of Science（PNAS））にサステナビリティ学専門のセクションを追加した。この権威ある組織がめざしたのは、持続可能性に直接適用可能で、あらゆる種類の意思決定を支援するような新しい科学研究を受け入れ、また同時に奨励することだった。問題解決を志向するこうした姿勢は、研究計画を立てたり研究に優先順位をつけたりする際に従来の科学分野がとっていた伝統的なやり方からの脱却だった。サステナビリティ学は、古典的な学問分野（物理学、化学、生物学、経済学、心理学など）のあり方からの離脱を意味しているのだ。

サステナビリティ学は応用科学とどう違うのか

科学では長い間、基礎研究と応用研究は別物だと考えられてきた。どの科学分野においても、さまざまな現象の背後にあるメカニズムに対する好奇心が探求への原動力となっている。それぞれの科学分野の目的は、研究対象となっている出来事やプロセスについて、より完全で正確な説明を構築することだ。このような好奇心に基づく研究は、基礎科学に分類される。物理学と化学の基礎研究は、物質世界についてのより強力な新しいモデルを生み出しているし、心理学の基礎研究のおかげで、記憶、知覚、人間の行動がより洗練されたかたちで理解できるようになってきている。こうした分野の進歩は特定の問題や技術に応用され、運輸、農業、医学などに革命をもたらしてきた。基礎科学をこのように実用化するために必要な研究が応用科学と呼ばれているものだ。

応用科学の多くの分野は、基礎科学よりもかなり儲かっている。農業、公衆衛生、天然資源管理における重要な例外を除いて、応用研究では民間投資家がお金を払い研究を運営している。特許、イノベーション、新技術は、科学者（または科学者の雇用主）に経済的利益をもたらす。基礎科学はこのような発明や製品を支えるものかもしれないが、科基礎科学における発見は誰でも自由に利用することができる。基礎研究は、市場でやりとりされる製品ではなく、科学雑誌という出版物を生み出す。二〇世紀を通して、大学や政府、非営利団体は、基礎研究を優先して、さまざまな科学プログラムを計画してきた。応用研究をすれば金銭的報酬が得られるので、それが応用研究を行う十分なインセンティブになると想定されていた。片や大学は、利益の追求ではなくより広い公益への奉仕を責任として受け入れていたため、基礎科学を優先して支えることがその使命の一部だとみなされていた。第二次世界大戦後、米国政府もこのモデルに従い、国立科学財団（ＮＳＦ）や国立衛生研究所（ＮＩＨ）などの研究機関を設立した。このような機関においてもまた基礎研究が優先されている。国立衛生研究所の研究者は、基礎生物学や病気の経過のメカニズムをテーマとして研究に取り組んではいるかもしれないが、それを治療するための薬や機器の開発は民間に任されている。

持続不可能な慣行の問題は、利益主導型の研究にはあまり向いていない。問題は複雑なので、それだけですべてが解決できるような単独の製品を開発することよりも、多方面に配慮が行き届くよう調整された行動が必要とされる。難しい状況に対処するためには、応用科学の場合と同様に、基礎となる理論を応用してより具体化していく必要があるのだが、こうした研究をたくさん行なっても民間が金銭的見返りを得る見込みはほとんどない。問題を解決したとしても、調査コストを回収するために販売できるものが何もない場合もある。それに加えて、どのような種類の研究を行う必要があるかは、問題をどう認識するのかによって変わってくる。つまり、この手の研究は好奇心主導ではなく問題志向型なのだ。この点でも、持続可能性の研究は基礎科学の研究機関に適しているとは言い難い。社会問題や環境問題に解決を与えるような研究は各分野の最前線で未知の領域に取り組む研究より優先されるべきだという提言は、従来の学問分野の伝統からするとかなり違和感がある。そのような研究を一流の科学雑誌に発表するのは難しいし、研究しても報われないのではないかとの疑念を多くの研究者は抱いている。自然科学分野の研究組織におけるこうした弱点が明らかになったため、サステナビリティ学の発想が生まれることとなった。

サステナビリティ学は、いくつかの異なる道筋をたどって発展した。複雑系科学は、生命が依存する社会的、生態学的システムの複雑な相互依存性をよりよく説明するために、数学的モデリングの新技術を重視する。多くの場合、このような研究はさまざまな科学分野からの協力を必要とするため、学際的科学が他のタイプのサステナビリティ学を補完するものとして発展してきている。また、持続可能性の問題は十分に構造化されていないことが多い。そうした問題については利害関係者が異なる対応を望み、それらが互いに両立不可能なことが多いからだ。このような問題は厄介な問題として知られており、サステナビリティ学はこの厄介な問題に対処するための新しい方法を開発してきている。この分野の研究者が自然と人間の結合システムについて研究するツールを開発したのは、その一つのアプローチだ。

それとは別に、参加型研究を重視するというアプローチの仕方もある。好奇心主導の科学という古典的な研究形態は、その科学コミュニティの利益を追い求め、それぞれの科学分野内の知識だけに依拠して研究を進める。しかし、科学者よりも科学者ではない人の方が調査対象になっている問題についてはるかによく知っていたり、科学者が問題に答えるために積み上げようとしている知識をそうした人がすでに持っていたりする場合がある。さらに、科学研究の成果を実地に応用するには、そういった非科学者による協力が必要になることもよくある。研究プロジェクトの設計、データの収集、結果の分析に市民を巻き込むという新しい手法により、科学研究は解決が必要な問題にもっとうまく対応できるようになる。また、この新手法ではすべての職業、民族、社会集団の人々をできるだけ網羅的に巻き込もうとする。このことは知識の裾野を広げるのに有用なだけでなく、科学研究の成果を非科学者にもわかるような言葉へと変換するのにこれまで費やしていた労力を減らすことにもつながる。

複雑系の科学と参加型研究は、別々の独立した専門分野として生まれてきた。さらに、サステナビリティ学のこれらどちらの分野においても、好奇心主導型の科学であるさまざまな古典的科学分野からの知識を統合することが必要になる。しかし、このような調査アプローチにはそれぞれ独自のデータ収集方法と分析方法が含まれており、そこから得た諸々の結果を問題解決のための統一的なアプローチにまとめることが困難な場合がある。したがって、サステナビリティ学のさらなる課題は、科学の統合能力を向上させる方法を開発することだ。サステナビリティ学には、学問分野の境界を越えた新しい調査方法が必要だということになる。

厄介な問題とは何か

一九六〇年代、ホルスト・リッテルとメルヴィン・ウェバーは都市計画家に向けて「厄介な問題（wicked problem）」という考え方を定式化した。技術的な分析で解決できる「飼い慣らされた問題（tame problem）」と、伝統的な訓練を受けてきた都市計画家の技術的なスキルを超える「厄介な問題」との違いを指摘したのだ。リッテルとウェバーは厄介な問題の一〇の特徴を次のように明らかにした。

1. 厄介な問題には、問題についての明確な定義はない。
2. 厄介な問題についての研究は、いつ終わるかわからない。
3. 厄介な問題の解決策は、正しいか間違っているかではなく、良いか悪いかだ。
4. 厄介な問題が解決に向かって前進していること、あるいは、すでに解決されていることは確認できない。
5. 厄介な問題には、試行錯誤による学習は通用しない。
6. 厄介な問題への対応の仕方は、事実上無限だ。

7. すべての厄介な問題は、それぞれ本質的に唯一無二だ。
8. すべての厄介な問題は、どれも他の厄介な問題と絡み合っている。
9. 厄介な問題の解決の良し悪しは、それを見る人の視点により変わる。
10. 都市計画家には、間違いをおかす権利はない。

このリスト（文言は少し変更した）は、計画家とサステナビリティ学者の間で多くの議論を引き起こしたが、ここでは持続可能性について考える際に特に関係するいくつかのポイントに限定して検討することにしたい。

持続可能性の研究者にとっては、厄介な問題の第一の特徴である「問題の明確な定義の欠如」が最も重要なものだ。何が問題なのかについて一般的な合意がある場合、研究者のチームを集めて、その問題に対してどのような解決策があるのかを特定することができる。しかし、何が問題かについて人々の意見が一致しないとき、問題解決に向けて進んでいるかどうかの基準は見る人によって異なるため、その進捗状況を確認することは、不可能ではないにしても、大変難しい。持続可能性の研究者のなかには、こうした問題のことを「うまく構造化されていない問題」と呼ぶことを好む人もいる。なぜなら、「厄介な」という言葉は、はっきりとした対象があるわけでもない道徳的な善悪の判断のことを意味しているように見えてしまうからだ。厄介な問題は「問題」と呼べるほどの一貫性も、それについての合意もないと言う人もいる。つまり、それはいわゆる「ゴタゴタ」であり、理性的な議論というよりも、飲み屋での喧嘩のようなものだというわけだ。

複雑な問題と厄介な問題には違いがある。多くの構成要素が絡み合い動きが予想しにくいシステムは、科学研究者に極めて困難だがやりがいのある課題をもたらす。自然現象の多くはあまりにも複雑なため、その動きを予測する正確なモデルづくりに逆らい続ける。エンジニアは液体と気体の挙動を分析する強力なモデルを構築したが、このようなツールでは流れがいつ乱流になるのかを正確に予測することはできない。しかし、この問題は非常に複雑ではあるが厄介なものではない。気体や液体の乱流を予測したり制御したりできる数学モデルがこの問題の解決策の一つだということには、誰もが同意するだろう。

リッテルとウェバーの「都市計画家に間違いをおかす権利はない」という最後の指摘が強調しているのは、ほとんどの厄介な問題には不可逆性と賭けの要素がついて回るということだ。厄介な問題を改善したり管理したりしようとすると、たいていの場合には、リスクを冒して一部の関係者にコストを強いることになってしまう。厄介な問題に関わること自体も状況に影響を及ぼし、問題の初期条件や構造を変え、やり直しがきかなくなる。そのため、厄介な問題に介入しようとする試みには倫理的な責任が伴う。研究者と政策立案者は、状況を改善しようとする試みによってどの集団が最も大きなリスクにさらされるのかを検討し、費用と便益の最も公平な分配を決定する必要がある。

ある意味で、リッテルとウェバーによって描かれた厄介な問題の特徴は、ロジャー・ペルキー・ジュニアによる二種類のガバナンス問題の違いと同類のものとみなすことができる（ガバナンスについては第7章で説明した。飛ばした人はそちらを参照）。問題の本質と問題に介入することで生じる望ましい結果について一般的な合意がある場合、ガバナンスをめぐる駆け引きは複雑なものではない。このような問題は、リッテルとウェバーが言うところの飼い慣らされた問題ということになるだろう。ペルキーは、最も長く続いている政治的な問題（彼が挙げている例は中絶だ）には、価値観の対立と技術的な不確実性の度合いが高いものが多いと指摘している。また、問題の定義についての合意も不足しており、何が解決策とみなされるのかについての見解も分かれている。このような問題は厄介な問題だといえる。何らかの介入をした場合、その結果はどうあるべきなのか。望ましい結果が達成されたのか。このようなことについて合意がなされるためには、影響を受ける人々の間でいくつかの価値が共有されている必要がある。厄介な問題は、問題の原因の点でも、問題を解決するための努力の有効性の点でも、諸々の行動が自然や人間のシステムに波紋を広げて無数の新しい問題をもたらすことが避けられないという点でも、かなりの不確実性を伴っている。

学際的科学とは何か

学際的科学（interdisciplinary science）は、持続可能性に役立ついくつかの異なるタイプの革新的な研究アプローチの総称だ。複数の学問分野の共同研究には、適切にまとめられた情報が複数の異なる分野から提供される必要がある。例を挙げると、ジェームズ・ワトソン、ロザリンド・フランクリン、フランシス・クリックによるＤＮＡ構造の発見には、生物学、顕微鏡学、物理学からの情報提供が必要だった。そして、いくつかの分野からの協力が必要なのはもちろんのこと、学際的な研究においては研究テーマとなっている問題の定義が分野の境界を越えているため、異なる分野の研究者の間で緊密に交流する必要がある。例えば農学においては、作物学者と農場経営学者の別々の研究をある農業従事者のケースに最適化するために追加の手順が必要になることがよくある。十分に発達した理論を擁する複数の知識領域の間に位置づけられる学際的問題もあるし、問題の理解やその対処に、科学的方法だけでなく実践的な技術や人文学的な学芸をも必要とする学際的問題もある。学際的調査や学際的科学という用語は、こうした状況を表すためによく使われている。

科学者たちはこの種の研究をすることの意味について議論をしているが、彼らの多くは、この新しい考え方に順応するのが難しいと感じている。ほとんどの研究者は特定の分野の範囲内でのみ訓練を受けており、各分野には独自の語彙、理論体系、確立された研究方法がある。大学や研究機関の運営単位は学問分野ごとに分かれて編成されており、昇進もそれぞれの分野に貢献したかどうかに左右される。科学者が学際的な仕事を通じて厄介な問題に取り組む際には、着手してすぐに壁にぶつかる。自分とは異なる分野の言語を学ばなければならないことはその一つだ。分野が異なればデータ収集や分析を行う際の基準や方法も異なり、そのような情報が公開されている場所も異なる。このような課題を踏まえて、現在は研究を行う方法についての研究がなされている。さまざまな分野の研究者がチームを編成して運営する方法に関する研究が行われているのだ。持続可能性の厄介な問題に対処できる学際的研究を促進すべく、大学はさまざまな方法を模索している。

複雑系科学とは何か

システムが入り組み交錯している時、それは複雑だといわれる。複雑系科学は、持続不可能な活動の複雑さに対応するために、そうした活動についての研究を導く理論的な仕組みを構築している。また、非常に入り組み交錯したプロセスと活動をモデル化するために、新しい数学的なツールを作り出している。複雑系研究は、異なる科学研究領域において複雑さを測定したり分析したりするために利用されているさまざまな方法をすべて列挙することから始まる。例えば情報技術においては、シーケンスの複雑さは、シーケンスを生成するように設計されたプログラムの最小ビット数によって測定される。複雑な適応システムは、システム内で相互作用するユニットの数、フィードバックの存在、システムとその環境間の相互作用の非線形性によって定義される。より一般的には、部分の相互作用が数学モデルで追跡できる場合には、複雑さは組織化されていると見なされる。一方、相互作用が事実上ランダムな場合、それは無秩序ということになる。入り組んで込み入った現象の学際的研究には、さまざまな領域における複雑さの定義法や対処法をチャート化することが重要となる。

複雑性は、基礎科学内でも興味深い現象として浮上してきている。とりわけ物理学と経済学は、各々の分野が研究する現象の振る舞いを説明するために洗練された数学的アプローチを着々と生み出してきた。例えば、カオス理論は初期条件に非常に敏感な動的システムの動作を研究する数学の分野だ。この理論は、非常に複雑な気象システムが相互作用するときに発生しうるシナリオに確率を割り当てることで、天気予報の精度を向上させている。気候モデルの構築者は、一日単位や週単位で気象に影響を与える基礎条件についてさらに長期的なシナリオを立て、それにカオス理論を適用して確率を割り当てる。サステナビリティ学においては、多くの要素が極めて複雑に相互作用するシステムに対処するためにこうした強力なツールが構築されており、それが学際的なコンテクストのなかで複数の知識分野を統合するために応用されている。

人間と自然の結合システムとは何か

大気、海洋、森林、サバンナ、湿地の生態系などの自然システムの振る舞いに関する研究は、二〇〇〇年の時点ですでに数世紀にわたってなされてきている。エネルギーフローのための生物物理学的モデルが開発されてテストされ、捕食者－被食者の関係に関する個体群モデルが利用可能となった。このような現象が完璧に理解されたとはいえないまでも、かなりのことが明らかとなった。経済学、心理学、社会科学もまた同様に、人間の行動を理解し予測するためのモデルを構築した。こうしたモデルは、金融政策、経営管理、教育に適用されて、大きな成功を収めている。しかし、大気、海洋、陸域生態系などの自然システムを人間が使用し、それに影響を及ぼすあり方が持続可能性の問題の原因となっていることが明らかであるにもかかわらず、自然環境研究と人間行動科学の知見を一つにまとめて引き出そうと試みた研究はほとんどなかった。

人間と自然の結合システム分野の研究者は、人間の行動について知られていることを、自然システムのストックとフローの生物物理学的モデルへと統合するための科学モデルを構築している。最も基本的な事例では、人間の意思決定からのフィードバックが森林や漁業の収穫のフローに結びつけられている。さらに、自然システムから社会システムへのフィードバックをモデル化することも可能だ。例えば、経済的に重要な天然資源（魚や化石燃料など）のストックが減少すると、価格が上昇し、経済システムを通じてフィードバックが送られることになる。サステナビリティ学においては、社会科学者が人間の行動や社会経済システムについて知っていることと生物学者が生態系について知っていることを結びつけるのが最初のステップであることは明白だが、それは技術的にはなかなか難しい挑戦でもある。

二〇世紀には、持続可能性の問題に対する基礎科学の取り組み方と応用科学の取り組み方の間には、紛れもなく大きなギャップが存在していた。この隙間を埋めるのが人間と自然の結合システムのモデルだ。持続可能性にとって問題となるシステムには、生物物理学的プロセスと人間の行動の相互作用が含まれる。この相互作用を反映していないモデルは単純すぎて、持続可能性の向上が見込めるような戦略を特定する力があると言えるようなものではなかった。人間と自然の結合システムのモデル化は、持続可能性に影響を与える地域やグローバルシステムの複雑な現状に対応する貴重な手段ではあるが、このアプローチなら厄介な問題に対処できると手放しで言えるわけではない。この結合モデルは、厄介な問題に特徴的な曖昧さ、不確実性、大きな賭けといった要素に対応できるようには構築されてはいないのだ。経済モデルと生態学的モデルを結合することで、科学者は人間と自然のシステムにある相互作用の複雑さについてより包括的な視点を得ることはできる。しかしながら、持続可能性の問題は明確に定義されておらず、またその意味についても議論が続いている。したがって、二つのモデルの結合それ自体は、こうした不確定な本性を持つ持続可能性の問題に対処するための主要な戦略とはならない。

参加型研究とは何か

広く定義するならば、参加型研究とは、問題の定義、研究方法の開発、研究で得られた知見の現場への応用において、非科学者が中心的な役割を果たすあらゆる形態の科学研究のことだ。参加型研究の典型的な特徴は、学術界に属さないパートナーが研究課題に関与していることだ。参加型研究では、はっきりとした問題、つまり実生活で起きている問題が対象となっており、利害関係者はその問題について何か協力したいと考えている。参加型の方法論には、サステナビリティ学よりはるかに長い歴史がある。食品や医療などの分野の応用研究者は、各々が従事している研究の受益者と交流する手段を講じてきた。しかし、従来の応用研究の形式では、利害関係者が参加するといっても、こうした人々が研究方法の開発や合意にパートナーとして積極的に関与することはめったにない。農業、公衆衛生、天然資源の応用研究は多くの人に利益をもたらすが、研究者がその現場に向かう際には、そこで起きている問題がどのようなことなのかについて、普通はあらかじめ何がしか想定してしまっている。研究者は、持続可能性に関連して生じるような類の問題については、多くの利害関係者がより根本的なレベルで関与する必要があることを学んできているところだ。

しかし、この小さな変化が科学にもたらした影響については、あまり喧伝しない方がよいかもしれない。医療研究者は、薬や治療法を研究するために病気に関する医師の知識を利用する。植物育種家は、干ばつや害虫の問題を理解するために農家と話し合うことがある。こうした形態の応用研究では、科学者は利害関係者が直面する問題に対処するために研究のプロセスを最適化する。対照的に、政策立案や経営管理に関わる学問分野は、確固とした構造を備えていない複雑な問題を相手にするため、単純に製品や手順を開発してその使用方法を人々に教えるというやり方ではうまくいかなかった。政策立案分野や経営管理の応用研究者は、泥沼の論争にはまり込んでしまったり、使えそうな対応策がどれも不確実性を抱えていたりするようなタイプの問題に長い間直面してきた。こうした分野では、問題解決に向けて利害関係者たちを学習のプロセスに巻き込み、お互いに協力できるよう配慮する必要がある。このタイプの研究では、科学的なトレーニングは問題の技術的側面を定義したり可能な対応を提案したりするのに役立つが、研究者が利害関係者に手渡すことのできる研究成果（薬や植物種）はない。コミュニティパートナーと協力する方法については、経営管理や政策立案の分野において実績があったため、それを応用するかたちで、持続可能性における厄介な問題に利害関係者がより積極的に参加できるようにする取り組みがなされてきた。

参加型の方法では、問題定義の初期段階で非科学者が関与するアプローチが必要だ。従来の応用科学では、参加者は共通の関心と目標を持っているので、基本的な問題の定義について同意することは十分にあり得る。しかし、水やその他の天然資源の管理などの一部の応用分野では複数の用途が存在することがあり、異なる視点の並存という厄介な問題に特有の状況が発生する。一九六〇年代に都市計画家がうまく構造化されていない問題に直面したように、土壌管理、水質、公有地の使用に関わる研究者は、資源の最適な使用方法について多様な視点を持つ公衆のニーズを満たすために長い間はたらいてきている。そこで鍵となる手法のうちの一つが、利害関係者のグループを特定して集め、協議と審議のプロセスに参加してもらう方法を見つけることだ。これにより、対立するビジョンや利益について、公正かつ公平なプロセスでの交渉が可能となる。また、問題解決の重要性を利害関係者に気づかせるのと同様に、彼らがさまざまなかたちで問題について学べるよう、知識獲得のための多様な手法（知識を生み出し、それを応用する仕方）を研究のプロセスに取り入れることもとても重要だ。

研究者と利害関係者のパートナーシップでは、さまざまな学問分野や組織環境で生じる厄介な問題にようまく対応すべく、グループ会合を開催し運営するための方策が発展してきた。参加型研究の方法と戦略は、ソフトシステム研究、デザイン思考、シナリオ分析、五つの原則、クリティカルシステム理論など、さまざまな名称で呼ばれている。それぞれが独自のアプローチを持つが、共通しているのは、多様で潜在的に異なる意見を持つ関係者を集めて、諸々の研究手段や科学的手法、デザイン手法を駆使することで、現状をどう改善できるのかをみんなで一緒に発見することを目標としている点だ。

持続可能性は科学にとって厄介な問題か

この問いへの答えは、イエスでありノーでもある。システムの主要なストック、フロー、その他の要素、システムの役割と考えられていることがらについて全員が同意する場合には、システムプロセスが機能し続けられるかどうか、またどの程度機能し続けられるのかということは技術的な問題となる。例えば、管理された森林で樹木が伐採される速度を測定することは、複雑ではあるが飼い慣らされた問題だ。このシステムの基本的なフローは、樹木の成長率で決定することができる要素だが、天候が変動したり病気の発生や昆虫の蔓延の可能性があるため問題は複雑になる。

一方、これと同じ問題であっても、システムの境界について意見が対立する場合や、システムがもたらす資源の利用について複数の関係者が異なる目標を持っていたり異なるレベルの管理を行なっていたりする場合には、厄介な問題になる。州や連邦の森林資源管理機関は、レクリエーション、水辺、野生生物に対して木材と同等の価値を与えるという複合的利用管理戦略の実施が課題になった際に、その問題の厄介さに直面することとなった。ある海の漁場から魚を捕獲できるペースを測定することは、管理された森林から樹木を採取できるペースを計算することと非常に似ているはずだ。しかし、何が問題なのかということについては、人々が必ずしも同意するわけではないので、漁業の持続可能性はやはり厄介な問題となる。漁師にとっては収入や伝統的な暮らし方を維持することが問題かもしれないが、魚介類の卸売業者にとっては小売業者に製品を常に安定して届けることができなければシステムは持続可能ではない。環境保護論者はさらに別の目標を持っている可能性がある。しかし、漁業のストックとフローに影響を与えるすべての関係者を管理する権限や能力を持っている人はいない。こうしたことに加えて、魚が泳ぎ回るという事実もシステムの境界を規定するのを難しくする一因となっている。

持続可能性に関する問題が私たちの現在のライフスタイルの持続可能性のような大きな問題にまで拡大されると、厄介さの度合いは明らかに高まる。私たちは本書を通して持続可能性がさまざまなかたちで理解できることを示してきたが、この異なる理解の仕方が思いもかけないかたちで重なり合い、相互作用して、科学研究の新たな機会を生み出している。水の専門家は、経済学者やコミュニケーションの専門家と協力する必要があることに気づくことになる（学際的な研究）。非科学者が重要な情報を持っていることもあるだろうし、解決法をテストするための調査プロセスに非科学者に加わってもらう必要があるかもしれない（参加型調査）。研究者は、生物物理学や社会科学に着想を得たモデルを構築する必要がある（結合システム）。科学者はモデル構築のために学んだ原理のいくつかを修正しなければならなくなることがあるが、それをどう進めるかについては確信が持てていない。これらすべての点で、持続可能性は研究者にとって厄介な問題だといえる。自然、社会、経済、政治のシステムは、階層のさまざまなレベルで相互作用している。しかし、そのあり方を研究する際に現れる複雑さについて、私たちは議論をし始めることすらできていない。しかも、失敗することは私たちには許されていない。私たちの暮らしを支える環境システムが崩壊すれば、人的、社会的コストは驚くほど膨大になるだろう。最悪のシナリオでは地球という惑星に住むことすらできなくなる。このレベルまでくると、持続可能性を取り戻すことはもはやできない。だからこそ、サステナビリティ学の研究者は、この学問研究を構築するために最良の戦略を発見するべく、多大な時間とエネルギーを費やしてきているのだ。

サステナビリティ教育とは何か

簡単に言うと、サステナビリティ教育とは、サステナビリティ学のあらゆる要素を教育プログラムに組み込むことだ。サステナビリティ教育には少なくとも二つの側面がある。第一に、サステナビリティ学は、大学をはじめとする学校においてカリキュラムの変更を促している。持続可能性を組織の主要理念とする学部課程と専攻が設置され、展開されている。第二に、成人教育にたずさわる人も、労働力の改善、再訓練、生涯学習のためのプログラムに持続可能性のテーマを反映し始めている。博物館、映画、その他の形式のインフォーマル教育[2]も、この新しいタイプのサス

［２］　何らかの組織において学ぶのではなく、日常生活におけるさまざまな経験から知識、技術、態度、ものの考え方などを学ぶ教育のあり方。家庭、職場などの身近な環境における学びに加え、ラジオ、映画、テレビ、インターネットなどのメディアを通じた学びもこれに含まれる。

テナビリティ教育[3]に含まれる。

学校はサステナビリティ教育にどのように取り組んでいるのか

二〇〇〇年頃から、多くの大学が持続可能性に取り組むためにカリキュラムと事務組織を再編成し始めた。新しい専攻や学部、場合によっては新しい学校や大学が作られたり、大学全体が再編成されたりした。その理由の一つは、学際的なコラボレーションを促進することだった。またそれとは別に、生物学、化学、経済学、心理学などの学問分野ごとに分かれた古い教育モデルとは距離をおいた、新しいコースと学習プログラムを開発するという目的もあった。こうしたすべての学問領域を統合し、それぞれの分野の中から持続可能性という課題に最も関係する要素を取り入れた新しいコースと専攻が編成された。サステナビリティ教育プログラムは、システム思考やシステム分析をトレーニングの計画に盛り込んでいる。また科学的トレーニングに加え、環境哲学と人文科学、クリエイティブアートやデザインのコースワークもこのプログラムには含まれている。

サステナビリティ教育プログラムには、環境科学や環境研究のプログラムのラベルを貼り替えたものにすぎないものもいくつかある。さらに、レジリエンスの考え方が持続可能性に関する公の議論のなかで中心となるにつれ、持続可能性の概念そのものの重要性が一部の評者にとっては薄れているようにも見える。加えて、サステナビリティプログラムを卒業した学生の就職先も懸念材料になっている。サステナビリティ教育の内容が明確になっていないため、持続可能性に重点を置いた雇用カテゴリーの作成が遅れているのだ。それにもかかわらず、持続可能性に関連する教育プログラムは学部生の間で大変人気があり、登録者の数も多い。他の学校種別に関して言えば、小中学生や高校生向けのサステナビリティ教育は始まったばかりで、若い学習者に合わせた持続可能性のためのカリキュラムの基本要素を模索しているところだ。多くの教育者は、ガーデニング、リサイクル、省エネを通じた体験学習に重点を置いており、持続可能性の向上を目的とした活動の設計と実施に生徒を巻き込むようなかたちとなっている。このようなプログラムが適切に実行された場合には、生徒は複雑なシステムに触れ、主要な目標を達成する能力に対してストック、フロー、フィードバックが影響を与える可能性があることを、実践的な経験を通じて学ぶことができるようになっている。学校におけるこうした活動ベースの教育形態は、学校教育以外で実施されている成人教育プログラムでも多く採用されている。

成人のサステナビリティ教育にはどのようなものがあるのか

教室での指導は大切だが、一八歳以上（および二五歳以上）の人の多くには、教室に足を踏み入れる機会はもうないだろう。こうした人が持続可能性について知っておいたほうがよいことはあるだろうか。もちろん、答えが「はい」だと思っていなければ、『持続可能性――みんなが知っておくべきこと』というタイトルの本を私たちが書くことなどなかっただろう。ある意味、あなたがいま読んでいる本は、成人のサステナビリティ教育の一例なのだ。この本

［3］　ここでサステナビリティ教育と呼ばれているものは、本書での持続可能性概念の広さを反映して、かなり広い範囲のものが考えられている。したがって、サステナビリティ教育は、「持続可能な開発のための教育（ESD: Education for Sustainable Development）」をも含むより広義の概念だと考えられる。

を、Q&Aの形式で、脚注もなく、[4] カジュアルな文体（になっているつもりではあるのだが）で書いているのはすべて、試験に通るためにこの本を読むわけではない人をサポートしたいからにほかならない。本書に加えて、成人教育には資料を読むよりもはるかに幅広い活動や媒体が含まれる。

博物館での体験は、インフォーマルな成人教育の中で最も効果があるものの一つだ。博物館が従来の通り抜け通路型の展示を行う場合でも、インタラクティブなプロジェクトや体験を伴うような活動ベースの形式をとる場合でも、大人が（多くの場合には子供と）科学館、歴史館、美術館に訪れることで、持続可能なシステムと私たちの現代的なライフスタイルへの脅威に関する貴重な情報伝達の機会が生み出される。さらに、博物館、大学、地元の学校システムは、人々が持続可能性の基礎となる科学について学び、話し合うことができるよう、「サイエンスショップ」や「サイエンスカフェ」といった新しい場を実験的に提供している。こうした方法は、やがては充実した公開講座へとつながっていくこともあるかもしれない。図書館、教会の集会、聴衆が集まれる場所であればどこでも、持続可能性に関する講演会を開くことは可能だ。

こうした取り組みの重要性はいずれも、持続可能性自体の本性に根ざしている。持続可能性は複雑なシステムに関係する厄介な問題であり、舞台裏で働く専門家によって確保されるようなものではない。配管工に電話して、水道管の漏れを直してもらっている間に、映画を見に行くのとはわけが違う。私たちの活動をより持続可能なものにするには、私たち一人一人が行動し、またそうした行動が多くの場面で追求される必要があるのだ。人々が持続可能性について深く学び、それを向上させるために他の人と協力できる残り二つの舞台、すなわち宗教活動と芸術について次は検討していく。

持続可能性の考え方はどのように宗教に取り入れられているのか

この問いに答えるには、少し予備知識が必要だ。中世の歴史を専門とする歴史家リン・ホワイト・ジュニアは、一九六七年に「現在の生態学的危機の歴史的起源」という題名の論文を発表した。ホワイトは、人間による天然資源の浪費や破壊的利用が、ユダヤ教、キリスト教、イスラム教に共通する教義に基づいているというかなり突っ込んだ批判を行った。彼によれば、これらの宗教において、自然は神から人類への贈り物として描写されており、この贈り物を利用することだけでなく、最終的にはそれを搾取することさえも人間の選択に委ねられている。死後の世界における救済の教義が、これらの信仰の伝統を信じる人々を、地球の保全や健全性への気づかいから解放したというのだ。ホワイトの論文が引き金となり、自然を搾取することを西洋の信仰はどの程度まで勧めているのか、それはスチュワードシップ（stewardship）[5]ではないのか、ということが宗教学者の間で議論されるようになった。このことは、地元の宗教コミュニティにはさほどの影響がなかったとしても、神学校においては大きな波紋を呼んだ。

ホワイトの論文は、自然保護を環境保護の主要な目標として重視する哲学や歴史など、人文科学分野の当時の研究

[4]　すでにおわかりかと思うが、原書には脚注はなく、わずかだが巻末に注がまとめられている。翻訳版の本書では、できるだけ少なくはしたものの、必要に応じて訳注を傍注というかたちで入れてある。

[5]　神から委ねられた恵みや財産を責任をもって管理する管理人をスチュワード、その役割を果たすことで神の委託に応えることをスチュワードシップと呼ぶ。ジョン・パスモアは「自然に対する人間の責任」（一九七四）で、ホワイトの批判に応えて、人間は神から与えられた自然を責任をもって管理するスチュワードだと主張し、キリスト教に基づいた人間中心主義的な環境保全の可能性を示した。

と整合していた。国立公園や自然保護区域は人間からの干渉の影響を受けずに生態学的プロセスが機能できる場所と見なされていた。環境倫理学はこのような自然地域の内在的な価値を強調した。こうした自然を人間が利用することは、自然の内在的価値を汚し貶めることだと主張したのだ。生態学の初期の研究においてもまた、人間がまったく関与しない状態のものが自然だという考えが重視されていた。人文科学の分野に属する環境ライターや学者の多くはこの考え方に従い、環境研究においてその後も極めて強い影響を及ぼす流れを作り出したのだった。

人が住まず、人の手が入っていない原生自然という考え方は、特に北米で影響力があった。ホワイトが主張したように、ヨーロッパからの入植者は北米大陸を何もない場所と見なし、農業や産業を発展させなければ、神が人類にくれた贈り物を無駄にすることになると考えていた。しかし、ヨーロッパ人が到着する以前に、多様な言語グループと文明を持つアメリカ先住民の部族や集団がすでに北米には多数住んでおり、そこでは農業や狩猟や漁業が広く行われていた。灌木や樹木を計画的に燃やすことで、こうした人々は森林と草原における動植物のストックとフローの相互作用を決定していた。要するに、ヨーロッパからの移民の思い込みに反し、北アメリカの生態系は人間の活動からすでにかなりの影響を受けていたのだ。

このような背景があったため、宗教や哲学に傾倒しているグループは、持続可能性という考え方が自然や自然環境について検討する際に有用な手段であるにもかかわらず、それを受け入れるのに時間がかかった。持続可能性と神学的伝統を融合させようと試みた人もいたが、その考えのほとんどは一般の教会に通う人や環境活動家のレベルにまでは浸透していない。宗教は、多くの点で、ホワイトが挑発的な論文を書いたときから変わっていない。宗教に傾倒している人は、環境への意識が完全に欠落し、天然資源の利用に懸念を抱いていないことが多い。比較的小さなグループの中には、自然の神聖さを重視して自然システムの保全や保存を促進しているものもある。西洋の信仰の伝統がスチュワードシップを強調していることを考慮するならば、人類と自然のシステムが調和し、相互の利益にかなうかたちで関係し合うことができる（宗教的な人であれば「関係し合うべき」という言い方をするだろうが）と考えることも可能だ。宗教学の伝統は、持続可能性の考え方を取り入れる方向に移行している。

持続可能性を向上させるために宗教団体は何をしているのか

宗教団体は、持続可能性が環境問題への対応だけを意味するものではないという考えに対して、格別の理解を示すかもしれない。宗教は伝統的に慈善や困窮した人々への援助を重視しているが、そのような考え方は、世界の中でも工業化が進んでいない地域の人々を対象とする持続可能な発展においても同様に見て取ることができる。宗教の宣教師たちが、環境にも救済対象の人々にもよい影響だけを与えてきたわけではないのは明らかだが、恵まれない人々を助けるという考え自体は、ほとんどすべての宗教的伝統に深く根ざしたものだ。そうだとしたら、現在貧困状態にある人々の管理下にある天然資源を保護し、その人々が開発できないようにすべきだという考えは、宗教に基づく道徳とは矛盾することになる。宗教はまた、まだ生まれていない世代に対するある種の義務を支えてもいる。「将来世代が自らのニーズを満たす能力を損なうことなく」現在世代が自らのニーズを満たすことを可能にするという発展の考え方は、多くの宗教コミュニティの共感を呼ぶ。要するに、宗教的なグループの人々にとって、持続可能性の最も基本的な主張は、貧しい人々を助けるという宗教団体の長年の義務とぴったり一致しているのだ。

注目に値する他の動向もある。万国宗教会議（The Parliament of World Religions）は、さまざまな信仰の伝統を持つ宗教指導者たちが緩やかに結びついて組織された機関だ。一八九三年に最初の会議が開かれた際には、とりわけ宗教的な争いが暴力的な対立の原因となっていた時期だったこともあり、会議の焦点は宗教紛争を和らげることにあった。環境問題における宗教と信仰の役割は審議の中で徐々に大きな位置を占めるようになり、二〇一八年のトロント会議では宗教の違いを超えて持続可能性概念の探求に取り組むセッションが行われた。ここでは、あらゆる宗教的視点と矛盾しない持続可能性の包括的なビジョンを推進することにより、貧しい人々を助けるという伝統的な宗教倫理が、宗教の垣根を越えた(ecumenical)世界平和へのコミットメントと結びけられた。

より抽象的なレベルでは、神学者のジョン・B・コブが、経済学者のハーマン・デイリーと協力して、持続可能な経済福祉の指標を開発した(第5章で説明したGPIと類似のもの)。彼らは共著『共通善のために(For the Common Good)』を出版し、そこでの主張は、持続可能性が裾野の広い社会運動として出現し始めた頃に中心的な役割を果たした考え方に影響を与えた。個別の教会、シナゴーグ、モスクは、廃棄物の抑制を推進してきたが、今では資源のより効率的な使用を支援し、生態学的な統合性を促進しようとしている。具体的には、米国を拠点とするインターフェイス・パワー&ライト(Interfaith Power and Light)というグループは、地球温暖化に対して宗教的な対応を行っていると自らを評している。彼らは地域の支部を通じてローカルレベルで行動を調整し、政策提言と個人の行動への提案を多数掲載したウェブサイトを運営している。また代替フードシステムへの移行を促進することは、多くの宗教団体にとって特に重要な活動となっている。米国で持続可能性を追求しているユダヤ人組織ハゾン(Hazon)は、ファーマーズマーケットを支援し、より持続可能な慣行を促進する方法として地域支援型農業に取り組んでいる。このように、宗教に関係したさまざまなグループが、持続可能性を向上させることを目的とした活動に従事している。

芸術は持続可能性とどのように関係しているのか

古典芸術といえば、彫刻、絵画、詩、演劇、音楽だが、現在芸術を研究する学者は、写真、映画、文学、デジタルメディア、パフォーマンスなど、さまざまな創造的活動を芸術に含めているし、料理や食事も芸術的な側面を備えるようになってきている。クリエイティブなデザインは、トースターから衣類、自動車に至るまで、日常を取り巻く多くの物の造形を芸術的なものにする。ここでは、実用的なニーズと製造技術が美しさの原理と結びついている。個性的で美しい製品は、生活の質を高め、ユーザーの好みに合った私的な環境を作り出してくれる。多くの芸術作品は個々の家庭の規模で作られ消費される一方で、なかには社会的な相互作用のインフラストラクチャーを形づくることで風景の一部となるような作品もある。また、建築は創造的なデザインと工学の原理を組み合わせて新しいタイプの建物や都市インフラを作り出す。

持続可能な芸術とは、広く定義すると、創造的なプロセスの各段階を通じて、社会的、生態学的領域との関係を考慮に入れた創造的活動のことだ。ビジネスの場合と同様に、芸術家は作品の制作や鑑賞後の廃棄に関わる資源に配慮した材料選びをすることができるだろう。加えて、持続可能性をめぐる特定の解釈を作品のテーマに反映している芸術家もいる。作者はその解釈を人々に伝えたいと考えているのかもしれないし、作品を見たり、聞いたり、体験したりする人々の中に自らへの反省を呼び起こすことを企図しているかもしれない。多くの場合、そのような作品は、汚染、気候変動、社会正義といった持続可能性の特定の側面を強調したものとなっている。芸術作品がある種の永続性を志向するものだとしたら（これは古典芸術でよく求められる特性だ）、持続可能性の観点からすると、芸術家も将来世代に課せられる負担について配慮する必要があるといえる。この考えは一部の芸術家に受け入れられ、場合によっては分解して環境に溶け込んでいくような、意図的に短い作品寿命でデザインされた作品が、より持続可能なものと見なされることもある。ここでは、持続可能性の考え方が芸術作品のアイデアそのものに反映されている。

持続可能な建築とは何か

とりわけ建築は、芸術のなかでも、持続可能性から大きな影響を受けてきた分野の一つだ。建設されたインフラストラクチャーは長期にわたって広い範囲の生態系に大きな影響を与えており、建築家もこのことは認識している。あらゆる建築材料には天然資源が使用されているが、成長が遅い木材やすでに森林破壊の影響を受けている地域の木材、あるいはローズウッドやマホガニーなどの絶滅危惧種に由来する木材を避けることで、建築家は自然保護を実践している。このような場合、再生力のある生態系から得られる材料を使って美しい作品を作る可能性を改めて考えてみることが芸術的な課題となるだろう。バージニアの建築家ウィリアム・マクダナーは、「ゆりかごからゆりかごへ（cradle to cradle)」や「循環型経済（the circular economy)」といったキャッチフレーズで、材料の再使用《リユース》やリサイクルを考慮した設計原則を強調し、持続可能な建築へのアプローチを普及させた。

建築理論の専門家は、すでに一九八〇年代には、建築におけるモダニズムと結びついた画一的な設計原則の影響に反発していた。二〇世紀の建築は、機能性の観点からコンクリートや鉄鋼、ガラスなどの汎用建築資材を重視し、積極的に使用してきた。一九二〇年代から一九七〇年代にかけて建設された商業ビルのモノリシックな外観の背後にあったのは、インターナショナル・スタイルという思想だ。[7] こうしたデザインの原理に対する反論の一つは、地域主義[6]

というかたちで現れた。地域主義は、建築される場所の歴史的、生態学的要素を建築物のデザインに反映しようとする建築理論だ。地域主義者は、場所の感覚を持続させるために、地元に関係する素材とデザインを用いるよう主張している。テキサスの建築家プリニー・フィスク三世は、持続可能なデザインの技術面と場所重視のデザインという美的原理とを組み合わせている。

視覚芸術は持続可能性向上のためにどのようなことを実践しているのか

絵画、彫刻などの芸術作品は、美的な質の点でのみ評価されることを目的として作られているが、このような芸術もまた、建築に代表される持続可能性への取り組みと似たアプローチを取り入れている。一つのやり方は、有毒な廃棄物のフローを増やすような材料（塗料など）の使用を控え、リサイクルされた材料の使用を促進することだ。こうすることで、今でさえストレスを受けている生態系サービスへの物質的な負担をできるだけ軽くすることができる。ただ、芸術作品におけるこうした実践は、鑑賞者にはわかりにくいものかもしれない。二番目に挙げられるのは、廃棄物をそれとわかるように目立たせて芸術作品に組み込むやり方だ。この方法では、クリエイティブな活動を通して、廃棄されるはずだった材料でも再び利用できることが示されている。廃棄される運命にあった材料をこのようなかた

［6］　モノリシックとは「モノリス（一枚岩）のような」という意味で、ひと塊りでできているがっしりとした構造物を形容する言葉。

［7］　風土や歴史的条件をこえて、あらゆる地域や場所に共通する普遍的な建築デザインや工法を志向する考え方。合理主義や機能主義の発想を反映して、装飾を排除した直線的なデザインを特徴とする。

ちで創造的に再利用することは「アップサイクル」と呼ばれることもある。

建築と同様、廃棄物を芸術作品に取り入れることは、芸術活動のテーマとしては持続可能性の出現よりも前からあるトレンドに続くものだ。早くも一九一七年には、マルセル・デュシャンが「レディ・メイド」を出展している。この作品において、デュシャンは日用品を芸術作品に流用して展示を行った。その後のポップアートも日用品を称揚したが、ポップアーティストは日用品を再利用したりはしなかった。彫刻家セザール・バルダッチーニ（一九二一—一九九八）は、ほとんどの素材が廃棄物からなる一連の作品群を生み出した。二一世紀の芸術家の（数百人ではないにしても）数十人が彼に続き、廃棄物から美的オブジェクトを制作するというプロセスからインスピレーションを得ている。このような試みで廃棄のフローに入っていく物量に大きな変化があったかどうかは疑わしいと思う人がいるかもしれない。しかし、このような作品には別の目的もあり、芸術作品が日常的に処分される大量のプラスチック、金属、有機性廃棄物から作られたことに鑑賞者の注意を向けさせることもまた意図されているのだ。このように、芸術家の創作活動には持続可能性を高める実践や再利用の試みが取り入れられていると同時に、芸術は持続可能性に関するメッセージを伝えてもいるのだ。

他の芸術も持続可能性向上のために何らかの取り組みをしているのか

さまざまな取り組みがなされている。建築と視覚芸術への回答にあった二面性は、事実上すべての芸術領域で見ることができる。創作を行う芸術家とその活動をサポートする出版社や制作会社は、芸術作品のフットプリント削減に向けた取り組みを模索している。印刷テキストの制作者は、毒性の少ないインク、再生紙、印刷の必要がまったくないフォーマット（電子書籍など）へとシフトしている。多くのミュージシャンは、デジタルメディアの利用へと大きく動いており、製作にエネルギーと資源が必要で廃棄物を生み出すレコード、テープ、コンパクトディスクのフォーマットからは離れつつある。またパフォーマンスが環境におよぼす影響を減らすために、録音の形式についても議論が続けられている。実際、インターネットは多くの芸術商品の物理的複製のあり方を完全に変えたのだが、そのおかげで、天然資源の消費や環境への影響の点で非常に低いコストで広い範囲から芸術作品へのアクセスが可能になった。

また、作家やミュージシャンなどの芸術家は、先駆者の作品を参考にして、持続可能性をテーマとする新しい作品を現代的な仕方で創作している。まず音楽に注目してみよう。自然をテーマとして扱った音楽は、一九世紀のヨーロッパで一般的になった。歌やオペラでは主題として扱われているし、また自然環境の音を模倣した交響曲も作られている。一九六〇年代と一九七〇年代、ロックバンドやフォークシンガーの楽曲の歌詞は、明らかに環境保護主義へと傾倒していた。一九七一年、ビーチボーイズは、サーフィンへの賛美に環境問題的スパイスを加えた楽曲『水はいったいどうしたのだろう（Don't Go near the Water）』をリリースした。その同じ年、ジョン・プラインは『パラダイス』を発表し、ケンタッキー州の炭田での露天掘りによる環境被害を批判した。インストルメンタル音楽の分野では、フィリップ・グラスが作曲したゴッドフリー・レッジョの映画『コヤニスカッツィ』（一九八二年）のサウンドトラックにおいて、持続可能性というテーマへの転換がなされた。この映画では、映画のタイトルとなったホピ語の「バランスを失った生活」という意味に合わせて、環境への危害がモンタージュされている。音楽を通じた取り組みは、かなり昔から広範な社会的、経済的テーマを扱っており、今なら社会的持続可能性を高める活動の一形態と見なされるような運動を推し進めてきた。ルートヴィヒ・ヴァン・ベートーベンの交響曲第九番には、すべての人々が将来に向けて兄弟愛で結びつくことを強調する合唱セクションが含まれている。アフリカ系アメリカ人のミュージシャンは、フィールドホラーとブルースを通じて、奴隷制とジム・クロウ法を遠回しに批判するスタイルを発展させた。ピート・シーガーの『花はどこへ行った』は、反戦歌としてよく知られている。ブルース・スプリングスティーンは『トム・ジョードの幽霊』において格差社会における闘争を象徴する物語をなぞり、貧しい人々や権利を剝奪された人々の窮状に注意を促した。ヒップホップアーティストは、社会的テーマと環境的テーマを融合したポピュラー音楽の伝統を引き継いでいる。[8]

しかし、芸術作品制作におけるこうした変革にコストがかかっていないかのような書き方をするのは、この本の全体的なメッセージに反するかもしれない。成功したミュージシャンは今でもひっきりなしに移動しており、彼らの演奏活動はかなりの二酸化炭素を排出している。また、オリジナルとなる作品を制作するにはなんらかの資材が必要であり、インターネットに命を吹き込むサーバーを動かすのにもエネルギーが必要だ。デジタル革命が芸術をより持続可能にしたと考えるのは理に適ってはいる。しかしながら、次の三つの点についてはしっかりと心に留めておく必要がある。第一に、芸術活動の影響は、産業経済の大規模な影響に比べてはるかに小さいということに注意を向けて、その分野で持続可能性向上の努力がなされているとしても、あまり熱狂しすぎないようにしたほうがよい。第二に、芸術活動による変革が持続可能性に影響を与えているという主張を何らかのかたちで裏づけるようなデータやライフサイクル分析は事実上存在しない。現在の活動の持続可能性を脅かすような隠れた影響はないなどと、単純に決めてかからないほうがよい。第三に、ヒップホップ音楽が人種間の不正義と貧困を強調していることともつながるのだが、持続可能性は環境問題だけに関わっているわけではないことを誰もが覚えておく必要がある。芸術は社会全体を活気づけ、私たちの生活を豊かにするのに不可欠な社会的機能を果たしているだろうか。多くの人がそう思っている。たしかに、芸術の分野で環境への負担を減らすための変革が起こっている。しかし、それが進歩的なものだと結論づけるのはまだ早い。この変革により私たちの社会をかたちづくっている諸々のシステムがどのような影響を受けるのかを、みんなが考えてみる必要がある。

他にも持続可能性をテーマにしている芸術はあるのか

文学、演劇、テレビ、映画の多くの作品にも、持続可能性に関連したテーマが反映されている。自然を保護し、自然の生態系の統合性を維持することの重要性をはっきりと表現している小説、エッセイ、詩、演劇、映画はたくさんある。芸術や建築の場合と同様に、環境を維持することの大切さを伝える現代の作品には、多くの先駆的作品がある。ウィリアム・ワーズワース（一七七〇―一八五〇）やパーシー・ビッシュ・シェリー（一七九二―一八二二）などのロマン派の詩人は、感情的で審美的な反応をかき立てる自然の可能性を強調した。一八五四年にはヘンリー・デイヴィッド・ソローの『ウォールデン』が登場した。二〇世紀に入ると、ジョン・ミューア（一八三八―一九一四年）とアルド・レオポルド（一八八七―一九四八）の作品が、ネイチャーライティング[9]の流れを引き継いだ。この伝統に連なる現代の作家には、バーバラ・キングソルバーとビル・マッキベンがいる。どちらも、その作品の中で持続可能性のシステム志向に注目しているのは明らかだ。

映画は、現在の慣行の持続不可能性と改革の必要性をテーマの中心にした作品を制作したいと考えている芸術家に

［8］　アフリカ系アメリカ人の奴隷や強制労働者たちが農場での労働の際やコミュニケーションのために歌っていた歌やその歌い方。ブルースなどに影響を与えた。

［9］　自然環境を主題とする小説、詩、ノンフィクション、エッセイなどの文学作品全般のことを指す。

とって、特にうってつけの媒体だ。何百本もの映画が環境問題に光を当てている。二〇〇六年のアル・ゴアによる気候変動に関するドキュメンタリー映画『不都合な真実』、ジェームズ・キャメロンが二〇〇九年に環境搾取と持続可能性の追求をめぐって作り上げたSF映画『アバター』は、最もよく知られているものだ。『ハニーランド』はマケドニアの野生ミツバチ養蜂家についてのドキュメンタリーだ。生態系のダイナミクスと社会のダイナミクスのバランスを取る彼らの取り組みを描いたこの映画は、二〇二〇年のアカデミー賞にノミネートされた。持続可能性というトピックに関連する芸術作品は豊富に供給されているため、この質問に対する回答はここまでにして、あとは「持続可能性」というキーワードで、お気に入りの芸術形式（ドラマ、詩など）をオンライン検索することをおすすめする。手ぶらで帰ってくることはまずないだろう。

ただし、インターネットで検索するという手法には弱点もある。検索結果が環境問題に集中しすぎてしまい、しつこく残り続ける社会問題にはあまり焦点が当たらなくなってしまう。これでは、すでに何度か指摘したテーマを見逃してしまうことになりかねない。前の世代の人々は自分たちの暮らし方の持続可能性に懸念を抱いており、それに対する脅威が、紛争、経済崩壊、社会不正義というかたちで現れてくるのを見てきた。持続可能性を揺るがしそうな環境上の脅威はたくさんある。工業化と人口増加はその数ある要因のうちの二つだが、ワーズワースやベートーベンのような芸術家にとっては、これらの要因はそこまで重要ではなかっただろう。さらに、芸術的効果の高いメッセージに依存することは、長期的には人々を誤解へと導く可能性もある。『不都合な真実』と同年に公開されたもう一つの気候変動ドキュメンタリー『トゥー・ホット・トゥー・ハンドル（Too Hot to Handle）』は、先の有名な映画よりも気候科学に忠実に作られている。また『アバター』は、よくある白人救世主のストーリーになっており、取り残され抑圧された人々の知識と能力を過小評価しているとの批判もある。それにもかかわらず、こうした人気作品が人々の意識を高めたのは間違いない。したがって、芸術的なパフォーマンスは、信頼できるものというよりも、有益な指標のようなものなのかもしれない（第4章を参照）と言えるだろう。文化的資源の継続的な再生や貧困、疎外に苦しむ人々に対する進歩的な対応は、これまで社会経済の下位システムに結びつけられてきた。芸術が持続可能性のために果たすことができる役割を完全に理解するには、このような下位システムが環境の在り方とどのように相互作用するかを確認する必要があるだろう。

宗教と芸術は持続可能性の追求に役立つのか

あらかじめ白状しておくと、私たちはこの質問に対する答えを持ち合わせていない。人間社会は、これまでも、より大きな生態系への影響を制御してきた。その方法を把握するために、今では多くの生態学者がさまざまな国で伝統的な暮らしを営んでいる人々の宗教的な物の見方に目を向けていることは指摘しておいてよいだろう。加えて、持続可能性に関連した厄介な問題の解決に向けて社会を進展させるには芸術の存在が不可欠だと、多くの科学者や政策立案者が考えるようになってきている。映画やテレビといったポピュラーな形態も含めて、芸術はさまざまな考えを伝えると同時に、感情的な反応を刺激する。また宗教を通じて、私たちは最も深い不安と向き合う。どちらの場合も、科学よりも直接的な知の獲得手段となる可能性を秘めており、人々が持続可能性の話題を自分の経験に引きつけて考える助けとなる。科学モデルの技術的な細かい情報は、複雑なシステム（気候など）のストック、フロー、フィードバックについて理解を深めてはくれるが、はっきり言って退屈なことの方が多い。このことは素直に認めなければならない。上から目線の人よりも、敬意を持って関わってくれる人から話を聞きたいと思うのは至極当然のことだ。少なくとも、宗教と芸術には、誰もが平等な立場で議論することができる意見交換の場があると言える。したがって、「芸術や宗教が持続可能性を追求するのに役立つのか」という質問に対しては、「そうなることを願っている」と答えることにしたい。

第9章　持続可能性――みんなが問うべきこと

持続可能性を向上させるために何かできることはあるのか

私たちの答えはイエスだが、何をすべきかなんて誰に対してであれ言うことなどできそうにない。まず、第1章を思い出してほしい。さまざまな活動やプロセスの持続可能性が問題となっている。庭に植物を植えたり、事業を営んだりしたことのある人は、おそらくこの本を読む以前から、植物の育成や事業を継続するということがどういうことか知っていたはずだ。そうした目的のためなら、それに関連する専門知識の方が、私たちが書いたことよりもよほど役立つに違いない。複数の階層レベルにまたがって理解されうる持続可能性のあり方を把握するために、私たちは企業経営を話題にしたが、企業の経営者に実用的なアドバイスをしたわけではなかった。したがって今回も同様に、私たちはこの質問を大規模で包括的なシステムに関する問いとして解釈するつもりだ。包括的なシステムには惑星規模で機能する諸々の生態学的プロセスも含まれるし、これらのシステムとあらゆる種類の社会経済的、文化的活動を網羅する人間活動のシステムとが統合されて存在するあり方も含まれる。問題の規模は大きくなりはしたが、この問いに対する私たちの答えは相変わらずイエスのままだ。このような大きなシステムを持続可能にするために、私たちが何かを行うことは依然として可能だ。階層があるということは、下位システムがより包括的なシステムに影響を与える可能性があることを意味している。しかし、これらのシステム的な相互作用は複雑なものであり、だからこそ、持続可能性にアプローチするための最初のステップは慎重なものでなければならない。失敗するのは簡単だが、コストがかかることでもあるのだ。

本書全体を通して、持続可能性に関連した重要な問題の根底には価値観の対立があるということに幾度となく言及してきた。人々の暮らし方や日々行う選択は、持続可能性を向上させる（または脅かす）が、そうした生き方や選択は個人の決定にすぎない。この個人的な決定が持続可能性に影響を与えることができるのは、他のすべての人が行っている選択の影響と組み合わさった時だけだ。したがって、自分の行動をすべての他人の行動と切り離して考えるのであれば、「自分の行動の影響など大したものではない」と言ったとしてもそれは間違いではないだろう。しかしそうだとしても、自分たちの決定はなんら影響力を持たないなどと誰も考えないほうがよい。ここで重要なのは、私たちは人々の生活の再編や変革について示唆を与えたり、そのための特効薬を探したりするつもりはないということだ。ビジネスであれ、環境であれ、社会正義であれ、ガバナンスであれ、自分が関心を寄せていることがらの改善にどうしたら貢献できるのかと、読者のみなさんは自問自答したり他の人に問いかけたりする時があるだろう。このような鍵となる問いについて批判的に考えることができるようになるための枠組み、それこそが、本書で私たちが提供できるものだと考えている。

簡単に言えば、「山になったつもりで考えることを学べ」ということだ。これは自然保護論者のアルド・レオポルドの言葉だ。捕食種と被食種の間のストック、フロー、フィードバックの階層は、あるシステムを安定的で、レジリエントで、順応的なものにしたり、逆に崩壊へと向かわせたりする。そのあり方について考える際に、彼はこの比喩を使った。私たちは、持続可能性をさまざまなかたちで理解するのにシステム思考が役立つことを示してきた。生態系のことだけでなくビジネスや経済発展について考える際にも、またガバナンス組織や、科学、芸術、宗教といった人間活動を評価し維持する際にも、持続可能性についてより深い理解を得るためにシステム思考を利用することができる。このような諸々の領域の活動はいずれも、より包括的な社会活動の中で行われると同時に、それに依存している。そして、この包括的な社会活動は、環境のストック、フロー、フィードバックからなるより大きなシステム内で起きている。このような相互依存関係を認識できるようになることは、持続可能性を追求するために行動する上で不可欠のステップだ。

これまでの章で、二つの意味でシステム思考が重要だと述べた。第一に、ある下位システムは他のすべてのことがら（つまり、上位レベルの階層におけるシステム的な相互作用）をサポートしており、だからこそその下位システムの強度とレジリエンスは確保されなければならないのだが、それにもかかわらず、私たちがそれを損なう可能性があるということを理解しておく必要がある。階層間の影響関係を考慮に入れるならば、下位システムの強度とレジリエンスを損なう動きはさらに加速する可能性もある。例えば、気候変動のジレンマでは、フローとフィードバックのシステムが惑星の平均温度の段階的な上昇に影響を与えていると考えることができる。ここで鍵となるストックが増加すると、極地の氷冠を融解させるフィードバックを引き起こす。そしてその極地の氷冠というストックが減少すると、太陽放射を反射して宇宙に戻す地球の能力が低下する。これにより、平均気温が上昇し、またしても同じサイクルが動き出してしまう。フィードバックを相互に強化するこのプロセスは、人間の活動が誘発したものではあるが、それが新しい一連の体系的な相互作用を生み出している。そしてこれを放置すれば、その動きは加速し続け、海面の高さや農業生産に影響を及ぼし、干ばつ、洪水、ハリケーン、および（直感に反して）極度の寒冷化などの壊滅的な天候を頻繁に引き起こす原因となる。

第二に、誰も維持したいと思わないような相互作用のパターンが社会の内部に存在しうること、しかもそれを強化する安定的かつレジリエントな制度が存在しうることを読者は認識したほうがよい。貧困、社会不正義、構造的人種差別などがあまりにしぶとく持続可能でありすぎることに対して疑問を持つことは誰もができることだし、またすべきことでもある。私たちの社会で起こっている貧困や不正義、人種差別的な不平等の量をストックとして想像すれば、次のように問うことが可能だ。すなわち、このストックの量を増減させる可能性を持っているフローとは何か、他のストックの量によってフィードバックが生じ、それが流入や流出を引き起こしているのではないか、と。そしてフィードバックによって望ましくないストックが一定のレベルに達すると、今度はそれがさらに別のシステム的な相互作用（恨み、敵意、怒りの増加など）を刺激して、ガバナンス組織（第7章を参照）や企業の経営能力にとって重要な社会関係資本（第2章を参照）の持続可能性に影響を与えているのではないかと、最終的には問いかけることができる。これらすべてのつながりを特定することは確かに簡単ではないし、それに関しては意見の相違もあるには違いない。それにもかかわらず、こうした社会現象をシステムの観点から考え始めることは、大規模で包括的なシステムの持続可能性を高めるために誰もができる極めて重要なことだ。

持続可能性の追求に謙虚な姿勢で取り組むためにもう一つ大切なのは、持続可能性の向上という目標を真剣に追求することだ。ただし、いろいろと考えていくなかで問題がややこしくなってしまうような場合には、自分自身（または他の誰か）を責めすぎないようにした方がよい。また、できることがたくさんあるため、どこから始めればよいのかを知るのは難しい。私たちは持続可能性がさまざまな仕方で理解できることを示してきた。なんらかの行動を提案する際には、持続可能性の環境的側面を強調するのが最も典型的なやり方だが、これまでの章ではそれ以外の選択肢についても提案してきたつもりだ。事業主が自らの事業の構造とより大きな経済の構造との間にある関係を理解することで得をするというのはその一例だ。システム的な抑圧がどのように個人の誠意を無力化してしまうのかについても、みんなよく考えたほうがよい。どう行動したり、どう態度を変えたら、人々が大切にしているシステムや社会目標に対してプラスの影響を及ぼすことができるのか、ということを探求するための手がかりを与えることが、この章の私たちの目標だ。探求するということは、問いを立て、その答えについて検討することを意味する。また、持続可能性の議論に埋め込まれた厄介な問題に取り組むことは、特定の問いに対する唯一で簡単な答えなど存在しないということも意味する。そのような複雑さに直面した時には、決断ができずに行き詰まってしまうかもしれない。そこで、まず「山になったつもりで考える」ことから始めようというのが私たちの提案である。なるほど、それはわかった。では、何について考えたらよいのだろうか。

練習のために小さく始めてみたらどうか

あなたの家計の持続可能性を高める試みから始めるのが賢いやり方かもしれない。自分の懐具合のバランスをとるだけで、私生活の経済的持続可能性を追求していることになる。あなたの個人的な暮らしの持続可能性については、支出が平均して収入より少ないかどうかという観点から評価することができる。使った額に無関心でいられるほど裕福でない限り、あなたは支出のバランスをとって平均して収入を超えないようにする必要がある。それを怠ると、信用を失ったり、収入のうちのかなりの割合を借金の返済に充てなければならなくなったり、債権者から嫌がらせを受けたり、自己破産したり、極端な場合には家や車を失い、さらには投獄されるといったひどい状態に陥ってしまう。

このように考えることは、個人が自分の家庭を超えて、より大規模な社会的および環境的相互作用のシステムを考える際に、より幅広いシステム思考をするための足掛かりとなる。

第2章における持続可能なビジネスの説明も、実は同じようなかたちで始めていた。そこから話を続けて、企業が利益をあげるための能力が、より大きな経済で起きていることに部分的に依存している様を描き出した。より大きな経済システムは商品やサービスを売買する会社や個人から成り、ある会社はこの大きな経済システムに組み込まれたシステムの一つだ。あなたの家計についても同じやり方で考えてみよう。私たちの多くは、自分の収入を直接すぐに自由に管理できるわけではない。私たちの収入は仕事から得られるものであり、給料日は週ごとや月ごとでかなりきっちりと決められている。人々は生活にかかった費用が収入の金額の範囲内に収まるようにすることで、持続可能な家計を維持する。しかし、そうだとすると、世帯の予算の持続可能性の確保は、雇用主に依存していることになる。年金や家族からの支援に依存している人は、こうしたお金の出どころが安定した支払い能力を維持することを期待するしかない。いずれの場合においても、家計は最終的には経済全般にまで広がる階層の内部に存在している。

この点は非常に重要なので、別の表現に置き換えて何度も繰り返しておきたい。ストック（予算）とフロー（収入と支出）が他のストックとフローの階層内にどのように存在しているのかを認識できることが、システム思考に向けた初めの一歩となる。どの範囲の持続可能性を問題にするとしても、あるプロセスや活動の継続がそれを取り巻く大きなシステムに依存しているということは、持続可能性について誰もが知っておくべきだ。ビジネスの文脈では、経済が弱くなるにつれて企業は利益を維持するのに苦労することになる。家計で考えれば、相対的に大きなレベルで収入と支出のバランスが崩れると、下位の予算の持続可能性へと響いていく。子供のための費用の支払いや、もし子供が大学に行っているならその生活費の支払いに影響が及ぶことになる。このような関係性は逆方向にも向かっていて、包括的なシステムの持続可能性が下位システムの持続可能性に依存することもある。二〇〇五—〇六年に米国の住宅市場のバブルが崩壊したとき、住宅ローンの支払いを続けることができなかったり続けることを望まなかったりした何百万もの住宅ローン保有者がいた。このことが銀行業界や大きなレベルの経済に影響を及ぼし、最終的には二〇〇八—〇九年の不況へとつながった。ここで重要なのは、システムや活動をより持続可能にできるかどうかは、それが他の諸々のプロセスとどのようにつながり、それらの他のプロセスが基本的なストックとフローにどう影響するかを見てとることができるかどうかにかかっている、ということだ。自分の家計がシステムの階層の一部だと考えることは、あなたが影響を及ぼしたり影響を受けたりする他のシステムについて考えるためのよい練習になるだろう。

日々の活動の持続可能性を評価する簡単なガイドラインはあるのか

それぞれの家計の経済的な持続可能性について、収入と支出の視点から各自が考えることができることについては、先述した通りだ。第6章では、持続可能性が持続可能な発展の観点から定義されるに至った経緯を説明した。そこで問題となっていたのは、グローバル社会はどうしたら天然資源を枯渇させることなく、将来世代の生活の質を低下させずに、経済成長を維持できるのかということだった。お金を使うたびに経済成長の主要な指標であるGDPに貢献しているわけだから、ある意味では、お金を使うだけで持続可能な発展で求められていることの半分、すなわち発展には貢献していることになる。しかし、持続可能な発展についての私たちの理解に従うならば、天然資源の枯渇につながらないような消費を選択したり、自然資源への影響が他の選択肢よりも少ない消費を選択したりすることは、持続可能性を向上させるのに役立つ。

この文脈で持続可能性を高める方法は無数にあるが、それらは次の三つの主要なカテゴリーにまとめることができる。（一）直接的な意味で、資源の使用をより少なくする選択を行う。（二）資源の使用効率がより良い商品を選択する。（三）脆弱なシステムを脅かさず、可能な限りこうしたシステムのレジリエンスを強化する選択を行う。これらのルールに従うのは簡単な場合もあるが、持続可能性の向上に貢献する選択肢を特定するのが非常に難しい場合もある。持続可能性の追求に役立つと思って実行してみたのに、結果的にそれが事態を悪化させてしまうといったこともある。また、私たちの行動はあまり目立たないけれども重大な影響をもたらすこともあり、それが天然資源や脆弱な生態系とはほとんど関係のない別の持続可能性を高めたり高めなかったりする場合もある。難しいケースをいくつか検討する前に、三つの主要なカテゴリーについてもう少し説明しておいた方がよいだろう。

消費を減らすために何ができるのか

このカテゴリーにはすぐにできることがいくつかある。まずは水に注目してみよう。水が豊富な地域もあるが、世界的に見ると清潔で飲用に適した水や食料生産のための水へのアクセスは非常に限られている。では、水の消費量を減らすために何ができるだろうか。シャワーの時間を短くしよう。そのことで、水とそれを加熱するのに必要なエネルギーを節約できる。歯を磨いている間は、水を止めよう。電話をとるために作業を中断する時には、庭や私道でホースから水を出しっぱなしにしないでおこう。水は地球の生態系を循環して何度でも使用できるが、特定の時間と場所で使える水の量は限られている。多くの場所で水の消費はエネルギーの使用と水界生態系の健全性に密接に関係しているため、水の保全はより広い範囲で持続可能性を向上させる可能性がある。

エネルギーは、消費に配慮することで節約できる最も重要な資源かもしれない。車を運転する機会を減らそう。限りある化石燃料を節約し、気候変動の原因となる排出への加担を減らすことにつながる。部屋の暖房の設定温度を下げて使用するエネルギー量を減らし、そこにいないときは電源を切る。省エネは一石二鳥でもある。第一に、輸送や暖房に使用されるエネルギーのほとんどが再生不可能なエネルギー源から供給されているため、それを節約することで持続可能性が高められる。そして第二に、そのようなエネルギー源を燃やすことは、地球温暖化につながる。エネルギーの使用量を減らすことは、誰もができる取り組みの中でもメインとなるやり方の一つだ。

無駄な消費を避けるということが、ここでできる一般的なアドバイスだ。第4章では、スループットという用語を紹介した。消費量を減らすと、廃棄の流れに送る物量も減る。前もって資源の利用を減らすことは、廃棄物処理施設から生じる問題や廃棄の流れが不適切に管理されている場合に生じる問題のリスクを下げることにもつながる。より耐久性の高い、頻繁に交換しなくてすむ製品を選択することはその一例だ。捨てることになるだけのものを買ってはいけない。包装についても慎重に検討し、できるだけ簡易包装のものを選択できないか検討しよう。一斤のパンを買うだけなのに、レジでそれをさらに別の袋に入れてもらう必要があるだろうか。消費エネルギーや物量を減らせるよう日々計画的に過ごすことで、ほとんどの人に持続可能性を高めるチャンスがかなりたくさんあり、実際にそうすることができれば、それは持続可能性の向上に間違いなく反映されることになる。

効率的な製品はどのようにして持続可能性に影響を与えるのか

二番目の方法は、資源をより効率的に使用した商品を選択することだ。ここで私たちが話題にしている効率とは、天然資源ベースに対する製品の影響の観点から測定されていることに注意してもらいたい。例えば、あなたが一杯のコーヒーを飲みたいとしよう。その際、コーヒー豆を育てて、加工し、水を加熱し、出来上がったコーヒーを届けるためにどのくらいの量のエネルギーやその他の資源（土壌、水、紙など）が消費されるのかを考慮して、あなたはいくつかの選択肢の中からある選択をすることができる。例えば、一回しか使えないカップでコーヒーを飲むこともできるし、何度も使用できるマグカップでコーヒーを飲むこともできる（もちろん、マグカップを使う場合には、使用後の洗浄時に水が消費されるのではあるが）。コーヒー一杯あたりが及ぼす資源への影響が少ない選択肢ほど、効率が良いということになる。製造の際に資源をより効率的に利用する製品を選べばあなたは持続可能性を向上させる、というのがここでの考え方だ。

どちらの選択が効率的かを判断するのが難しい場合はあるが、市場には効率性に関する評価がついている製品がたくさんある。現在、自動車には燃費を評価するための等級や、（場合によっては）製造プロセスを含めて環境に対する影響の合計を推定する包括的な評価がついてくる。そうした情報は、ステッカーには記載されていなくても、オンラインで入手できる場合がある。米国環境保護庁は、購入者が車の購入にあたり効率性を比較して見積もるのに役立つグリーンビークルガイドを作成した。もっと広くいえば、冷蔵庫や洗濯機などの電化製品にはエネルギー効率を評価するラベルが通常は付いており、テレビやその他の家電製品についても同様のラベルやエネルギー消費に関する情報源がある。

もっと一般的にいうと、メーカーは現在、多くの製品に「グリーン」、「環境にやさしい」、「サステナブル」といったラベルを付けている。多くの場合、これらのラベルは、メーカーが製品の製造や流通においてより効率的なプロセスを採用していることを意味している。しかし、そのような漠然とした主張からは、持続可能性の向上に正味のところどのような点で役立っているのかはわからない。それにもかかわらず、持続可能性を高めることを重視し、それに対してお金を追加で払ってもよいと思っているというシグナルを生産者に送ることになるため、より効率的だと生産者が主張している製品を選択したほうがよいという議論もある。しかしだからと言って、このようなかたちで分別無くお金を使うべきだと主張しているわけではない。このような象徴的な意思表示でさえ、企業が製品ラインの持続可能性を高めることをめざして他の企業と競争するインセンティブを高めることに貢献できると言いたいのだ。グリーンウォッシュには注意する必要があるが、それについては少し後で詳しく論じることにしよう。

消費者の購入がレジリエンスの強化に結びつくようなことはあるのか

このあたりから問題は面倒になってくる。それでも、それとわかるような事例をいくつか挙げることは可能だ。絶滅危惧種の動植物から作られた商品の取引を管理する国際条約が存在する。持続可能性の向上をサポートしたい消費者は、細心の注意を払ってこうしたルールを守ろうとするだろう。海洋管理協議会（ＭＳＣ）は、乱獲による水生生物の急減を抑えるための基準を策定した。エネルギー効率の良い冷蔵庫を購入するのと同じように、ＭＳＣのロゴが付いたシーフードを選択することで持続可能性は向上する。

多くの組織は、持続可能性のありとあらゆる側面に関するガイドラインや基準を作成している。それらについての詳細な説明は、毎日のようにものを買っている消費者のほとんどが知りたいと思っているレベルよりも、多少踏み込んだものになってしまうかもしれない。しかし、そうしたガイドラインや基準があることを知っておいても損にはならないだろう。国際標準化機構（ＩＳＯ）は、このようなガイドラインや基準の最大かつ最も包括的な組織の一つだ

（第7章で説明）。加えて、ＩＳＯには、資源消費だけでなく、労働者の扱い、公正な取引条件、貧困に苦しむ労働者や供給元から搾取していないことなど、持続可能性の他のさまざまな側面に関連した基準もある。持続可能性の特定の側面に関連したＩＳＯコードを見つけるには、製品の但し書きにある小さな活字をじっくり見る必要があるかもしれないが、やる気のある消費者ならできないことはない。

個人の消費の選択は持続可能性に本当に影響を与えられるのか

この質問は持続可能性に対する消費者の貢献全般に向けられる疑念を取り上げているが、私たちの答えは肯定的なものとなる。ある製品を購入するというあなたの個人的な選択が違いを生む場合には、少なくとも三つの道筋が考えられる。第一に、消費者は主要なストックとフローに直接影響を及ぼす。前の節では、そのいくつかの事例について説明した。

第二に、消費者の購入は、製品の需要に影響を与えることにより、企業が下す決定にも影響を与える。第2章で述べたように、一部の企業は意思決定に持続可能性の考え方を取り入れるようになっているのだが、消費者の選択はそのような意思決定を促進するのに役立つ。どうしたら消費者がこの役割を果たすことができるのかという問題は複雑であり、盛んに議論されている。一部の読者にとっては少々面倒な話になるかもしれないので、私たちがいい加減なことを書いたりはしないと信じてもらえるなら、ここからの議論は必要に応じてスキップし、この節の最後の段落まで移動してもらってかまわない。企業は特定の種類の製品に対する需要を把握して意思決定を行う。需要は部分的には実際の消費者行動から導き出されるが、そこには製品の供給量や価格が異なる場合に消費者がどう行動するかについての推定も含まれる。多くの経済学者は、たった一人の消費者の選択が生産者の意思決定に直接影響を与えるとなどと考えないよう助言するだろうが、また同時に、すべての消費者の実際の購入行動は生産者の選択を左右する需要の見積もりに反映されることになるとも言うだろう。

これが、この節の問いをどう理解すべきかということについての私たちの考え方だ。消費が生産者の行動に直接的な変化をもたらすと思うのは誤りだが、生産者がどのような製品をどのように生産するかを選択するために利用する情報の一部に消費者の選択行動が含まれると考えるのは正しい。要するに、持続可能性を高めるような製品を意識的に選択し、持続可能性を脅かす製品を意識的に避けるようにすることで、持続可能性の向上を需要の構成要素とみなした方が利益に結びつくということを生産者に効果的に伝えられるのだ。これにより、生産者は持続可能性をより高めるような製品や製造プロセスを選ぶかもしれないし、選ばないかもしれない。それは生産者が考慮に入れなければならない多くの要因の中の一つの変数にすぎない。しかし同時に、個人の行動は、生産者が需要を評価するために使用する情報の一つの要素にはなっている。生産者がある製品を持続可能性の向上にさらに貢献できるよう改良するためにかかるコストを回収できると確認できた場合には、生産者はその製品を実際に生産する可能性がある。そうすることで競合他社より有利な立場に立てると確信が持てるなら、ほぼ確実にそれを生産する。個人の購入行動は、持続可能性の向上に貢献する製品にならば追加料金を払っても構わないと個人が思っていることが伝わる場合には、とりわけ、企業がこうした決定をするよう促す情報の一部になるだろう。

第三に、人間は社会的な動物であり、ある人の行動は他の人の振る舞いに影響を与えるものだ。人間の本性が社会性にあるとすれば、特に頻繁に付き合っていたり、お互いを隣人や友人と見なしたりするグループのなかでは、人々は程度の差こそあれ似たような振る舞いをする傾向がある。しかしながら、このことはただの一般論でしかないと考えておかなければならない。それが成り立たない事例を挙げることは、やろうと思えば誰でもできる。それでも、食料品店で特定の商品を手に取る買い物客が増えていることに気づいたならば、少なくともその商品を試してみることくらいはするだろう。そしてそれを買うことが当たり前だと考えるようになれば、その商品は他の選択肢がなければ自動的に購入されるレベルへと昇格するかもしれない。このプロセスは熟考の末になされるものではないだろう。しかし、購入行動が（おそらく先ほどの方法の一つを通じて）持続可能性の向上につながるという考えを人々が語り合い、その会話が習慣や行動パターンと結びつくならば、仲間からの圧力と反省的思考が組み合わさり、影響を与え、ますます多くの人が同じような行動を取るようになるかもしれない。この節では、あなた個人の行動が持続可能性を高めるのに役立つ三つの道筋を説明したが、前の二つの仕方と比較すると、この最後のものは何やら不可思議な方法に見えるかもしれない。しかし、単純な同調主義の影響は、同調する人が増えていくごとに、いっそう大きくなる。マルコム・グラッドウェルは、その著書『ティッピング・ポイント』においてこの点を強調した。これは、あなたの個人的な行動が（最終的には）違いを生むことができると考える理由の一つであり、無視してはならない。

グリーンウォッシュについて心配したほうがよいだろうか

心配したほうがよい。ただし、これを何もしないための言い訳として使わないでもらいたい。第2章まで戻って思い出してほしいのだが、グリーンウォッシュは、企業が環境に優しいと言って製品を宣伝しているにもかかわらず、実際には環境に確実によい行動を十分にとっていない場合に発生する。これは人を騙すようなやり口であり、それだけでもグリーンウォッシュは非難に値する。この種の欺瞞に注意したほうがよいもう一つの理由は、せっかく苦労して稼いだお金を持続可能性を高めることに費やそうとしているのに、それがまったく役立たなくなってしまうかもしれないからだ。さらに悪いことに、もう少し調べて他のものにお金を使っていれば、その購買力が違いを生んでいた可能性もある。グリーンウォッシュの例が公開されている場合には、それに注目して随時調べるようにしよう。ただし、悲観的になって、持続可能性について学ぶ前にそうだったように、最安値だったり、香りが良かったり、格好いいだけだったりする商品を購入する傾向に舞い戻るようなことはしないでほしい。第2章で説明したように、グリーンウォッシュに騙されることになったとしても、その製品の購入を通して、メーカーにあなたが持続可能性に関心を持っていることは少なくとも伝わる。このことは企業がよりよい行いをする動機になるし、どうしたら自分たちが実際に主張通りに行動していると信じてもらえるのかを考えるインセンティブにもなる。企業に対しては、持続可能性を追求することが重要だというメッセージを送りたい。この事実を有効活用している企業の例は、数多くある。

リサイクルしたほうがよいのか　何をリサイクルするのか

持続可能性を高めるために頻繁に引き合いに出される二つの提案が、廃棄物削減とリサイクルだ。これまで検討してきた質問では、消費量を減らしたり、リソースをより効率的に使用する製品を消費したりすることで、消費の影響を小さくすることが強調されてきた。リサイクルすることで、廃棄物の流れ（消費からの流出）は他の生産プロセスの流入に変換される。このことはリサイクルにより消費がよりレジリエントなものになりうることを示している。これは総論としてはレジリエンスの核心に直結する話だが、他の多くのことと同様、実際に実現するのはとてつもなく難しい。少し前まで私たちのコミュニティで家庭用品をリサイクルする唯一の方法は、リサイクルしたいものを自分の車に積み込んで、リサイクルセンターまで運ぶことだった。多くの人がそのために（持続可能性を向上させるために使えるはずの時間を使って）、自分の車を余計に走らせなければならなかった。それは気候変動の原因となるガスを大気中に放出していることを意味する。現在は道路脇に家庭用品を置くことでリサイクルは行われている。これは簡単ではあるが、今度はその家庭ごみを収集するためにトラックが走り回っている。いずれにせよ、埋立地と焼却炉はどちらも固有の問題を抱えているのだが、リサイクルはそういった場所に入る廃棄物の量を減らすものではある。したがって、リサイクルの質問に対する答えは、ライフサイクルの分析結果により異なる。

もうここまで読んできたら、ライフサイクル分析が複雑なものだと言っても誰も驚かないだろう。ごく簡単にまとめると、ガラス製品のリサイクルは現在のところ上手くいっているように見えるが、紙製品については、可能性はあるものの、リサイクルの実現がまだ困難な状況にある。廃棄物を使用可能な製品に変換するためにはエネルギーが必要であり、紙製品のリサイクル実現は、部分的にはこのことに左右されている。また、廃棄物を使用可能な製品に変換するプロセスの中には、大量の水を必要とするものもある。加えて、廃棄物を変換する直接費は、リサイクルされていない資源から製品を製造するコストを超える場合がある。このコストを調整するための政策的インセンティブがない場合には、企業は製造プロセスにおいてよりコストのかかる流入を使用することになり、他の企業と比較して競争上の不利益を被る。その結果、企業はリサイクルに消極的になる可能性がある。そしてもちろん、リサイクルによって再生された材料には最終用途、つまりは購入者が必要だ。場合によっては、国際貿易関係がリサイクル市場に影響を及ぼすことさえある。リサイクルはレジリエンスに貢献する潜在的な可能性を持つが、それを実現するためにしなければならないことはまだたくさんある。ただし、リサイクルを行うと決心することは、以前説明した消費を行う際の決定と同様のメッセージを発信することになる。あなたがリサイクルへの支持を示すことは、材料がどこに行き着くのかよくわからないとしても、持続可能性の重要性を示すことにはつながる。そして同時に、持続可能性の追求は価値ある社会目標なのだというメッセージを企業や政治指導者に送っていることにもなる。つまり、あなたは何かをしているのだ。

他の選択肢についてはどう考えるのか

あなたが消費者として力を行使したりリサイクルを選択したりすることが、持続可能性の向上へとつながるという話をしているわけだが、だからと言って、そうした選択が容易で単純なものだと言いたいわけではない。実際のところ、場合によってはこの道を進むのは大変難しい。持続可能性に関連してよく話題にのぼる「紙袋かビニール袋か」という選択について考えてみよう。

これは人々が日常的に直面する問題だが（あなたの住んでいる地域の公共政策がこの問いに対する答えを決めてくれているなら話は別だが）、答えはおそらくどちらでもない。では、再利用可能な布製のエコバッグを使うのが答えになるのか。ここで一歩退いて考えてみよう。リサイクルとライフサイクル分析の原則が、問題の根幹に関わっていることがわかる。環境ストックとフローのより大きなシステムの中で、バッグはどこに位置しているのだろうか。ほとんどの紙袋やビニール袋は、買い物客が家に持ち帰った後には最終的にゴミ箱に入れられるので、その流れから分析を始めてみよう。紙袋は、簡単に分解されると言われている。一方、プラスチックは分解の速度が非常に遅いため、ビニール袋は埋め立て地に長いあいだ居座ることになる。まだここで結論を急いではいけない。調査によると、埋め立て地では実際にはほとんど分解が起こっていないのだという。埋め立て地から掘り出された五〇年前のホットドッグの写真を見たことがあるだろうか。ある考古学者が埋め立て地で一九六七年の新聞のすぐ隣にワカモレ[1]を見つけたという話が、一九九二年のニューヨークタイムズ紙で報じられている。廃棄物が焼却炉に入れられる場合は、その焼却炉が排出物をどう処理するのかを調べてみたいと思うだろう。プラスチックを燃やすと、紙を燃やすよりも有害な化学物質が排出される。廃棄物がはしけ[2]に積み込まれ、投棄のために海に運ばれる場合には、分解は特に重要な問題となる。紙は分解されるが、岸にたどり着いたプラスチックは、水生生物などの種を脅かす。もちろん、紙袋とビニール袋は両方ともリサイクル可能ではあるが、それはそのリサイクルという選択肢が利用できればの話だ。

買い物袋のストックへの流入についてはどうだろうか。紙袋は木材から作られるので、そのために樹木を切り倒す必要がある。これにより樹木のストックは減少する。樹木は二酸化炭素を酸素に変え、木材自体が炭素を捕捉して大気から除去するため、私たちみんながこのストックを維持する必要がある。同時に、樹木は再生可能な資源でもある。製紙のために伐採される樹木のほとんどは、パルプ材（紙を作るために使用される木材）生産のために管理された森林のものであり、森林の再生は森林管理プロセスの重要な要素となっている。一方、レジ袋は石油精製の副産物から作られている。これは再生不可能な資源である化石燃料からのフローだ。ビニール袋は副産物なので、再生不可能な資源を枯渇させる直接的な原因にはならない。製造工程自体についてはどうだろうか。製紙によってどのくらいの汚染が発生するのか。ビニール袋を作る場合はどうか。樹木を伐採することで、どのくらいの土壌侵食や生息地の攪乱が生じるのか。石油を掘削して汲み上げる場合はどうか。

たぶん、こういった「紙袋かビニール袋か」問題の難しさが、再利用可能なエコバッグを推進する理由の中心となっているように思われる。しかし、このエコバッグが綿でできている場合、その綿がどこでどのように栽培されて処理されたのかについては調べただろうか。綿花栽培の多くは、集中的な灌漑と農薬の散布を伴う。ビニール製のエコバッグもあるが、これは使い捨てのビニール袋が廃棄物ストックに流入するのとはまた違ったかたちでの流入となるだろう。再利用可能なエコバッグを使用することは、スループットを低下させる一例ではある。つまり、使用する原材料が少なくなり、廃棄物が少なくなる。とはいえ、新鮮な肉を再利用可能なバッグに入れることには衛生上の問題がある。購入したものに細菌がつき、それを冷蔵庫に入れた後でもその細菌が繁殖し続けるからだ。そうなると微生物のストックとフローも考慮に入れる必要が出てくる。

「紙袋かビニール袋か」（あるいは再利用可能なエコバッグか）という問題は、持続可能性の問題を理解するのに格好の事例だ。私たちは他にも多くの似たような問いを耳にする。飛行機の利用をあきらめるべきか。プラスチックストローの使用をやめるべきか。ヴィーガンになるべきか。私たちが検討してきた事例を見ただけでも、このような問いに対する答えが、システム分析だけでなく、その人の視点と価値観にも左右されるということがわかる。ビニール袋が最終的に魚や野生生物を危険にさらす可能性が高いと思うなら、たとえ木材製品の需要に影響を与えるとしても、紙袋を使用したほうがよいとあなたは考えるかもしれない。食料品店で買い物をする際に再利用可能なエコバッグを持っていくことができ、また実際に持っていくとしても、微生物が繁殖しやすい肉やその他の製品は使い捨ての容器に入れることを考えたほうがよいかもしれない。もちろん、微生物を殺すために十分な高温で布製バッグを洗うこともできるが、水を加熱するために必要なエネルギーや使った水が家から排出されてどこに行くのかを考えることは、

［1］　ワカモレとはメキシコ料理の定番ディップソースのこと。つぶしたアボガドにタマネギ、トマト、コリアンダー、レモン汁などを加えて作る。
［2］　貨物船が入れないような浅い河川や運河などに重い荷物を運ぶために利用される平底の船。多くの場合エンジンを積んでおらず、タグボートで牽引して移動させる。廃棄物運搬にもよく利用される。

ライフサイクル分析の一部となる。議論がここまでくると、もう降参して諦めてしまう人も出てくるだろう。あなたがそうならず踏みとどまってくれることを願っている。そして、このように問題は複雑なのだから、自分が持続可能性を高めるために何かをしている場合でも、他人に対しては少しは猶予を与えてあげるのがよい、と私たちは考えている。仮にすべての人が持続可能性の向上に取り組んでいるとしても、人によってその能力はまちまちであり、そうした相違には寛容になった方がよい。不寛容だと、おそらく（社会的に）持続可能ではなくなってしまう。

なぜ持続可能性に無頓着な人がいるのか

これはおもしろい質問だ。私たちが検討している選択や決定において、個人的な価値観がどれだけ影響するのかについてはすでに説明した。この文脈で異なる価値観すべてに注意を向けることなど到底不可能だ。ただし、人が行動するには何らかの原動力が必要だということは忘れないでいた方がよい。第一に、生計を立てるので精一杯な個人や家族が生態系や社会システムの保護に多くの時間やお金を費やしていなかったとしても、誰も驚きはしないはずだ。政治的抑圧はこれを悪化させる。ある物書きはこの問題を「心配なことはたくさんあるが、今は心配することしかできない」と表現した。つまり、苦悩はしていてもそれに対してできることは限られているというのだ。マズローの欲求段階説によれば、まず人は基本となる生理的ニーズ（食料、住居、衣類など）を満たすために働くという。次に、個人の健康と安全に関連したニーズに注目する。その上の段階には、集団への帰属意識やつながりの感覚に関連するニーズがあり、その後に自尊心、ステータス、認識が続く。最後に、自己実現のニーズが一番上にくる。例えば、環境保護について心配するということは贅沢なことであり、階層の上位レベルに到達するまで一人一人の個人がそうした余裕を必ずしも持つわけではない。人類の福祉への懸念（持続可能性もその一例だが）は自己実現の一部として生じてくるのだと、一部の研究者は主張している。

第二に、社会の中でも最も裕福な人々は、生態系や社会システムに対する損害から悪影響を受ける可能性が最も低いという証拠が増えてきている。このことから、持続可能性への懸念は、潜在的な危害から身を守るために必要なリソースにアクセスできる人々には重くのしかからないという主張がなされている。最近のニュース記事によると、ブラジルの景気後退によりサンパウロの貧しい人々の間でホームレスが増加した。対照的に、裕福な住民はヘリコプターを使って市内を移動する回数をただ減らしているだけだという。米国の最近の研究では、気候変動に伴い激しい暴風雨の数と深刻さが増し、洪水が頻繁に起こると予想されているが、それは都市部の貧困層に不公平なかたちで大きな影響を及ぼす。低所得地域の住宅、学校、医療センターは、被害を受ける可能性が高いが、修理や再建の優先順位が高くなる可能性は低い。また同時に、貧困層は必要な保険に加入できる可能性が低い上に、災害の影響を受けた事業が閉業に追い込まれた場合には、失業する可能性が高い。

まとめると、こうした二つの現象は正反対になっているように見える。所得範囲の下限にいる人は持続可能性について心配する余裕はなく、上限にいる人はそうする必要がない。もちろん、このような議論は一般化の産物だ。それにもかかわらず、最初の指摘は、他人の決定に対してとやかく言うことには慎重であるべきだということを私たちに思い出させる。二つめの指摘は、幸運には責任が伴うということを敏感に感じ取る心が必要だと私たちに気づかせる。結局のところ、持続可能性の追求には、少しではあるが、倫理が必要なのだ。

責任ある消費者になることを超えて、さらに何ができるのか

おそらく百万通りの方法があるが、ここでは二つの方法に着目したい。一つは積極的なものだ。この場合、現在の慣行に変化をもたらすためにあなた自身が行動する必要がある。もう一つは受動的な方法だ。あなたと同じアプローチをしていないからといって、他の人がしている活動を阻むようなことはしてはいけない。

第1章では、個人が政治的なプロセスを経て、企業や政策立案者などのリーダーに対して、持続可能性を向上させるような決定を促すことができると述べた。第7章では、持続可能なガバナンス、つまり市民が望んでいることを達成するための政府の能力は、ガバナンスプロセスの舵取りとボート漕ぎの機能を支援する私たちの自発性に部分的に依存していると主張した。政治的に活動する機会や、環境や社会に関する重要な目標を達成するための協働的な活動に参加する機会を探すことは、誰もができることだし、それを行う方法もたくさんある。政党で活動している場合は、政党のプラットフォームや政策目標を持続可能性を高めるような活動と緊密に連携させることができるし、他の党員にはシステムの観点から政党の目標を評価するようアドバイスすることができる。市民運動に参加している人は、その運動の目的と戦略を持続可能性のあらゆる側面と結びつける取り組みを提案することができる。気候変動の原因となる排出の削減や汚染の浄化などのよく知られた環境目標は、社会運動に取り組む際には具体的な目的となっているかもしれないが、ガバナンス体制のレジリエンスの強化や科学研究の支援など、他のシステム志向の目標も同様に理にかなったものだ。一九七〇年代に制定された包括的な環境法と、国民の懸念や怒りに応えて課されることになった関連規制により、環境質は大幅に改善された。しかし、人々は毎回新しい問題に直面しているので、後戻りするリス

クは常にある。貧困、人種差別、機会の不平等などのうんざりするくらいレジリエントな問題に対処するには、大規模で協調的な努力が必要だ。一九六四年、リンドン・ジョンソン大統領は、米国における貧困との戦いを宣言した。初期に実施されたプログラムの多くは荒削りなものではあったが、数年の間に栄養支援、現金支援、幼児教育プログラムなどが産業社会の持続可能性を向上させた。個人の慈善寄付やボランティア活動も効果はあるが、この領域の問題においては依然として厳しい戦いが続いている。

政治的に極めて重要な意義を持つ活動を実行するチャンスは、地方や地域レベルにも存在する。（特に輸送目的の）エネルギー使用量を減らすために地域のインフラストラクチャーを変更すること、ゾーニングと商業開発が経済成長以外の社会的数値にどのようなフィードバックをもたらすかをシステムの観点から考えることがその例だ。地方自治体のガバナンスプロセスの持続可能性は健全な財政政策に特に影響を受けるため、持続可能性を高めるには、市、郡、州の政策プログラムの収益源を慎重にシステムベースで分析する必要がある。ボランティア活動（フードバンクや慈善募金など）も、他の地域の取り組みにフィードバックを与えることができる。システムの観点からこれらすべての活動を考えることは、持続可能性を高めることにつながるだろう。

さらに、それぞれの個人が参加している組織に影響を与える機会も見逃してはならない。大企業にせよスモールビジネスにせよ、より持続可能な慣行を求めているので、企業内での立場によってはより持続可能な道を提案、実施できる場合がある。一部の業界内で先見の明のある人々は、温室効果ガス排出量の削減を主導している。絶滅の危機に瀕している生態系サービスに彼らのビジネスが依存していること、また彼らが良き企業市民をめざしていることがその理由だ。同様に、教会からガーデンクラブにおよぶあらゆる組織は、環境不正義に対する意識を高める活動や、資源のより効率的な利用に向けた支援活動を行うことができる。企業、非営利組織、信仰に基づく取り組みは、栄養、教育、住居、安全へのアクセスの不平等に対処するという重要な責務を率先して果たしている。ここで挙げたすべての取り組みから、ある一つのことが見えてくる。つまり、より適切な買い物をするだけでは持続可能性は確保できない、ということだ。それは一部の人には明白なことなのかもしれないが、それにもかかわらず、消費決定に関する無限のアドバイスに振り回されて見失いがちなことだ。政治組織、職場改革、一般的な社会的行動など、以前からある協力活動もまた、そのために求められている。

あなたができる受動的な貢献（つまり、すべきでないこと）は、一文に要約することができる。他の人が役に立つことをしようとしていたり、害になることをしないよう努力していたりする時には、そうした人を咎めるような道徳主義者になってはならない。システムが相互作用する複雑なあり方を考えると、あなたとは違う社会的立場にある人は、あなたにはっきりと見えているものを見落とす可能性があるということを想定しておくべきだし、逆に、あなたが見落としているものを他の人が見ている可能性があることも忘れてはならない。ある人にとっては単純で簡単に実行できそうなことが、別の立場にいる人にとっては事実上、実行できないことかもしれない。したがって、自分よりも行動していない人や、自分が理解していなかったり同意していなかったりする仕方で持続可能性の向上に貢献しようとしている人に対して寛容でなければならない。まずしなければならないことは、システム思考と持続可能性を最重要課題に位置づけることであり、この同じ課題に人々がさまざまに異なった仕方で取り組むということは想定しておかなければならない。

とはいえ、友人や家族と持続可能性について決して話すなと言いたいわけではない。私たちの活動が組み込まれているシステムについて考えを出し合うことが、この問題に貢献する一つの方法になることは先ほど指摘したばかりだ。しかし、すでに述べた細かい問い（飛行機の利用をあきらめるべきか。プラスチックストローの使用をやめるべきか。ヴィーガンになるべきか。）は、あっという間に人々を分断させる論点になった。その主な理由は、人が自分の行動様式の変化を道徳的義務として取り入れ、他のみんなもそれに従うべきだと考えたことにある。ここで重要なのは、持続可能性の問題に関しては、最初から全会一致の合意を必要とするものなどほとんどないということだ。問題に対処するのにかなりの人数が必要なものもあるかもしれないが、それでも全員の協力が必要というわけではない。加えて言えば、自分の意見を道徳に仕立て上げることが、誰かを説得する最も効果的な方法だったことなどないのだ。

持続可能性は一時的な流行にすぎないのか

この質問は、皮肉屋や持続可能性の追求を諦めてしまった人がしそうな、人々のモチベーションを下げかねないものだ。たしかに、持続可能性を追求することが流行であるかのように感じることがある。この本では、ビジネス、生態系、社会正義、ガバナンスのプロセス、研究プロセスといったことがらのうち、どこを見ているかによって持続可能性の意味が違ってくることを説明した。しかし、これらのどの分野においても、持続可能性は流行っているというわけではない。それでも、持続可能性の名の下に、無数の活動がその実現への特効薬として次々に推奨されるのを私たちは見てきた。カーブサイドリサイクル、プラスチックから紙への切り替え、ヴィーガンになる、フェアトレードのコーヒーを飲む、ボトル入り飲料水を買わない、自転車で通勤するなど、リストは長い。そして、そのどれもが持続可能性の向上に役立っていると考える理由がある。しばらくの間はみんなでお互いに励まし合ってこうした活動を行うが、そのうち熱は冷めてしまう。通常、このような活動に根拠がないわけではないのだが、問題がそれほど単純なものではないことはよく考えればすぐわかるはずだ。にもかかわらず、人々は往々にして問題の複雑さから目を背けてしまう。持続可能性には、拡散しては廃れる一連の流行以上のものは何もないのだろうか。この無限のサイクルのせいで、持続可能性には実のあるものは何もないように見えてしまうかもしれない。しかし、このことは本質的な問題ではない。本当の問題は、やるべきことのリストのすべての項目が特効薬だと考えてしまうことであり、同時にそれらが促進する目標を道徳的な義務と考えてしまうことにある。

この問題の解決策は、相互作用するシステムが織りなす複雑さを思い出すことだ。ある活動によって資源がより効率的に利用されることになれば、そのおかげで持続可能性を高めることができるが、その活動は正反対のリバウンド効果をもたらす可能性もある。そしてこうしたリバウンドが、私たちのほとんどがそもそも理解できていないシステム（地球規模の気候システムのような）の中に潜んでいることもある。ある特定の戦略が当初の想定よりも効果が低いことが明らかになる可能性や、場合によってはまったく間違っているという可能性は常にある。しかし、持続可能性を追求するためには、そんな時でも目的に忠実であり続ける必要がある。二〇年以上前、「禅と気候維持の作法」というタイトルの論文の著者は、「持続可能であることは、機敏に対応できるということであり、正しくあることではない」と書いている。つまり、私たち一人一人には、学ぶべきことがまだたくさんあるということだ。

誰もが専門家の声に耳を傾けるべきだ。持続可能性の科学は、システムの構造について洞察をもたらすことができ、持続不可能な道から私たちを遠ざけるために介入する際には、それが最も効果を発揮するレバレッジ・ポイントを特定する助けにもなる。同時に、専門家もまた学びの途中であることを理解しておく必要がある。よりよい選択肢を発見することがある一方で、初期の仮説が実際には間違っていることに気がつくことも時にはある。専門家の言うことを単に額面通りに受け取るのではなく、経済、生態系、私たちの社会生活がシステムのダイナミズムによって動いていく様を理解するためにそれを利用するのであれば、より一層あなたのためになるだろう。

持続可能性に関する問題の複雑さを前にして、私たちはただ諦めることしかできないのか

この問いは、この章の最初の問い「持続可能性を改善するために何かできることはあるのか」の逆バージョンになる。その時の答えはイエスであり、したがって、ここでの答えはノーとなる。とはいえ、持続可能性に関するさまざまな課題は非常に難しく面倒な場合があるので、どんな人でもそれに圧倒されて落ち込んでしまう可能性はある。ペットボトルをリサイクルしたフリースジャケットを洗う（実際には合成繊維を洗う）と、マイクロプラスチックの汚染物質を環境に持ち込むことになると知ったときには、いま述べたようなやりきれない気持ちになった。そんな日は、何をやってもうまくいかないような気分になってしまう。こうした日々の経験から学ぶべき教訓の一つは、「学ぶべきことは常にある」ということだ。問題はすぐに解決できるなどと、自信過剰になるべきではない。同時に、時には思わぬかたちで過ちが糧になることも覚えておきたい。

有機農業はこの二つのことを私たちに教えてくれる。一九七〇年代、農家の人々は有機農業組織を結成し、情報を共有して生産物の販売に役立つ基準を設けた。こうした初期のプロジェクトでは、環境と経済両方の持続可能性が追求されていた。有機生産者は、農薬の使用を制限し土壌の肥沃度を高めることにより、諸々の環境目標を達成しようとしていた。また彼らは、大規模な工業型農場が支配する相場価格よりも高い価格を農産物につけることができるニッチ市場を開拓したいと考えていた。有機農業運動が発展するにつれて、有機生産の定義が統合され、最終的には米国農務省の有機基準とヨーロッパやその他の地域での「ビオ」生産の基準について、非常に一貫性の高いルールが生

まれることになった。

有機食品は、少数とはいえ、経済的に無視できない数の消費者に人気があることがわかっている。果物や野菜から乳製品、肉、さらには綿の繊維製品に至るまで、有機農産物の生産は大変儲かることも明らかになっている。では、当初に設定されていた持続可能性に関する目標は達成されたのだろうか。有機生産では化学物質の使用量は少なくなっているが、環境の持続可能性を向上させるためのこのような貢献は、同じ量の食物を生産するにあたり有機農業がより多くの土地面積を必要とするという事実によって相殺されていると主張する人もいる。もしかすると、生物多様性のための土地を保護することの方が、環境目標としては意味があるのかもしれない。

しかし、有機農業における環境面での貢献については見解の相異があるとしても、社会経済的な面では実情は明らかだと思われる。有機農業は収益性が大変高いため、有機農業運動が始まる前の時期には工業的に組織化された大規模農場が商品市場を支配していたように、現在では、こうした大規模農場が有機農業セクターを占拠している。小規模農家は、ファーマーズマーケットで販売するか、レストラン（実際、農作物に対する需要がある）に直接販売することが、経済的な持続可能性を確保するより信頼できる方法だということに気がついた。また、多くの消費者は有機農産物の方がより安全だと考えてそれを購入しているが、食品の安全性自体は有機農業運動の明確な目標とはされていなかったことに注意してもらいたい。有機基準によって求められている持続可能性の目標は、その市場を構築するプロセスを通じてねじれてきた。有機食品を食べることによる健康上の利益は、実際にあるとしてもごくわずかでしかないことが、諸々の研究により示されてきている。フードシステムにおける持続可能性は、人々が考えている以上に複雑だということが明らかになったのだ。

しかし同時に、有機生産の商業的な成功は全体としては食品システムによい影響を及ぼした。農業従事者が始めた小さな運動が持続可能性の追求を促進し、かなりの数の消費者がそれに反応するという事実は、工業型農業の従事者、農業政策立案者、農家に資材を供給する大手企業の注目を集めた。有機運動の台頭は、農業が地球環境に及ぼしている影響への関心を高めるフィードバックの一つとなった。有機農業の経済的な成功は、より持続可能な製品にならもっとお金を払ってもよいと消費者が考えていることを、（農業従事者だけでなく）食品業界の企業に伝えるメッセージとして機能した。したがって、有機農業の運動が持続可能性の目標を達成したかどうかを疑問視するとしても、それでもやはりそれは持続可能性の向上に貢献しているのだといえる。

結論として、持続可能性を高めるためにできることはというと、アルド・レオポルドのアドバイスに従うことだろう。「山になったつもりで考える」ことを学ぶのだ。あらゆる種類のシステムの影響を受け、またそれに影響を与える可能性があることを思い出そう。先へ進めば進むほど、あなたはそうした多様なシステムについて学ぶことができる。持続可能性について問うことは、ものごとがどのように機能するか、そして重要な社会的、生態学的システムの継続的な機能を強化するために何ができるかと問うことだ。それこそ、私たちみんなが問うべきことなのだ。

原注

第2章

1. Fishman, C. (2006). *The Wal-Mart effect: How the world's most powerful company really works—and how it's transforming the American economy*. Penguin Books.

2. Will, G. (2015, April 15). "Sustainability" gone mad on college campuses. *Washington Post*. は次のＵＲＬで読むことができる。https://www.washingtonpost.com/opinions/sustainability-gone-mad/2015/04/15/f4331bd2-e2da-11e4-905f-cc896d379a32_story.html?utm_term=.6fddf8f2f76e.

3. How GM saved itself from Flint water crisis. (2016, January 31). Automotive News. は次のＵＲＬで読むことができる。https://www.autonews.com/article/20160131/OEM01/302019964/how-gm-saved-itself-from-flint-water-crisis.

第4章

1. 米国環境保護庁が運営するウェブサイト AirNow (https://www.airnow.gov) では、米国内の都市だけでなく、米国の領事館がある世界中の都市の現在の大気質が確認できる。オゾンと微小粒子状物質は人間の健康に最も関係しているため報告項目となっている。

2. カーボンフットプリントのウェブサイトにあるツールを使うと、あなたのカーボンフットプリントを計算することができる。https://www.carbonfootprint.com/.

3. この情報は、Nature Conservancy のウェブサイトで入手可能。https://www.nature.org/en-us/about-us/who-we-are/how-we-work/working-with-companies/companies-investing-in-nature1/coca-cola-company/.

第5章

1. 専門的なことを言えば、GDPは最終財とサービスからなる。たとえば、農家から製粉所に販売された小麦と製粉所からパン屋に販売された小麦粉は、GDPの計算に直接含まれてはいない。それらは、パン屋が消費者に販売するパンに含まれる中間製品と見なされる。この決まりによって、重複計算を避けている。

第6章

1. Sugrue, T. J.（2014）. *The origins of the urban crisis: Race and inequality in postwar Detroit*. Princeton University Press.

第7章

1. ベルテルスマン財団の持続可能なガバナンス指標ウェブサイトを参照。https://www.sgi-network.org.
2. 脆弱国家指数は次のウェブサイトで見ることができる。https://fragilestatesindex.org.

訳者あとがき

本書は Paul B. Thompson, Patricia E. Norris, *Sustainability: What Everyone Needs to Know*®, Oxford University Press, 2021 の全訳である。What Everyone Needs to Know® というのは、オックスフォード大学出版局（Oxford University Press）が企画したシリーズの名称であり、すでに一二〇冊を超える著作がこのシリーズから出版されている。本シリーズは、現代社会で問題となっている多種多様な事象について、日常生活で得られる情報を超えてもっと知りたい、考えたいという人々のニーズに応える意図で企画されており、それぞれの分野に精通する専門家が踏み込んだ内容の知識をQ&A方式でわかりやすく解説することをセールスポイントとしている。気候変動問題や生物多様性問題をはじめとする環境問題が現代社会の直面する難題であることは周知の事実であり、その意味ではこのシリーズに『持続可能性』というタイトルの一冊が入っていることを怪しむ人はおそらくいないだろう。

著者の一人であるポール・B・トンプソンはプラグマティズムをバックグラウンドに持つ哲学・倫理学の専門家であり、食農倫理学という新しい分野を牽引してきたパイオニア的存在でもある。すでに太田和彦氏によって邦訳が二編出版されているので、興味のある方はぜひご一読いただきたい（ポール・B・トンプソン『〝土〟という精神―アメリカの環境倫理と農業』農林統計出版、二〇一七年、ポール・B・トンプソン『食農倫理学の長い旅：〈食べる〉のどこに倫理はあるのか』、勁草書房、二〇二一年）。パトリシア・E・ノリスは、土壌保全、水質、地下水管理、湿地政策、土地市場、土地利用紛争、農地保全の問題について研究する農業経済学の専門家である。彼女は、その成果を踏まえて地方自治体、州および連邦政府機関の天然資源政策に関わった経験を持ち、教育や知識の普及のためのアウトリーチプログラムも開発している。謝辞にもあるとおり、両者はいずれも米国のミシガン州立大学のコミュニティ・サステナビリティ学部の創設に関わった大学人であり、そこでの経験が本書に集約されている。

本書は解説書なので、訳者がさらに解説をしても屋上屋を架すだけになるだろう。ただ、本書が新しい知識を紹介するだけではなく、新しいものの見方へと読者を導くために書かれているということは指摘しておきたい。持続可能性というのは実は環境問題だけに関係する概念ではないし、倫理的に善いことだけに関係する概念でもない。それは私たちが思っているよりもずっと適用範囲の広い普遍的な概念である。著者たちが用意したQ&Aについていくなかで、読者はさまざまな分野で持続可能性の考え方が使えることを知り、持続可能性の普遍性に徐々に気づいていく。そして、いつしかこの世界のすべてが持続可能性というメガネ（システム思考）を通して見えてくるようになる。良質の哲学書が言葉の力で読者の考え方にパラダイムシフトを引き起こし、世界を別のかたちで見えるようにしてくれるものだとしたら、本書はそうした一面を兼ね備えている。実際、私は一読者としてこの本からそうした哲学的な快楽を得ることができた。読者にはぜひ著者とともに持続可能性の山を一歩一歩登ってみていただきたい。きっとどこかで、これまで見てきたのとは違った景色がひらけてくるはずである。

訳業にあたっては、本シリーズの特性を考慮して、できるだけ平易な日本語にすることを心がけたが、それがうまくいっているかどうかについては読者の批判を仰ぐほかない。最善は尽くしたが、原文の魅力を損なわない訳になっているこ とを祈るばかりだ。また、持続可能性に関連して多岐にわたる知識や情報が出てきたため、適切な翻訳に仕上げるために何人かの方にご意見をうかがった。まず、著者の一人であるトンプソン氏には訳に迷った箇所について質問をしたが、快く応じてくださった。早稲田大学大学院アジア太平洋研究科教授の松岡俊二先生には第2章、第5章、第7章を、中央大学理工学部人間総合理工学科教授の高田まゆら先生には第3章をそれぞれお読みいただき、貴重なご指摘を賜った。また妻の志津は読者目線で訳稿全体に目を通し、読みにくい箇所を指摘してくれた。みなさんのご協力に対して心より感謝申し上げたい。もちろん、翻訳の責任はすべて私一人にある。最後に、本書翻訳の企画に乗ってくださり、訳稿の完成をサポートしてくださった勁草書房編集部の橋本晶子さんに厚く御礼申し上げる。

二〇二二年初夏

寺本　剛

読書案内

Grober, U.（2012）. *Sustainability: A cultural history*（R. Cunningham, Trans.）. Green Books.（Original work published 2010）

Jacques, P.（2015）. *Sustainability: The basics*. Routledge.

Meadows, D. H.（2008）. *Thinking in systems: A primer*（D. Wright, Ed.）. Chelsea Green Publishing.（ドネラ・H・メドウズ『世界はシステムで動く　いま起きていることの本質をつかむ考え方』枝廣淳子訳　英治出版　二〇一五年）

Walker, B., & Salt, D.（2006）. *Resilience thinking: Sustaining ecosystems and people in a changing world*. Island Press.（ブライアン・ウォーカー、デイヴィッド・ソルト『レジリエンス思考　変わりゆく環境と生きる』、黒川耕大訳　みすず書房、二〇二〇年）

Walker, B., & Salt, D.（2012）. *Resilience practice: Building capacity to absorb disturbance and maintain function*. Island Press.

著　者

ポール・B・トンプソン（Paul B. Thompson）

ミシガン州立大学哲学科および農学食品資源経済学部、コミュニティ・サステナビリティ学部教授。農業におけるバイオテクノロジーや食に関する倫理学・哲学的な考察を行っている。*From Field to Fork: Food Ethics for Everyone*（2015）（太田和彦訳『食農倫理学の長い旅：〈食べる〉のどこに倫理はあるのか』勁草書房、2021 年）は、北米社会哲学協会が選出する 2015 年の「今年の 1 冊」となった。2017 年に William J. Beal 賞を受賞。

パトリシア・E・ノリス（Patricia E. Norris）

ミシガン州立大学元教授。専門は農業経済学。土壌保全、水質、地下水管理、湿地政策、土地市場、土地利用紛争、農地保全の問題について研究を行う傍ら、政府機関の天然資源政策にも関わった経験を持つ。著書に *Achieving Nutrient and Sediment Reduction Goals in the Chesapeake Bay*（National Academies Press, 2011）ほか。

訳　者

寺本　剛（てらもと　つよし）

中央大学大学院文学研究科博士後期課程修了。博士（哲学）。現在、中央大学理工学部教授。主著に、『環境倫理学（3STEP シリーズ）』（吉永明弘共編、昭和堂、2020 年）、『未来の環境倫理学』（吉永明弘・福永真弓編著、第 3 章「放射性廃棄物と世代間倫理」、勁草書房、2018 年）、訳書に K. シュレーダー＝フレチェット『環境正義：平等とデモクラシーの倫理学』（奥田太郎・寺本剛・吉永明弘監訳、勁草書房、2022 年）がある。

事 項 索 引

あ 行

か 行

さ　行

た　行

な　行

は　行

ま 行

や 行

ら 行

わ 行

欧文

人 名 索 引

あ 行

か 行

さ 行

た 行

は 行

ま 行

ら 行

わ 行

持続可能性　みんなが知っておくべきこと

2022年7月25日　第1版第1刷発行

著者　ポール・B・トンプソン
　　　パトリシア・E・ノリス
訳者　寺《てら》本《もと》剛《つよし》
発行者　井村寿人

発行所　株式会社　勁《けい》草《そう》書房
112-0005　東京都文京区水道2-1-1　振替　00150-2-175253
（編集）電話03-3815-5277／FAX 03-3814-6968
（営業）電話03-3814-6861／FAX 03-3814-6854
理想社・中永製本

ISBN978-4-326-60352-7　Printed in Japan

＊落丁本・乱丁本はお取替いたします。
ご感想・お問い合わせは小社ホームページから
お願いいたします。

https://www.keisoshobo.co.jp